聽見花開的聲音

24朵印尼芳華的生命寫真

杜昭瑩 著

我聽見花開的聲音
我尊敬
每一種綻放或凋零

目錄

蒲公英

木蘭花

蝴蝶蘭

向日葵

（代序）借妳的光，取暖

親愛的莉莉安。

妳所不知道的是，跟妳講完電話之後，忍耐許久的眼淚終於奪眶而出，我一個人坐在客廳的暮色裡，放聲大哭。

淚眼模糊中，許多張熟悉的面孔，輪番從我眼前閃過。她們掩嘴而笑，她們眼泛淚光，她們有時絮絮叨叨，有時掉進回憶的長廊，望著遠方靜默思考。那些馬賽克般的片段，一片片翻飛，閃爍著溫暖的光。

我原本以為，妳理所當然也是她們之中的一個。

我想起鼓起勇氣約妳喝咖啡的那個午後，下車前我在車上逗留了十分鐘，不停地在心裡跟自己精神喊話，直到推開車門，跨出果敢的第一步。來到妳的面前坐定寒暄後，我又得花上十分鐘，才能艱難地拿出錄音筆，努力向妳說明訪談中錄音的原因。

我臉皮薄，一席前言說得結結巴巴，甚至還漲紅了臉頰，我記得妳被我笨拙不安的模樣惹笑了，不僅「安慰」我：「妳錄啊，沒關係啊！」接著還連說了兩次：「妳怎麼那麼可愛！」

過去的幾十次咖啡廳訪談，妳有所不知，這些都是我必經的躊躇反覆。一個不善於社交的故事採集者，我唯一的憑藉是一份真心。為這些緣自不同原因落腳在印尼生活的華族女子，寫下她們平凡卻也不凡的生命故事，拼組出一個熟悉卻又陌生的華人世界，這是我發自內心想做的事情。

多年後二度在印尼安家，三年之間，我結識了許多姊妹，隨著她們的生活軌跡，落入另一個陌生的星球，來到一個前所未聞的宇宙。已經記不得是在哪一個場合因為哪個她分享了哪一樁心事，從此引發了我書寫的念頭，但我無論如何不會忘記當時內心的撼動與感動。撼動，是因為在印尼，有一群華族女子以一種特別的節奏，譜寫專屬於她們的生命樂章，那曲調，夾雜著南島風趣，又不脫中華的底蘊，精采多元，自成一格。而其中旋律的各種跌宕起伏，高低曲折，又需要多大的勇氣才能拉開嗓門勇敢唱和。她們無畏的歌聲，深深感動了我。

她們，是先輩從中國沿岸飄洋過海落地生根的第幾代移民，是從外邦遠嫁而來的印華媳婦，是追隨丈夫勇闖異鄉的台商之妻，是與台灣男兒結縭成家的當地華女，是用青春開拓南洋事業版圖的單身奇女子，是與異國丈夫在赤道島國另築家園的台籍妻子。每一個她，都獨一無二，每一個背後的生命故事，都獨樹一幟。

我懷抱著單純的熱切，想把她們的身影，就近臨摹，細細描繪，從不同的角度，讓外面的世界看見她們真實的存在。

長達一年的說故事咖啡，一杯接著一杯，我游牧在不同的咖啡廳之間，一回接著一回，睜大眼睛專注聆聽。我與她們，每每生澀地開場，卻欲罷不能地收尾。相識頂多兩年，友情不過是一個開端，她們卻願意鄭重地把人生交託出來，我小心翼翼收下的何只是一則珍貴的人生剪影，還有一份經由訴說與聆聽而變得更加濃醇真摯的友誼。

真心，是我唯一的動機，在收到妳的來電之前，我案上的筆，自顧自地蘸滿善意的墨水，從沒有過一點蓄意竊人隱私或八卦扭曲的惡念。完成妳的兩次訪談錄音幾個月之後，妳突然來電，電話那端直言不諱質疑我的企圖，氣噗噗，中間一度拉高音調說：「筆在妳的手上，我們怎麼知道妳會怎麼亂寫？」事出突然，我錯愕至極，喉頭一緊，幾乎說不出話。

聽我說，親愛的莉莉安。在我的眼裡，妳們每一個人，都是一朵無可取代的南國花蕊，有人明亮亮光燦燦向陽開放，有人蜷曲暗處卻仍奮力尋求生機。每一次的訪談，我都彷彿聽見一朵花開的聲音，字字句句，充滿愛與勇氣，我想記錄下來，說給更多人聽，這是我以為妳所明白的，我的初衷。

我立即把妳的錄音檔案從電腦裡刪除，不留一絲痕跡，遭到誤解的委屈我也決定讓它們隨淚而去。我該謝謝妳，一條出現又消失的錄音檔案，提醒我，這一切，都不是理所當然。

身為一個采風者，我是否居高臨下而渾然不覺？面對受訪者，我是否自以為是而不夠真摯懇切？下一次的咖啡約會，我懂得了必須更加謙卑。

妳從我尚未成型的書裡消失，過了半年，結束幾十次的訪談之後，我將故事和友誼裝箱，從印尼的版圖消失，來到北太平洋的環海島國。

無緣的莉莉安，我們從此失去聯繫，然而，我其實十分樂願跟妳分享這些錄音檔後來的去向。台灣，印尼，馬紹爾，無意之間，我的腳蹤沿著南島語系的軌跡步步向前移動，我想，這或許是命運善意的安排，要我安穩在南島溫潤的懷抱，在似曾相識的土壤上，日日培育含苞待放的熱帶花蕊。

馬紹爾，太平洋的蕞爾小國，左邊是海右邊也是海。我每天背起書包，出現在大學咖啡館，獨自面對著湛藍無邊的太平洋，打開電腦，爬梳著龐雜手稿裡的枝節片段，形塑出每一朵遠方的印尼芳華。

如妳所說，筆在我的手上，可我從未打算賦予它自由行使的無上權力，字裡行間，我甚且躡手躡腳刻意迴避自己的影跡，盡其可能讓每一個她挺身而出，為自己正名發聲。這朵花，只是藉著我的筆跨越時空，重新綻放，至於她怎麼開，什麼姿態，哪種色彩，歡快或悲哀，我沒有高低評價，沒有好壞分別。我刻鑿出她們生命歷程裡的每一道微光，只想讓靠近的人得到一點點溫暖。

遠離塵囂，不等同於遠離人生的波瀾。放眼望去皆是汪洋，痛苦無處遁逃的島，我何其幸運，每一天，都有一個遠方的她，與我為伴。每當我行經幽暗低潮，隱約間，總聽見那些花開的聲音，如同一支交響樂，在耳邊溫暖地響起，鼓舞著我勇敢前行。

親愛的莉莉安，到頭來，借光取暖的，也正是藏在裡面的我自己。

三色堇

你來自天涯，
我來自海角，
南洋之島，
赤道之下，
我們
落戶安家。

賣了咖啡，丟了三寸高跟鞋

她挺著肚子，搬張長凳，一天又一天，坐在咖啡推車旁邊。一眼望去，僻靜的街道連個散步的人影都沒有。

「就算偶爾有人經過，也很少會停下來光顧。」往後的人生她不只一次自我解嘲：「我覺得自己像是一個外星人。」

那輛三輪推車很特別，輕簡雅緻，是她的藝術家先生精心設計打造的。車身的前胸後背，兩扇移動木門像是翅膀一樣向上張開，在晴空下形成兩方涼蔭，正好放上三張長椅。小小的吧檯裡，一台磨豆機，一把壺，幾盞杯，配上玻璃櫥裡的幾包咖啡，看起來有幾分扮家家酒的氣氛，可在咖啡師專注的沖泡動作裡，又自有著專業者的認真與慎重。

他們賣的咖啡也很特別，是整個島上獨一無二的手沖精品。可惜的是，特別，並非當地人喝咖啡的必要條件。島民習慣方便又廉價的三合一即溶咖啡，開水一泡，唏哩呼嚕暢快下肚。沒幾個人有耐心站在路邊，聽外星人詳細解說，然後磨豆成粉、沸騰注水、過濾沖滴，慢慢等出一杯美味香醇的好咖啡。

亂賣亂賣，推車推出去又推回來，一天頂多賣出幾杯咖啡，短短兩三個月，大肚婆和小推車連袂從街頭雙雙撤退，推車咖啡的實驗正式宣告失敗。然而這並沒有打消夫妻倆的念頭，他們相信，咖啡文化是一股擋不住的世界潮流，很快，就要席捲他們腳下的這片樂土。

那是美麗的峇里島。

*

峇里島，烏布街頭，推車跟前，玩票性質地叫賣著咖啡。以前，她沒想過自己會有這樣的一天。

才沒多久之前，她還是朋友口中的台北東區一姐，合身套裝，精緻完妝，腳蹬三寸高跟鞋，叩叩叩，健步如飛，往來於文化基金會、藝術展場與開幕記者會之間。她一度以為她的人生就該是這樣了，以繁華的都會作為舞台，以藝術文化作為背景，不偏不倚，穩定地踩著時髦的台步。

二〇〇九年，在一次展覽中她認識了來自峇里島的澳洲藝術家，三個月的相處往來，兩個人漸漸滋生愛苗，直到藝術家離台返回峇里島，他們仍然不間斷地談著遠距離戀愛。這中間她幾次往來峇里島，反覆確認彼此的心意，一年多之後，二十六歲的她下定決心嫁給他，飄洋過海，移居峇里島。

一個大她十五歲的外國人，長年住在印尼，以藝術為業，離過婚，在澳洲還有一個小孩。「我爸是個傳統又保守的公務員，這些條件聽在他的耳裡，馬上打了好幾個叉叉，沒有一樣符合他的標準。」她笑著說：「但奇妙的是，他們倆見過面之後，老公務員的心就被幽默的藝術家給融化，莫名其妙地立刻喜歡上他。」

喜歡是一回事，女兒當真要遠嫁印尼，又是另外一回事。婚禮前幾天，爸媽第一次踏上峇里島，來到純樸的烏布鄉間，才發現這是完全不同於台北的另一個世界。她的都市人媽媽，頂著台北做來的頭髮，繞著稻田間的新房走前走後，兩手不斷驅趕著蚊蟲，口裡喃喃自語：「蚊子這麼多，房子還都沒有紗窗，是要怎麼住？」而愛女心切的爸爸，不敢來問她，只敢私下跟她的新娘祕書吐露心中萬千的疑惑：「我都不知道我女兒到底在想什麼？為什麼要搬到這裡來？」

「都到結婚當天了，他們還在問這樣的問題。」她莞爾，輕輕搖頭，說：「儘管有趣的婚禮讓他們大大開了眼界。」

結合了中式、西式以及峇里島式三種不同傳統，那是一場多元的混合式婚禮。

一襲華麗的純白婚紗，從台灣專運而來，精緻高雅，拖著曳地的超長裙襬，得好幾個人才能努力擺平它。小心翼翼穿上婚紗，再經過台灣新祕的巧手梳化，她化身為絕美的新嫁娘，安坐在親友入住的飯店villa，等著男方前來迎娶。

就算是在印尼，首先登場的依舊是中式的傳統敬茶戲碼。新人端著茶盤謝別父母時，她在頭紗下哭得唏哩嘩啦，然而擦完眼淚，一走出villa，由新郎接手的人生下半場，立刻換上峇里島儀式，澎湃展開。「就像是一場大拜拜。」她回憶那超乎預期的熱鬧場景，掩嘴而笑。

峇里島的居民習慣相互幫忙，他們的婚禮幾乎是村民大動員。從villa到附近男方新房的路程，由一整支祭典用的傳統樂隊作為前導，敲鑼打鼓拉開序幕。來自世界各方的親友們穿著華麗的衣裝隨後步行，簇擁禮車緩緩前行。一對新人也沒閒著，搖下車窗，王子公主那般，對著圍觀歡呼的沿路村民揮手致意，那場面，簡直像是置換了背景的迪士尼封街大遊行。

「一場熱鬧的婚禮，是我們對村子釋出善意的表現，告訴他們，我們來了。」她微笑，為那場面加上溫暖的註解。

鑼鼓喧天的遊行大隊來到男方家，依禮進行印度教的峇里島婚禮儀式。村長的媽媽擔任主婚祭司，行禮如儀，誦念經文，為新人做見證，也獻上至高的祝福。她頷首，雙手互扣，恭謹領受，雖然一句經文都聽不懂，內心依舊充滿無比的感動。

儀式結束，大批人馬拉回 villa，輪番登場的是游泳池畔的西式雞尾酒聚會，以及夕陽下的浪漫晚宴。優雅的純白會場，賓客如繁花盛開，她像是美麗的花蝴蝶四處穿梭，在各國親友以及全村頃巢而出的左鄰右舍之間周旋。竟夜的衣香鬢影，杯觥交錯，恍如夢境一般。

婚禮是有趣而精采的，這無庸置疑。可是當婚禮結束，繁華洗盡的新娘一旦落入尋常人間，各種挑戰，也就一刻不停地接踵而來。

自然環境的適應對她而言是一個很大的問題。她是道地台北小孩，還是一個光鮮亮麗的上班女郎，連台灣的鄉下都沒有去過幾回，忽然之間被丟在烏布僻靜的村子，「我完全不能適應。」她皺眉，回憶剛來時的巨大衝擊：「一開始，我和自然的關係非常拉鋸。入夜之後，房子四周一片漆黑，只要點燃一盞小燈，數不清的蚊蟲立刻整個包圍過來。我每天和蚊蟲作戰，覺得自己都快崩潰。」

她的難題不只是從都市人變成鄉下人，更教她徬徨的，是從俐落的上班女郎轉眼變成安逸的家庭主婦。以前在台灣，她行動力超強，速度神快，又善於廣結人緣。然而嫁到村子裡之後，不騎摩托車也不開車的她，大部分的時間只能窩在家裡，透過無聲的網路，寫寫部落格自娛。昔日的繁華光景突然完全當機，困居鄉間，她只能當個與世隔絕的隱居者。

生活裡唯一的樂趣是跟著先生的屁股後面跑，坐著摩托車到處拜訪畫師與雕刻師。她在一旁，看著已然被峇里島化的先生用著她完全不能理解的速度和朋友「談事情」——先是聊聊家常，接著走走路散散步，最後才緩慢切入主題。「十分鐘可以談完的正事，他們花了兩個小時才解決，」她一掌拍額，瞪大眼睛說：「真是不可思議。」

不死的工作魂聲聲召喚著她，她感覺胸中有一座等著爆發的活火山，摩拳擦掌蠢蠢欲動。思前想後，她幾度試著回到職場發揮所長。烏布是個藝術之村，有很多的活動展演，那是她所擅長的領域。可是她很快發現，不諳印尼文是她最大的問題，沒有共同的語言可以溝通，再好的工作能力都是徒勞無功。

「新生活對我來說衝擊太大，實在難以適應。結婚的第一年，我動不動就飛回台灣。」她輕輕嘆了一口氣，隨即又展露笑顏：「一直到有一天，咖啡這個陌生的東西，忽然闖進了我們的生活當中。」她的印尼人生，因為咖啡，才接了地氣，緩緩站上起跑點。

＊

夫妻兩人原本對咖啡完全沒有一丁點概念。

有一天，村長跑來問他們：「有沒有興趣做咖啡？」原來是有人欠債不還，抵給他一畝咖啡田，讓他一整個傻眼，不知道該拿它如何是好。

天外飛來的一畝咖啡田，意外擦亮一根柴火，激發了藝術家不務正業的靈感。他曾經親身見證過咖啡文化在台灣的蓬勃發展，也驚豔於台北街頭各種奇巧的特色咖啡廳，由衷相信這是一股終將席捲而來的世界潮流。「為什麼不在烏布開一家另類咖啡店，把精品咖啡帶進峇里島呢？」藝術家有了這樣的念頭。

他們認真研究了那畝田，發現種植的是味道苦烈大多用於製造即溶咖啡的 Robusta，並不是理想中更為順口香醇的 Arabica 等其他品種。最終他們並未接收那塊田，然而，人生的另一扇窗被打開了，咖啡已然變成一個嶄新的目標，矗立在他們眼前。

起了頭，藝術家的腦袋裡就有了擋不住的天馬行空，他從此開始構思設計，幾個月後完成一輛獨一無二的咖啡推車。他們決定先在郊區試試水溫，不敢貿然到市區開店。「我生長在一個完全沒有生意背景的公務員家庭，砸錢做生意這件事，對我來說是很大的挑戰。」就算是小小一輛推車，也投注不少的花費，她的心裡不能說是毫無膽怯，但先生充滿熱情跑在前面，她挺著肚子陪著玩票，完全沒有向後退的空間。

果然，事與願違，三個月之後，生意慘淡的咖啡推車從郊區撤退，轉個大彎，推到市區一家店面前的馬路邊，他們開始定點煮咖啡。「雖然推車實驗沒有成功，但是我們玩出興趣來了，既然要做就想把它做好，乾脆回到市區找店面。」尤其他們聽說爪哇島的許多大城市，包括雅加達、萬隆，都已經陸續出現精品咖啡的足跡，這個擋不住的趨勢，更加堅定了他們的熱情。

他們租下的店面位在烏布皇宮後面的安靜巷弄裡，人潮稀少，商機冷清。店裡只有擺設少少的桌位，真正的風景是在外面的推車裡邊——年輕的咖啡師專注執壺烹煮咖啡，一日一日，靠著濃郁的香氣，把鬧區大街上的人，一個一個，帶到小巷裡的推車邊，心甘情願等待一杯精雕細琢的好咖啡。

兒子出生之後，她沒辦法全心投入現場，順勢退居幕後，利用育兒空檔，經營社群媒體。一開始她在臉書上行銷，奇怪的是卻看不出特別的效果，後來她才發現，比起臉書，印尼人更加熱衷Instagram，在特殊或美麗的景點拍照、打卡、分享，幾乎成了印尼的全民運動。她從善如流另闢江山，也在IG上開闢一個網頁。

推車之前網路之後，坦白說，她都看不出有什麼特別的風起雲湧，但總覺得，似乎有一股隱流，涓滴成形，用越來越明顯的力道，絲絲縷縷，牽動著他們的人生。

不到一年的時間，馬路邊的推車功成身退，晉升為創店的歷史文物。回到屋內，藝術家發揮巧思整治店面，利用環保物材設計周邊配件，一家色彩繽紛新鮮奇巧的藝術咖啡店，正式立足烏布街頭。

不知不覺當中，香氣和人氣彼此靠攏，漸漸成為正比，就連昔日冷清的街道也增添了許多店鋪，而變得熱鬧滾滾。有一天，有個客人跟她說：「妳不知道嗎？你們在IG很紅誒！」

「我們這才發現，」她仍然是一抹微笑，依舊是一派謙卑，輕聲說：「喔，不知道什麼時候，我們已經變成了烏布最有名的咖啡店。」

*

剛結婚的時候，陌生的印尼生活裡，令她感到無比驚訝的是隨處可見「尊卑」與「貧富」的巨大鴻溝。這條鴻溝所引發的罪惡感，曾經讓她非常難受。

她的成長過程不曾有過傭人的存在，不習慣被服侍，也從沒被教育過該怎麼跟傭人「相處」。如今，偌大的房舍，這裡有人打掃家裡，那裡有人整理花園，隨時都有兩三個傭人環繞身側，一刻都躲不掉。該怎麼坦然面對他們呢？她的內心起了莫大的掙扎。

「在我剛來的頭幾年，一直不能習慣這種『殖民』的感覺。」她「使用」不了傭人，也始終無法把傭人單純當個傭人對待：「他們涉入太多我們家庭的私領域，我總覺得我們的關係應該也要有某種交心的程度。」

先生久居峇里島多年，已經十分在地化，並不認同她那套邏輯，認為刻意的「相處」反而適得其反，混淆了主雇之間的關係，平添許多不必要的困擾。他一直試著開導她，不要只是把眼光專注在貧富與尊卑的巨大差異，而是應該要積極找出填補的方法，好讓那個差距逐漸縮小。他認為，那個方法，「不應該是感情，而是金錢與機會。」

要不是因緣際會開了咖啡店，她恐怕遲遲無法找到那個對的方法，也難以從糾結的殖民情結與莫須有的罪惡感當中掙脫出來，得到真正的自由。

除了少少幾個需要具備專業能力與工作經驗的管理人員，咖啡店裡的員工全部都是峇里島的當地年輕人。

那些多年後獨當一面的咖啡師，第一次站上吧檯拿起咖啡壺時，都只是一個什麼也不懂的十六七歲小毛頭。他們多數是一張社會的白紙，面對人生第一份工作，除了滿滿的熱誠和學習動力，什麼經驗都沒有。

少年們初出茅廬，睜著發亮的黝黑大眼，仔細打量這個陌生的咖啡新世界，跟著外國藝術家的腳步，一步一步走，一程就有一程的新收穫。他們很快發現，在這家不一樣的咖啡店，誰比較積極，比較努力，就會被看見，就會被自動推到隊伍的最前面。「他們的自信和高度，就這樣，慢慢被激發出來。」雙眼發亮，她難掩激動地說。

透過咖啡看見不一樣的世界，鄉村孩子們的人生，因此被漸漸改變，有了固定收入，有了一技之長，還有各種以前從沒想過的好機會。比如說，語言。一開始，員工的英文都不敷使用，「我們固定從他們的小費箱撥出一定款項，作為每個月英文課程的費用。」這項半強迫的福利，實質提升了員工的英文程度，也推開了與客人溝通的向度。

再比如，出國的機會。「這裡很多年輕孩子日復一日在家裡幫忙做手工，繪畫啦，雕刻啦，幾乎很少出過自己的村莊。離開峇里島對他們來說，是一件大事。」她的印象裡，咖啡店開張之初，沒有任何一個員工曾經離開過峇里島。等到磨出一身技藝了，優秀的員工有機會飛到爪哇島的雅加達、泗水這些大城市出差或受訓，甚至還可以出國到東帝汶，「第一本護照辦出來的時候，店裡全部的員工興高采烈，彼此擊掌歡呼，熱鬧滾滾好像辦喜事一樣。」看在眼裡，一股莫名的感動打從心底湧現，她竟然覺得哽咽。

親眼見證這些化蛹成蝶的奇異過程，她這才算是真正體會先生當年話裡的真義。階級鴻溝的消弭所憑藉的絕非單方面一廂情願的罪惡感，而是為他們創造實質的機會，得以用自己的努力改變自己的人生。

「我很高興，我能為這個環境做些什麼，可以為社會的差距盡一些我的力量。」話由真心，她的臉上，泛起一片溫暖的光。

＊

不到幾年的時間，他們的咖啡店已經站穩腳步，名列烏布遊客必到的朝聖點。如果真要探究它為何獨領風騷受到眾人的青睞，除了滿屋子藝術家的奇點異趣教人眼睛一亮之外，她認為，那想必是咖啡店所散發出來的「峇里風格」。

什麼是峇里風格呢？「那是你第一步踏進這家店所感受到的輕鬆氛圍。」她耐心剖析其中真義：「這份輕鬆不僅只是意味著自由，裡面還包含著一份自制，不至於因為失了規矩而淪為隨便。」

她認為許多人其實曲解了「峇里島風格」，誤以為那是一種被默許的解放。觀光客袒胸露背衣衫不整逛大街，神態自若彷彿他們還在海邊，這樣的景象稀鬆平常。她對這種不尊重當地人的行為十分不以為然，要是有人光著上身穿著短褲大剌剌走進店裡來，「我們會準備一件 T 恤請他們穿上來。」她一貫的好脾氣，依然笑著說。

看著來自世界的客人湧入店裡，各自守著一方天地，自由自在發呆聊天品嘗美食與咖啡，共同經營出一份純正的峇里島氛圍，她由衷歡喜，並且引以為傲。

而當然，一家成功的咖啡店，咖啡必須是主要的亮點。「我們的員工很多來自傳統工藝家庭，手很巧，很有藝術天分，不知不覺會把天生的美感融入在咖啡裡面。」她堅信，同樣的咖啡在不同人的手下有著不一樣的呈現，由工藝師傅巧手沖出來的咖啡，滋味必定特別豐美。

美感具足，下一步，還得維持足夠的咖啡品質。藝術家先生一旦起跑，沿途風景好像就沒完沒了。本來他們只是單純煮咖啡，一兩年左右，店裡進了一台小型烘焙機，他們開始嘗試自己烘豆，一邊烘一邊學，逐步取代了外買的咖啡豆。店裡的小毛頭，不再只是咖啡師的候選人，有人異軍突起，從木雕師一躍成為烘豆師首席，那又是店裡的另一樁傳奇。

等到全部的豆子都可以自己烘焙處理之後，一刻不得閒，藝術家又引領團隊，直搗印尼咖啡豆的生產世界。

「一開始，我們買進峇里島金塔瑪尼火山區的咖啡漿果，委託農夫處理，要求他們按照我們的方式來達到咖啡豆的水平，增加它們的價值。做了一陣子之後，我們發現其實我們可以自己來，更能掌握質量。」她回憶說。

起初，他們在自家前院曬豆子，想辦法克服日照不足的問題，數量多了之後，又在村子裡找到一個沒有遮蔽的大院子，召募村民一起幫忙。沖洗，篩浮豆，曬豆，挑選未熟豆與瑕疵豆，一個環節緊扣一個環節，他們細膩處理原先不被看好的印尼豆，醞釀出優質的風味與層次。幾年下來，他們所生產的咖啡豆不再限於供應咖啡店所需，還可以賣到外島，銷到國外，儼然是一個已臻成熟的印尼咖啡產業。

咖啡的這條長路，從沖煮到生產，他們逆著方向往回走，一程又一程，挹注的人力越來越多，無法數算有多少在地人因此找到一種全新的生活。「我們只是一家小店，當然不可能立即改變些什麼，可是我相信，如果每個人都貢獻一點點，那麼這塊土地上貧富與尊卑的差距，一定會越來越小。」

當時她所懷抱的初衷，多年過去，從來沒有改變過。

*

她的印尼人生何嘗不也是一段化蛹成蝶的歷程？從起初對環境的萬般不適應到現在的如魚得水怡

然自得，一路行來，她感激先生的帶領，咖啡的開路，以及，兩個兒子溫暖的推波助瀾。

「孩子的到來，是我轉變的最大關鍵。」她說。

她發現孩子好喜歡這裡，她順著孩子的眼光重新打量這塊土地，看著他們在稻田間奔跑，在水中嬉遊，在咖啡豆裡玩耍，觀察他們如何與動物昆蟲親密共存，如何被愛孩子的員工或鄰居抱在懷裡滿街趴趴走而從不掙脫。「他們是如此的融入這裡的生活，跟所有的人事物打成一片，這完全改變了我。」她微笑，下了一個結論：「我已經變成了一個完全不一樣的人。」

現在的她，一雙自由的腳只容得下寬鬆的涼鞋，無論如何都穿不回三寸高跟鞋，更多的時候，屋裡屋外，她赤足而行。臉上的完妝早成明日黃花，梳妝台上器械盡繳，只剩一支過期的口紅偶爾召喚她。不化妝也不保養，「妳怎麼又黑了一號？」每次媽媽看完照片，總是在電話裡對著她哀號，她大笑，在峇里島的這一端，斬釘截鐵，說：「媽，這一切，都回不去了。」

回不去辦公桌，回不去都市的生活，回不去鋼筋水泥的牢籠。她的家開敞敞，沒遮沒攔，面對著整片稻田，那田，有時綠油油，鴨群搖頭晃腦排隊經過，有時黃澄澄，上頭一大顆夕陽無聲掉落。這就是她想要的生活。

她享受現在的生活，可她也不害怕改變這樣的生活。「我先生是藝術家性格，要是有人喜歡他的創作，他從來不留戀。如果有人要買咖啡店，他也樂願成全，隨時都可以賣掉。」波瀾不興，她淡定地說。

八年了，她不知不覺學會了一點峇里島的輕鬆自得。不管下一步究竟如何？回到她的台灣還是他的澳洲？繼續守護他們的峇里島？或者開跋到另一個天涯海角？

她在心中留下一個寬闊的角落，那答案，留給時間，慢慢去說。

直直走，她從來不回頭

她覺得自己像是一艘往下沉的船。

她已經幾天沒去上班了，縮在床上的一個角落，全身癱軟她連呼吸都覺得困難。唯一停不下來的是她的腦袋，「為什麼？為什麼？」她沒法克制拚命想著：「為什麼他要這樣對待我？」

她發現了先生外遇的祕密。

要不是好事的朋友偷偷告訴她，她還傻傻被蒙在鼓裡。儘管他矢口否認，但平日裡的蛛絲馬跡都成了逃不開的線索，一點一滴浮出檯面：他時常早出晚歸，言語閃躲，形跡不明，原來是因為老早有座溫柔鄉，輕聲軟語日夜召喚著他。

「我不敢相信自己怎麼那麼笨！」她無言自問：「我竟然是最後一個知道的人？」

他終究承認了出軌，但惱羞成怒的抱怨卻遠遠多過真心的懺悔：「妳不會家務，不懂廚藝，我回家時連一碗熱湯都沒有。」他振振有詞地說：「我要的溫暖，妳都給不了我！」

她傻眼，反擊的話卡在喉嚨，痛到說不出口。蒼天為證，婚前她曾經鄭重告誡過他自己對家務一竅不通，要娶她可要考慮清楚。當時他絲毫不以為意，還說就喜歡她的幽默感，最享受跟她在一起時的輕鬆與自在，其他的都不重要。言猶在耳的溫情蜜意，怎麼會轉眼成了過往雲煙？

她躺在床上，看著天花板，眼淚止不住留下來。淚痕在枕頭上濃淡交錯，一圈又一圈。她依舊想不明白，自己執意選擇的印尼人生，怎麼會又怎麼能，像這樣，說敗就敗？

*

兩年半之前，她不顧父母的反對結婚，搬到雅加達。

出生在台北，她生長在一個幸福的家庭，沒經歷過什麼曲折，一直到遇見他，平順的人生才開始起了波瀾。他是印尼華人，留學日本後在台灣從事資訊業，兩人因為業務上的聯繫而相識，進而相戀。

他當時一心想回印尼創業，熱戀中的她不假思索，答應婚後跟他搬回雅加達。他的生長環境如何呢？家中經濟ＯＫ嗎？她從沒想過這些世俗的問題。「這個男人，有才華，長得帥，對我好，我不知道該再要求些什麼？」她是這般相信自己的直覺。

然而她的父母親並不這樣想，「妳手裡捧著金飯碗的工作，前途大好，幹麼嫁到那個什麼印尼去？」他們對印尼了無概念，一勁兒顧著反對，倒也沒想過先來一看究竟，只因為拗不過女兒的堅持，勉強同意婚事，還為他們辦了一場風光的婚禮。

一九八七年的某一天，她帶著新婚的幸福餘溫，第一次來到雅加達。

她永遠記得那一幕。車子沿著臭水溝，艱難地開進一條狹窄的巷弄，最後停在一棟又舊又髒的房子前面。她抬頭看著她的「新」家，心裡「咚！」摔了一下：「啊？怎麼會是這樣的房子？」

一直到那一刻她都還不明白，雖然雅加達有很多有錢的華人，掌握著印尼一部分的經濟大餅，可也有很多窮困的華人依舊從事著勞力的工作：挑水工、三輪車伕，或是程車司機，比比皆是。外國女孩多半嫁入富裕的印華家庭，很少人像她一樣選擇清苦人家作為歸宿。她知道自己不只一次被私下議論著：「這個台灣女生頭腦是不是有點問題？」

她不在乎他家無恆產，不在意寡居的婆婆只是經營一間小福利社，也無所謂家裡連裝個室內電話都困難重重，她既然嫁了，來了，給的是什麼房子，過的是什麼日子，「不說廢話，我接下來就是了！」她依舊不改瀟灑本色。

對她來說，物質的匱乏不是什麼重要的事情，最重要的是他們彼此相愛。愛，讓一切的不合常情都變成了理所當然。

先生的創業之路沒有預期中順遂，認清現實之後，在一家大型的日本建設公司找到工作，很快得到賞識，迅速升遷到總經理的職位。而她初來乍到，語言不通，只能被他安插在朋友公司當個小出納，每天由朋友開車接送上下班。他自覺已經把她安置妥當，轉身全力衝刺自己的事業。

「可是我並不安分啊！」已在職場多年的她怎能想像從此人生只是一個小出納？她自覺委屈，很快從報紙找到一家華人鞋廠的祕書工作，每天趕早出門，輾轉換搭三班公車去上班，「我不怕麻煩，我只怕人生沒有成就感！」就算是客居他鄉，她依然豪氣不減。

剛開始她只是個小祕書，負責採買與翻譯。沒多久，獨撐大局的台灣領班離職了，她趕鴨子上架，取代了他的位置。什麼都還來不及學會，她連客人來問價錢都只能無言以對。起初工廠裡的棉蘭華人老員工看她很不順眼，對她議論紛紛。

她不是不清楚有多少流言蜚語在她身後此起彼落，但她沒有時間把這些閒話當成困擾，她全神貫注地學習，迅速確實地融入鞋業的流程。「有朝一日，他們終將見識到我的真本事。」

當時的她是如此堅信著。

果然，不出幾個月，她憑著努力和天分，快速收服了他們的心。

來到印尼兩年多了，她和先生的工作都漸漸上了軌道，她滿心以為蓄足馬力的印尼生活才正要開始揚帆開展，她想都沒想過，他們的婚姻竟然無聲無息，早一步，改變了航道。

出軌的先生，破碎的婚姻，獨剩一人的巢，舉目無親的城，她躺在床上好幾天了，等不到誰來憐惜她。「我究竟該何去何從？」過了很多年，她還依稀聽見當時內心微弱的哀鳴。

*

一直到有一天，迷迷糊糊之間，她吃了比平日分量還多的安眠藥，睡了很長很長的一覺，被電話聲吵醒的時候已經整整過了一天。醒來那一刻，她發現她還是一個人孤零零躺在破舊的屋子裡，從頭到尾，根本沒人發覺也無人理會。

那個當下，她下定決心：「我一定要站起來，不能輕易被擊倒！」

響個不停的電話是她的救命鈴。幾天沒進公司了，幾十通電話如潮水般湧進來，數不清的廠務等著她處理，逼得她不得不從委靡之中探出頭來。人生的十字街頭，她慶幸工作給她一份真實的存在感，推著她，走一步，再一步，勇敢正視每個未知的下一秒。

她不敢跟台灣的家人提到瀕臨瓦解的婚姻狀況，父母偶然從朋友那裡聽到消息，急急忙忙飛來雅加達。一看到她的家，兩老嚇壞了，差點沒昏倒，不能相信寶貝女兒過這樣的生活。「沒關係啦，離婚沒關係！」媽媽勉強忍住眼淚，不停說：「什麼都不要管了，妳趕快回台灣！」

但是她的先生並不想離婚，但也沒有與外遇做切割的打算。她仔細盤算過後，決定請律師著手辦理複雜的離婚程序，並且立即搬離那棟舊房子。她打算一辦好手續立刻離開印尼，「工作再好，沒了婚姻，雅加達對我而言不過是一座空城。」剛強的外表底下藏著一顆破碎的心，那絕對不是她要的矛盾人生。

繁瑣的離婚手續足足花費了一年半的時間，她才得以正式結束婚姻關係，隻身回到台灣。一九八七到一九九〇，她把四年的寶貴青春留在了雅加達。

她不後悔走這一遭。她只是不懂，都說繁華如夢，她明明在蝸居陋巷裡簡樸度日安分守貧，為什麼還是落得如夢一場的結局？

*

三十年前的一場苦情夢魘，她淡然敘述，彷彿說的只是別人的故事。

那是因為她知道，冬天過去，她的春天才會真的開始。

離開雅加達，她搬回台北父母家，受傷的心在溫情中漸漸得到撫慰，然而，她心知肚明，這不過只是一個過渡，她終究還是必須為跌過跤的人生找到重新的出路。正好台中有家材料商有意聘用她，順水推舟，她又從台北搬到了台中。

新公司是一家台灣百大的傳統企業，她掛名科長，可是並未受到同等的尊重。每當客人來，男同事總是對著她喊：「小姐，給客人泡杯咖啡！」那一刻，她恨不得把咖啡淋在他的頭上。以前在印尼，不管你是男生女生，公司都會給你平等的發揮空間，只要你有能力，誰都可以出頭天。在被輕待的台灣傳統職場，她深深懷念起在印尼時風光的鞋廠生涯。

以前，她認定印尼是別人的地方，台灣才是她的歸巢，沒想到兩年之後，突然有個印尼的工作機會再度出現時，出乎意料的是，她竟然感到無比振奮。她相信，在那一片廣闊的天空裡，她可以找回自由飛翔的熱情與能力。

一九九二年，她接受泗水一家華人鞋廠的請聘，二度回到印尼。

鞋廠原本與台灣人合作，規模不小，全盛時期有三千多名工人，後來台方撤資，老闆急需有經驗的人來重新掌舵，在最短時間內穩住廠務，於是從各方業界挖來八名能手，她就是其中一個。

連銀行經理都被網羅而來，頂著科長頭銜的她拿什麼跟這些高手能人一較高下呢？「我是其中最年輕、個頭最小，看起來最不起眼的一個。」她聳聳肩，雙手一攤，說：「一年半之後，我也是碩果僅存的那一個。」

六條生產線的鞋廠，一個月必須要接到三十萬雙的訂單，這數量龐大的訂單，哪怕是七個資深經理也未必派得上用場，最後幾乎全數由她一人包辦。

「很多人好奇，為什麼我可以做到他們做不到的事呢？」以前在雅加達鞋廠，她專門接訂單做業務，回台灣上班又熟識不少貿易商，跟材料工廠也都保持良好關係，以往所累積的豐富人脈使她在拿單的時候得心應手，無往不利。而且，當時正好是鞋業蓬勃發展的巔峰時期，「老實說，躺著都可以接訂單！」比起能力，她也不諱言，時機，也是她出頭的關鍵。

她，一個離了婚的外國單身女子，沒有家累，沒有牽絆，因而可以更加心無旁騖全力以赴。孤單的生活反而造就了別人比不上的優勢：「清晨六點上班，晚上八點才回家，其他的七個人有誰做得到？以一擋七，我最大的憑藉的就是一份別人都比不上的努力。」

吃苦當吃補，她從來不抱怨，「做鞋是我的興趣，」她微笑說：「再怎麼辛苦我都甘之如飴。」

鞋子是很傳統的工業，心要細動作要快，沒有別的訣竅。設計，打樣，修改，定案，訂料，最後量產。在工廠，每一天都有不一樣的事情等著她，每一個環節都可能發生各種狀況，她必須機動處理五花八門的問題。對別人而言，一個問題就代表一個麻煩，可她從不這樣想。面對問題，處理問題，隨時都可以學到很多新東西。「這個過程很有趣，很好玩！」她的眼睛閃閃發光：「我非常享受它！」

進入鞋子的傳統產業，她的改變很大。她五歲開始學鋼琴，父母想把她培養成一個小淑女，他們絕對沒料到她後來在印尼的職場上會不時把三字經掛在嘴邊，跟廠商出口成髒，跟客戶稱兄道弟，成天在男人圈打混。「哪裡有個淑女樣？」她自己都忍不住自我解嘲。

這條做鞋的路，她走得很自在很愉快，也走出了她在印尼的第二個春天。「回想起來，這一切的源頭是因為之前那段短暫的姻緣。」幾年過去了，她的內心沒有怨恨，只有感恩：「要不是那個無緣人，我不可能碰上這麼精采的人生轉折，也不會看見自己在工作上的潛能。」她停了半晌，露出女強人罕見的溫柔，說：「更不可能在後來遇見另一個有緣人，踏上真正屬於自己的婚姻之路。」

這個他，道地韓國人，年少就到雅加達闖天下，人生經歷三起三落，才開始轉型做鞋貿易。她認識他的時候，也是他人生最低潮的時候，一天到晚來公司打鞋，可是卻接不到任何訂單。

「這樣還敢嫁給他嗎？」有人覺得好奇。

「我敢啊！」她理直氣壯說。

他們還是替她擔心不已：「難道不怕重蹈覆轍又要過一回苦日子嗎？」

「不會啊！」氣定神閒，她還是這樣說。

她有自己的事業，對方的經濟狀況好壞全不在她的考量。「我不會拿過去的人生來嚇唬自己，或是改變自己。」她聽從自己的心意做選擇，做了選擇，就沒有回頭看的理由。

韓國先生，台灣太太，他們使用唯一共通的印尼文來互許誓言，在第三國開始他們共同的人生。

＊

結婚之後，她從鞋廠辭職，轉換跑道，和先生共創一家新的貿易公司，在熟悉的鞋子領域另闢一條蹊徑。她是工廠出身，很能掌握貿易商與鞋廠之間的互動節奏，也有一定的客源基礎。他也不遑多讓，學得很快，做得很好，尤其善於死纏爛打要訂單，很是令她刮目相看。很快，公司的經營順利上了軌道。

加溫中的婚姻，起飛中的事業，她跟印尼這塊土地的深刻連結，鋪排這麼多年，一直到此刻，才算真的開始。

雖然是第二次婚姻，但她並沒有勉強自己改變本來的模樣。她自我解嘲地說：「我有努力過啦，但真的沒辦法，還是一進廚房就頭昏，還好我先生要求不高。哈哈！」先生很早就離開韓國，不像一般的韓國大男人那麼傳統，省去觀念上本該有的扞格。「其實，夫妻是互相的，每個人都有弱點，誰也不用看誰不順眼。」婚姻路上，她慶幸終於覓得相知相惜而非彼此挑剔的同路人。

親近的好友為她感到憂慮，她會不會因為害怕他跟前夫一樣出軌而對他處處提防？「那不是我的作風。」她搖頭，無比淡定。

就算之前吃過苦頭，她也不願意改變自己乾脆的個性，絕不會打電話緊迫盯人，追查他的行蹤。「我是受過傷，但我也沒想從此變成糾察隊長。如果他想安分就會安分，如果他真的要怎樣我也攔不住。」縱橫商場多年之後，她太了解這些生意人玩些什麼把戲，冷眼一瞄，她的心裡跟明鏡似的，誰都別想要弄她。

可以全盤掌控但選擇完全鬆手，是她慣有的婚姻哲學，並未因為曾經失敗而有所改變。有時候他出國一個星期，她都沒打電話追查行蹤。「妳好像把我忘了！」反而是他會這樣委屈地抱怨。

她的讓步與改變不在婚姻上面，而是在公司。

一艘船上容不得兩個龍頭互相拉扯。有幾年他們為公事吵得很厲害。以前她手下有幾千名員工，難免口氣強硬，而韓國人個性剽悍也不遑多讓，兩人一天到晚因為意見不合在公司爆發衝突，一邊用印尼文吵架一邊互相丟東西，刀光劍影鬧得不可開交。折騰四、五年後，她決定退出公司的經營，只負責財務管理。

她想通了，這是他們在共同的事業裡和平相處的唯一方法。

這樣很好。他往前衝，她負責背後監督，幫他看住底線，設立停損點。她了解他，他需要自主的空間，可是他也需要有人埋伏在他周圍，在必要的時候跳出來，為他拉住最後那條線。

他們不只是婚姻的理想伴侶，也是事業的完美夥伴。兩人相互效力，公司的營業額在穩定中攀升，他終於不再重複大起大落的事業模式，漸漸成為一名成熟的貿易商。

他管事，她理錢，兩人合作無間，打造出一座輝煌的鞋子貿易王國。

*

事業的成功，除了夫妻的努力是致勝的基礎之外，「我們只雇用印尼員工，不用華人。」生意場上，這是她自認與眾不同的關鍵點。

她當然知道華人聰明，善於算計，但他們來上班往往只是過水拿個經驗，準備回去自己開公司。印尼人不會，他們不具野心，滿足於現狀。就像公司的兩個經理，認定自己已經得到了意想不到的好生活，也因此建立了穩固的家庭，不會再左顧右盼貪圖更多。有誰比他們更清楚公司的營業額呢？但每當她發工作獎金時，他們總是說：「老闆娘，妳這樣不會給太多嗎？」而不是抱怨：「為什麼妳賺那麼多，我卻只領到這麼一點點？」

她寧願多請幾個印尼人，也不願意雇用華人。很多華人口口聲聲稱呼印尼人「番仔」「番仔」，但是她發現他們的能力並不比「番仔」高出多少，不耐操，不甘於現狀，姿態高要求也高，反而更麻煩。也許印尼人沒有那麼勤勞，做事效率也不太好，但她樂於從另一個角度思考：「我的員工不一定要很聰明，只要他的能力足以做到我所需要的，並且能夠對份內的工作負起責任，這就夠了。」

當然，大前提是公司要給他們足夠的向心力。老闆給的薪水比別人高，年終獎金相對優渥，員工生病也由公司出錢醫治，還照付薪水。主雇和諧，整個公司就像是一個大家庭。

不只是公司員工，她與家裡的司機傭人也是有如家人一般。有些華人或台灣人說印尼傭人很壞，會偷東西，會記仇報復，她一個都沒碰上。生活上都是傭人們在照顧她，她從來不會去提防她們，房間抽屜從不上鎖：「你問我鑰匙在哪裡我還得去問她們。」她大笑說。

僱傭之間相互信任，她們培養出一種家人般的感情。有一個老傭人已經在她家超過二十年了，中間因為不滿她偏寵年輕傭人跑掉過三次。「妳不要跑了啦，妳都已經是我的家人了，以後就老死在我家好了！」她跟愛吃醋的老傭人這樣說。

自己是台灣人，先生是韓國人，員工是印尼人，她對人沒有一點分別心：「只要他的本質是好的，管他是哪一種人。」

可身邊大多數的華人不這麼想。有一次她去銀行，看一個女孩子很漂亮，很有禮貌，她很喜歡。過沒多久發現她懷孕了，她懊惱無比跟她說：「好可惜啊，原來妳結婚了！我本來還打算把妳介紹給我的侄子呢！」旁邊有一個華人聽她這樣說，掩著嘴，小小聲提醒她：「她是番仔誒！妳不知道嗎？」

她就不懂了，是印尼人有什麼關係？「你一個外來人在人家的土地上生活那麼久了，怎麼能有這種區別？」

她才真是百思不得其解。

＊

扎根在人家的土地上已經超過三十年了，她努力奮鬥，也很滿足所得到的成果。如果要說唯一的遺憾，就是他們始終沒有自己的孩子。

心裡自然還是有所感嘆，「然而這就是我們的人生，這就是我們這輩子拿到的劇本，認真演下去就是了，沒什麼好想不開的。」經過歲月的洗禮，她鬆手，已經學會不跟人生做徒勞的較勁。

沒有孩子，唯一要面對的是接班人的問題。三年前，她的兩個姪子、姪女大學畢業後先後從台灣過來，進入公司，從基層做起。「如果做得來，未來或許讓他們接手公司。」夫妻倆這樣盤算著，不想讓兩人多年以來所打下的基礎，所付出的心血，所經營的人脈，就此平白放掉，付諸流水。

初出茅廬的台灣年輕人，一開始積極，也很熱衷學習，然而終究抵擋不了華人朋友的影響，態度慢慢被同化，漸漸鬆懈了原本的初衷。

時代不一樣，環境不相同，孩子們能承受壓力的限度也大不如前，付出的較少，對權利的要求對私領域的保留卻是與時俱增。有時候，她不禁會想起當年剛到印尼的她自己，那時的她跟現在的他們一樣年輕，但所投注的心力卻是天差地遠。

「我其實有點後悔。」她想，如果當初讓他們先在台灣工作幾年，累積點經驗，吃點苦頭，也許學習的狀況會更理想。有時她也不免感到懷疑，台灣的教育是不是哪邊出了問題？她先生曾經忍不住問她：「為什麼同樣的年紀，在印尼已經是獨當一面的成年人了，在台灣卻還是被當成小孩對待？」

他們不抱著太大的期望，再過幾年，如果孩子們可以順利接班最好，最終不適合也不勉強。頂多退休後就把公司賣了吧，老夫老妻把錢攢在身上，從此遊山玩水也很爽快。

沒料到的是，還沒等到「再過幾年」，姪女跟台商第二代談起戀愛，嫁做印尼婦。雖然是嫁入台灣家庭，但男方的家族事業已經在印尼生根發展二十幾年，跟她一樣，姪女未來的人生勢必也離不開這塊別人的土地了。

再過個三十年，姪女來到她現在的年紀，「她應該會有一個完全不同於我的印尼故事吧？」她衷心盼望，姪女能比她少吃一點苦，比她快一步找到幸福，不論將來遇到什麼樣的選擇題，也都能擁有跟她同樣無畏的勇氣。

*

轉眼之間，住在印尼的時間已經超過她在台灣的年輕歲月。

要是你問她，她究竟是什麼人？台灣人？韓國人？還是印尼人？她的答案不加思索：「我當然是正港台灣人。」「妳覺得哪個地方最好呢？」「都好都好，心安了哪裡都好。」她不費心去為難自己，硬要找出一個正確答案。

至於未來老後將會落腳何處？「不知道呢，也許來回輪流住吧！」她不疾不徐地說，語氣寬闊，好比一條河。

她還沒想得那麼遠，中年才剛剛走到了頂巔，距離老後還有一段可以耍賴的時間。這幾年她慢慢學會適時放手，開始找時間溜班和閨密們四處旅行，先生不一樣，如今還在勤跑歐洲擴展業務，並且誇口說還要再做十五年。也好，她樂觀其成，偷偷忖度著：「他最好能一直做下去，不然一天到晚在家碎碎念，那景象我可真的不敢想像。」

就算那一天真的到來，迎上去就是了，誰怕誰呢？
她的人生，直直往前走，她，從不回頭。

就算拚命給愛，也不忘記要自由自在

「我要當尼姑！」十九歲那年，她跟媽媽這樣說。

「剃頭就真的是出家了，妳要想清楚喔！」媽媽不以為意，隨口回答她。

她才不管媽媽說什麼，一個人坐上公車，搖搖晃晃，去到佛光山，劈頭就跟師父說：「我要出家。」

「妳媽媽有同意嗎？」師父問。

「沒有。」

「那不行。」師父搖搖頭。

她堅持住下來，拿把推刀，兀自把頭髮剃個精光，微笑看著鏡子裡的一顆頭，光溜溜，她覺著一種空前的自由。

青春正好的少女，沒有遇上什麼感情問題，也不是有什麼爭執跟家人過不去，她只是覺得廟裡好安靜，她好歡喜，想要長長久久住在這裡。

師父跑去她的家裡，跟媽媽說：「妳女兒自己把頭剃了，說要當尼姑。」媽媽趕來山上，看她真的剃光頭，氣急敗壞，一邊死拉活扯要把她帶回家，一邊罵她：「妳爸把妳養到這麼大，這麼疼妳，妳這顆頭怎麼說剃就剃？」

她有如僧定，文風不動，媽媽死活拖不走，一氣之下丟了她自己回家。一個星期之後，她嘗夠自由滋味，覺得在廟裡待得無聊了，自己又坐著公車，一路搖搖晃晃回到家。

「妳回來了喔？」媽媽頭也不抬，雲淡風輕，好像她從來沒有離開。

十九歲，她已經知道，「想做什麼就做什麼，我是一個自由的人。」

*

她的印象裡，爸爸從年輕到年老都是一個黑狗兄，既高且帥，體格壯碩還有性感三角腰。

當年媽媽是地主之女，已經和紡織廠小開訂了親。爸爸是佃農之子，也有一個裁縫未婚妻。任性的地主之女看上瀟灑的佃農之子，自己跑去人家家裡煮飯洗衣，主動屈就貧困的家庭，執意譜出一段家世懸殊的浪漫奇緣。

一開始，爸爸為了媽媽認真打拚，做土地掮客，靠著一張帥臉賺了很多錢，可也漸漸學會吃喝嫖賭，身邊女人從未斷絕。「妳老公在三六九酒家，妳還不趕快去看看。」左鄰右舍搬弄八卦跑來報信，媽媽當下騎了摩托車，噗噗噗直奔酒家，衝進去掀了桌子，還抓了那女人的頭髮，啪啪啪，賞了幾個大耳光。

一段奇緣造就一對冤家。兩個人吵吵鬧鬧沒個止盡，在她念國中時不得不分居，為了面子也為了孩子，卻始終維持著婚姻關係。一直到爸爸年歲漸老才總算浪子回頭，想回到老伴身邊，但媽媽堅持不允，就算是幾番收到爸爸的病危通知，她也拒絕去看那可能的最後一眼。

「哀莫大於心死，我從媽媽身上看到這一句話。」她黯然地說。

爸媽的婚姻給了女兒們一個最悲哀的示範，在感情世界裡，她們缺乏愛，需要愛，索求愛，為了抓緊對方往往寧可失去尊嚴做出荒謬的舉措，但更悲哀的是，她們絲毫沒有自覺。

和其他姊妹們不同，她老早就看出自己也有著「委曲求全」的感情盲點，起碼，她知道自己遲早必須跨過這條線。

「但我骨子裡，還是一個傳統的人。」這點，她也很早就了解。

＊

念書時，她喜歡一個人上下學，不愛同學作陪。下雨天，她喜歡一個人騎車騎到很遠很遠，陌生的他方從來不叫她感到退卻，她害怕的是不能自己作主的囉哩叭嗦與拖泥帶水。

二十二歲那年，她才大學畢業，在建設事務所上班存了一點錢，趕上自助旅行開放的第一班列車，她隻身飛往峇里島。

那時候的峇里島，晚上沒電，四周一片又一片漆黑的稻田綿延不絕。她一個人，躺著看滿天星星，聽著蛙叫蟲鳴，自由自在，不必對誰交代。

整整七天，把自己放逐在一個世外桃源，她一點都不寂寞，她反倒覺得無比快活。

「如果知道下半輩子會住在印尼，人生第一次的自助旅行我一定不會選擇峇里島。」她說：「二十年來我去了幾百次峇里島，真是氣死人！」她忍不住哈哈大笑。

＊

她和她先生認識了九年，一直到三十一歲才結婚。

他是一個美國人，年輕得志，才三十出頭就在台灣擔任美國上市家具公司的亞洲總經理。剛認識的那幾年，他到處飛，忙著到亞洲不同國家設立公司新據點，她在建築事務所也做得有聲有色，都快十年了，兩人才總算找到結婚的時機。

一開始婚後他們還分居兩地，直到他外派，她辭掉工作隨著他從中國、馬來西亞、印度一路短暫停留，最後才落腳在印尼。

「印尼是一個完全不可思議的國度。」這是她的開場白也可以是她的總結論。

「剛來印尼時我不快樂，突然沒地方跑沒事情做，讓我很惶恐。」她說：「我的鄰居是一個嫁來印尼的台灣女生，她的夢想就是不用出門上班，家事傭人代勞，閒閒沒事她可以整天窩在家裡看電視。我不行，因為我天生是一個勞動的人。」

她在台灣做建築設計，很忙，陀螺般打轉，一天二十四小時根本不夠用。來到印尼，沒公事催著她，沒家務等著她，甚至沒地方可以暢快趴趴走，她突然變成一個沒事做的家庭主婦，她覺得自己成了一個徹底的「無用之人」。

無用之人敏感、沮喪、易怒，有時還會呼吸困難喘不過氣來。

賭氣似的，她埋頭做蛋糕做點心，天天做，分送給左鄰右舍。灶下爐前，水裡來火裡去，廚房的活還嫌不夠，她去健身房跑步，天天跑，直到有一天從跑步機上摔下來，撞到頭臉，昏倒送醫，醒來時一張臉腫得像發過頭的肉包子。

「你太太得了心臟腫大症。」印尼的醫生 Dr. Lily 神情嚴肅警告她先生：「很多運動員就是這樣暴斃的，很危險，她必須要絕對安靜，臥床休養。」

「這下更完蛋！」關在臥室，連傭人也不准進去，她形同遭到軟禁。然而，絕對休息沒讓她絕對好轉，她三番兩次發病被緊急送到醫院，有某些個時刻，她真的以為自己就要從此 byebye 說再見。

後來有朋友介紹一位荷蘭醫師 Dr. Jeffrey。他要她接受跑步心電圖的測試，她跨上跑步機，一直跑一直跑，迅如猛兔，「還可以更快嗎？」醫生問。「可以啊可以啊！」她像是一匹脫韁野馬，氣也不喘向前飛奔。

「如果妳有心臟病，大概全印尼的人心臟都有毛病了！」Dr. Jeffrey 悠悠地下了結論。

雖說如此還是找不到真正的病因，依舊解決不了她的問題。她先生不敢讓她自由行動，小心翼翼囚她在家，一天一天繼續過著廢人般的貴婦生活。一年下來，她的體重直直掉落，剩下三十九公斤，整個臉只看見兩顆骨碌骨碌的大眼睛。後來她回台灣，來機場接她的媽媽和她擦肩而過，完全沒能認出她。一身瘦骨藏在寬大的中國服裡，她緩緩飄到媽媽面前，喊了一聲：「媽！」

「妳怎麼變成這樣啦？」老媽媽驚叫出聲，撫摸著她的臉，眼裡滿滿都是淚水。

回台灣看醫生，確診是恐慌症。醫生開了兩個處方，一是規律運動，二是回到自己喜歡的領域，繼續工作。剛好有個朋友開了間家具工廠，順水推舟她做起家具設計，從那天開始，她的「心臟腫大症」

或是「恐慌症」全都不藥而癒。

她在印尼小城的囚鳥生活正式告一段落，重新做回腳踏實地的勞動者，一日復一日，她終於不再是惶惶終日的印尼貴婦。

不再是貴婦，不只是因為自己的轉變，也是因為先生的一個重大決定。他擅自作主，趁她回台灣待產時遞出辭呈，離開戮力多年的老東家，放棄優渥的待遇，決定自己創業開公司。

「我聽到時，下巴差點掉下來。」她完全不能相信他的一意孤行。「之前他提過辭職的念頭，我當然不同意，開玩笑，去哪裡找這麼好的公司給你這麼好的待遇？除了高薪，美金兩千元的房租津貼，吃吃喝喝的餐費，拉哩拉雜的生活開銷，甚至未來孩子念國際學校的學費，全部包括在裡面。」尤其教她扼腕不已的是：「我搭飛機的最低艙等是商務艙，超過五個小時的航程還可以搭頭等艙，嫁給他以來，哼！我可沒有搭過經濟艙。」

先生辭職後，她第一次搭經濟艙，排隊排超長，她自覺像個囚犯，上了飛機，東西真難吃，拒吃拒喝，「心裡超不爽！」她憤憤地說。「後來想一想，」她念頭一轉，「反正坐商務艙也不會比較早到！」

要說服自己的不是只有搭飛機這一項。以前他們盡享高階主管的特權，凡事有人幫忙跑腿，現在一下子跌落人間，柴米油鹽全部俗事都得親力親為。自己跑也得有車有司機，外國人不可以自己買車，他們租了一輛超破二手車，用力一開車門應聲掉下來。「欲哭無淚啊！」她說。

「他的決定我只能接受，莫可奈何，當下我決定把女兒的中文名字改為緹縈。」為什麼呢？「緹縈救父啊！」哈哈哈，苦中作樂，她還是笑得很開懷。

轉念，是她在印尼的婚姻生活裡，不可或缺的一項必備技能。她不滿先生的決定，可是她全力配合，她心甘情願跟著走。「不然如何呢？」內心中傳統的那個她，默默地自問自答。

幸好先生能力很好，他的公司漸漸上了軌道。幾年之後他們各自擁有了獨立的事業版圖，他做貼皮家具，她做實木設計，他賣美國，她賣台灣，生意越來越好。

她又坐回了商務艙。雖然飛機還是沒有比較快到。

*

兒子七歲那年，暑假，母子連袂回台灣。送兒子轉機到西雅圖後，離開桃園機場，她轉身搭了火車，直奔花蓮。

她所居住的印尼小城，馬路上只有川流不息的車輛，罕見行走的路人，甚至馬路兩旁也少有人行道。多年下來，她都快要忘記腳踏實地的滋味與長途跋涉的感覺。

「太魯閣在哪裡？」出了火車站，她隨意問了一個原住民。

「在隔壁啊！」他隨手一指，輕鬆回答。

她背起背包，順著他指的方向走，頂著七月的大太陽，大貨車一輛接著一輛呼嘯而過，汗流浹背走了兩個小時，還是不見「隔壁」的蹤影。

「太魯閣？哈哈，還很久的啦！」另一個原住民咧開笑臉跟她說。

八個小時之後，她落腳在山間的小教堂，住進一個小房間，窗外是一片竹林，她累壞了，躺在床上，把腳蹺在牆壁，看著竹影在她腳上搖晃交錯。很久很久，她還沒想清楚為什麼自己要翻山越嶺來到這樣的地方，但她清楚知道，她多麼享受徹底一個人的絕美好時光。

晚上九點多，牧師來敲門：「妳要不要出來和我們一起唱歌跳舞，喝喝小米酒？」她加入一夥原住民的行列，又唱又跳又乾杯，中途彈吉他的年輕人問她：「妳等一下要不要來去撿貝殼？」「好啊好啊！」她帶著醉意拚命點頭。

清晨四點，大海還在沉睡，她跟在年輕人後面，一遍一遍彎腰撿貝殼。印尼在海的那一邊，離她好遠好遠。

三天後她背起背包要離開，牧師語重心長跟她說：「被拋棄並不可恥，離婚，也不可恥。」「可是我沒有啊！」她百口莫辯。「沒關係，很多來這裡的女生都這樣，我們都懂。」牧師的眼神充滿憐憫，慈愛地拍拍她的手。

離開太魯閣，她繼續往下走，走了三天，前後搭了十部大卡車，輾轉來到嘉義山下的佛學院，她卸下背包住進去，每天跟著師父念經拔野菜，粗茶淡飯，日子過得好平安。

師父跟她說：「妳上輩子是個苦行僧。」

她微笑不語。

管他是海邊教堂或是山下廟宇，她都自由來去，她都輕鬆無比。印尼的貴婦歲月好似一場繁華大夢，「暫時忘了吧！」彷若流浪者的她，這樣跟自己說。

*

二〇一〇年，來到印尼十年之後，他們的平靜生活起了一個大波瀾，憑空掀起的巨大浪潮擺弄了他們整整五年的時間。

長久以來他們所持有的居留證竟然是假的。非法居留，茲事體大，他們連忙找來另一個仲介，準備偷偷換回真的居留證，避開不必要的法律紛爭。仲介開口就要四十條印尼盾（一條等於一百萬印尼盾[1]），為了息事寧人，這筆錢他們給得很乾脆，沒想到接下來還有數不清的錢坑要填，這個要五條，那個要幾十條，說是要給不同單位的封口費。夫妻倆不懂印尼文，也搞不清楚黑箱作業，只能任由擺布，一直到有一天她的先生終於忍不住責問：「真正的居留證到底在哪裡？」「還要四十條。」仲介臉不紅氣不喘地說。

「好人哪！」先生「說一就是一」的美國性格瞬間整個大發作，罵人，摔東西，憋屈多時的一大口悶氣完全爆發，同時也徹底惹怒了最愛面子的印尼人。一不做二不休，仲介把他們所有的假證件全數傳給了印尼移民局的高階官員。

接下來等著他們的是整整五年的慘痛人生。相關單位的大頭們聞風而來，趁機索求的錢不是五條十條，是上百條，不是只拿一年，而是每年都會按時來收錢。久而久之，心理上金錢上，他們真的都負荷不了。

「為什麼不一走了之呢？」很多朋友完全無法理解。「走不了，公司被盯上，財產被扣押，怎麼走？」萬般無奈，她說：「而且，我先生嚥不下這口氣，他覺得這是一個自尊的問題。」她嘆了長長一口氣：「他不走，我不會走。」

「他本來是一個單純快樂的人，從小生長在富裕的美國家庭，一路平順沒有受過打擊，這件事對他傷害很大，硬生生把他變成了一個不快樂的人。」整整五年的時間，他們周旋在印尼糾結無解的貪污體系裡，求去不得，求解無門。

一直到朋友介紹一個黑白通吃的律師，雖然收費昂貴，但保證一次解決。豁出去了，他們決定再賭一次。兩方相約律師樓，由律師開了一張三萬五千元美金的支票，公開交給代表官員，這筆錢，金額由小到大，用來擺平位階由低到高的相關人員，成事之後，兩方握手言和，糾纏五年的夢魘，耗費掉三分之二的財產之後，在這荒謬的一瞬間，總算正式告結。

「妳要記得，」律師事後單獨跟她說：「妳不要跟別人說妳沒有犯法，因為在印尼，沒有法律，只有權利！」

「花小錢能解決的事就該花錢，識時務者為俊傑，這個印尼的生存守則，我懂得太慢。」然而，令她遺憾的是：「我先生到現在還是沒有懂，美國人，頭腦硬扣扣，頑固不變通。這件事完全違背他的人生邏輯，他受的傷太重，我很捨不得。」

朋友忍不住為她叫屈：「這五年，妳也一樣受苦啊！」

「從小我的家庭環境太複雜，這種事我看多了，後來上班也看盡官商百態，人生險惡我老早經歷過。」她搖搖頭，「而且，印尼給我上了一門不可思議的成長課，雖然過程艱難而且漫長，但是我的收穫非常多。」她還是笑，這樣說。

1 一百萬印尼盾約等於台幣一千九百六十五元。

擋在先生跟前，已然成為她的習慣。

*

女兒上大學了，兒子念高中了，去年，他們一家四口計畫一趟日惹的家庭旅行。旅程第一天她開始上吐下瀉，高燒四十度了她還勉強一起晚餐，隔天前往泛舟途中，她實在撐不住，「你們自己去吧！」她一個人回旅館，忽冷忽熱受盡折磨。到了傍晚，她忍不住跟先生說：「我必須去看醫生。」

「好啊，但送妳看醫生之前，我們先去吃麥當勞。」他悠哉地說。

女兒不同意：「媽媽妳應該回家，在這裡看醫生不是辦法。」當下強力要求爸爸買機票讓媽媽先回家。

到了機場，她才知道先生竟然只買一張單人機票，雖然很驚訝，她還是故作輕鬆頻頻說道：「你們好好玩喔！不要擔心喔！」三個人跟她說完再見，當真轉身而去，繼續未竟的旅程。

「我發燒燒到四十一度，根本下不了車，司機抱我坐輪椅，把手提袋掛在我的脖子上，推我進機場。」機場人員看她的情況不妙，馬上要求她吃退燒藥把體溫降下來，否則拒絕她登機。藥才入喉，立刻被她吐個精光，醫生堅持不給她上飛機。「我問醫生：『你覺得我是死在這邊比較好還是死在我家比較好？』他天人交戰了很久，牙一咬，最後放我進去候機室。要死不死飛機延遲一小時，我癱在輪椅上，歪著身，垂著頭，袋子從脖子滾到地上，沒人敢過來碰我，只有一個西方人默默把袋子撿起來，放在我身上，沒多久，咚，它又滾落地上，從此再也沒有人搭理我。」悲慘的八點檔被她戲謔說來，變成一齣笑淚齊飛的荒謬大鬧劇。

熱鬧的家庭出遊成為變調的單身旅行，以前隻身勇闖天涯的奇異幸福感全然不見，這趟一個人的回家之路，她只覺得空前的孤單。

幸好女兒貼心，終究放心不下她自己回家，預先幫她安排好朋友接機，從機場直接將她轉送醫院。登革熱加上腸病毒，她立刻被留院治療。幾天之後，父子三人的旅行終於結束，她滿心以為他們下了火車會直接飛奔到醫院看她，結果，先生在火車上遇見一對美國夫妻，相談甚歡，堅持先送新朋友回旅館，才姍姍來到醫院探視她。

「那一刻，我總算知道多年來我犯了多大的錯。」她輕聲說：「我習慣很用力去愛人，為了愛，我願意付出我的所有，就算得不到回報也無怨無悔。」這次，她終於不住捫心自問：「妳，真的無所謂，真的沒有怨言？」

在愛的人面前習慣委曲求全，這是她很多年前就有的自覺，走過婚姻二十幾年，她還是沒有跨越過那條線。

一趟旅程之後，她知道自己必須要徹底改變。

*

偶爾回台灣，老同學們都羨慕她嫁得好，印尼貴婦誒，老公會賺錢，小孩會念書，司機會接送，傭人會煮飯，難怪她越來越美還都不會老。

但是回到印尼，身邊的朋友不只一個跟她說過：「妳看起來真的好累！」明明在朋友面前她永遠是最嗨的那一個，大聲說鬧，笑話連篇，喝了酒以後瘋瘋癲癲還一直要乾杯。她是這樣自由自在地伸展，肆無忌憚地綻放，她不能理解，為什麼還是有人一眼看見她那不為人知的暗自凋萎？

在不可思議的印尼生活了二十幾年，為人妻為人母，永遠跑最先擋在最前面，堅強的外表下，她自己心知肚明，其實她沒有那麼厲害，「說穿了不過是在逞強」。

她不是超人，當然也會疲憊也會累。

這幾年為了生意的緣故也為了看顧生病的老父，她常常回台灣。每次離家之前，她會先把所有食材準備好放在冰箱，然後寫一張菜單，為每道菜名標上號碼，底下附上詳細的印尼文做法，先生一早起床只要動手一指，點個號碼，傭人就可以照著做法依樣畫葫蘆。熱騰騰的好菜照舊端上桌，就好像能幹的女主人從來沒有離開過。

今年開始，她不再設計菜單，也不再預存食材，決意放手讓他自力更生學做菜。「他每次花很長時間做出很難吃的菜，我總是拍手說讚，告訴他這是我吃過最好吃的一道菜！」

現在印尼景氣沒有以前好，他的公司不若之前那麼忙，反倒是她的生意越做越好。表面上看來好像她為了家計東奔西跑，他閒雲野鶴一般閒散晃蕩，但家具他是行家，她會請益於他，他會出手幫她，她知道，至少她不是隻身一人為了家庭孤軍奮戰。

這樣很好，肩上的擔她學著不再搶著全部扛，慢慢放，慢慢放，總會有人來接手。她猜自己永遠也成不了同學口中的印尼貴婦，但起碼，她也沒打算一輩子天生勞碌命。

她決定，在拚命給愛之前，她也要留一些些，好好愛自己。

＊

兒子就快回台灣上大學了。接下來的人生，夫妻倆還沒有離開印尼的打算。

這幾年，他們身邊許多外國朋友陸續離開。有個法國朋友，被印尼政府抓稅找麻煩，乾脆賣了身家財產，坐船偷渡離開。還有一個高爾夫球場的老闆娘，收拾行囊，寧願回澳洲開農場。朋友一個一個離開，她的先生，越來越宅。

回美國？回台灣？還是留下來？現在的她，沒有一個確定的將來。

她只知道無論什麼選擇，對先生不離不棄，對家庭全心全意，她始終會是固守本分的那一個傳統女性。然而，「把兒子送進大學，我要給自己三個月，一個人把西藏走個遍。」

是的，無論命運把她帶到哪裡，她也絕對不會忘記，另一個自由自在的她自己。

白茉莉

熱帶
茉莉盛開
南島孕育的女孩
她的清香
與生俱來

富貴花開

對她來說，每一幅畫的背後都藏著一段時間故事，那或許是小孩的成長變化、生活的酸甜苦辣、夫妻的感情起伏，或者是自我的深刻對話。她想把它們一一畫下來，就像是留下一件又一件珍貴的人生紀念品。

「我的父母都來自中國南方的書香世家，會畫畫的會寫書法的會唱歌的還有精通南管的，家族裡滿滿都是藝術家。」她相信自己的血液裡也有著飽滿的藝術天分。

會畫畫，她自認是一件幸福的事情。

*

「長輩後輩都在這裡，我們這一代，可以說是印尼華人最幸福的一代。」她說。

抗日戰爭結束前，她的祖輩們從中國南方舉家遷徙來到印尼。當時她的爸爸還在祖母的肚子裡，隨著家族從福建泉州飄洋渡海而來，而她的媽媽出生在福建晉江，年幼時跟著父母遠遷南洋。

她的祖輩們在中國都是有錢財有名聲的家族，風聲鶴唳的中日戰爭末期，他們深恐身家財產會在不久的將來遭到共產黨沒收，於是生起了離鄉去國的決心。在他們之前，已經有很多人遷移海外，新加坡、馬六甲、印尼，到處都有親戚朋友的足跡。親友們帶回來的海外訊息，給了他們跨國大搬遷的足夠信心。

跟逃難不同，祖輩們並非匆忙之間倉皇離開中國。在那個動盪的時代，「有錢的人容易出得來。」她轉述她的祖父隔海大搬家的場面，工程浩大十分壯觀，「連雕花木椅、古董花瓶都全部上船運出來。」因為有穩定的經濟狀況作為基礎，他們得以在南洋風風光光另起爐灶。

祖輩們起初的落腳處分布在印尼沿岸的各個小地方，她的爸爸一直到十六歲時，因為祖父母在鄉下的醬油廠生意失敗，才來到城市謀職另闢出路。爸爸雖然在印尼出生，但讀過中文學校，印尼文中文都很流利，又擅於理財做帳，很得老闆重用，成家之後，老闆還慷慨送給他一家布店作為紅利，助他從此邁向立業之路。

她是家中老么，出生後家中的事業已經上了軌道，一家七口從巷弄小屋剛剛搬到馬路洋房，「那年代有車的人不多，可是我念小學時就已經搭汽車上下學了！」她抬著精雕細描的眉毛這樣說，一派當年小小姐的嬌貴姿態。

經濟無虞，她的童年生活過得十分愜意。印象裡，媽媽很會料理魚翅，最愛買的首飾是鑽石，那時家裡已經有兩個印尼傭人，幫忙煮飯打掃洗滌燙衣。她金枝玉葉，沒有幹過粗活，不曾煩惱過生活。

雖然她生在印尼第二代的華人富裕人家，但媽媽用中國傳統的方式，嚴格教育他們兄弟姊妹。「當時學校外面有很多賣小吃的攤販，同學們一下課全都一窩蜂跑去買，但我從來沒有靠近過那些攤販，因為媽媽不准買，而且我也沒有多餘的零用錢。」從小她就懂得守財，「我的錢就是我的，誰也別想從我身上拿走。」手裡每一分錢都得來不易，她知道必須好好珍惜。

她在印尼出生，印尼話說得比媽媽來得好，每次媽媽講福建話，孩子們習慣用印尼話回答。媽媽很不高興，訓誡他們：「如果你們不說福建話，我就不跟你們說話！」在媽媽的嚴格堅持下，她的福建話非常流利，就好像母語一般。

在家跟傭人說印尼話，跟父母說福建話，幼稚園開始，她一路就讀中文學校，因此普通話也說得很好。「我記得初中上學用的還是繁體字，但上課內容很多都是跟共產黨有關，毛澤東啦雷鋒啦都曾經出現在課本裡。」一九六五年蘇哈托上台後，印尼全國掀起大規模反共排華風潮，嚴禁中文，關閉中文學校，初二那年，她被迫轉到印尼當地中學，一切重新開始。

「我的心裡很受傷。」年過六旬，她還記得當時十五、六歲時驚恐的心情。

世界突然變了一個模樣，禁止說中文，中文學校就此消失，再也沒有中文報紙，父親的布店招牌被迫拆下來，甚至必須把祖先墓碑上的中文字磨掉，最後連姓氏都要改成印尼文。「就是中國年也都只能偷偷摸摸地過，不可以太隆重。」恐怖的氣氛讓她感到害怕，她第一次深刻體認到，雖然在這塊土地上出生、成長，然而追根究柢，她終歸是一個外來的人。

轉到印尼學校之後，她度過了一段極不適應的困難時期。以前中文學校只有一堂印尼文課，現在變成全部都用印尼文上課；以前很少跟印尼人做朋友，現在開始學習不要有分別心，盡量去交印尼朋友，努力適應新環境。爪哇人基本上是溫和的民族，但是他們始終認為華人是CinaCina，華人也始終不認同自己是印尼人，兩方要真正融合在一起，很難很難。

＊

她四十幾歲才開始畫畫。

那一年她的阿姨在新加坡的樟宜機場策劃一場美術聯展，請她幫忙尋找一些印尼的畫作。她親自拜訪了許多畫家，找到了八幅畫，送到新加坡展覽之後，賣光光，一張都沒有帶回來。從那時候開始，她一頭栽進畫畫的世界，不只愛上繪畫藝術，也發現，原來自己具有欣賞好畫的敏銳直覺。

「那為什麼不自己畫看看呢？」她生起了這樣的念頭。

一開始她找了老師來家裡教她畫油彩。老師先示範調色，在調色板上擠出不同分量的各色顏料，混合出截然不同的顏色。她看得眼花撩亂，也問不出明確分量的標準，心裡很氣，「這是要怎麼學啦？」她偷偷在紙上寫下「棕色大，藍色小，紅色點」幾行字，等老師走後，照著只有自己才看得懂的筆記，一試再試，非要找出心目中完美的顏色才肯罷休。

老師覺得她很奇怪，明明是初學卻可以畫得很好，筆觸流暢一點都不生硬，學得很快，是個具有天分的好學生。

＊

十六歲轉到印尼學校後，高二那年，她認識了一個很帥的男生。

男生大她四歲，高中還沒畢業已經離開學校為父親工作。他每天來學校接她放學，「有時候我放學不回家，偷偷跟他去約會，」儘管媽媽管教很嚴，可她總還是有辦法如願：「我叫司機先回家，跟媽媽騙說去同學家，然後跟男朋友去吃飯看電影。」

「媽媽發現後，氣得要命！」她笑著回憶說。

媽媽年輕時是個知識分子，喜歡孩子們接受高等教育，她的兩個姊姊都不愛讀書，媽媽把希望放在她身上，期盼她高中畢業後跟大哥一樣去台灣念大學。可惜她原本就對讀書了無興趣，談了戀愛後更是無心繼續求學，高中畢業後跟著大姊開服裝工廠，早早斷了媽媽的念想。

男友家境好，長得帥，又很會討好長輩，過年過節一定讓司機送來大禮，平常還定期從自己的椰油工廠運來大桶椰油，「我家廚房的用油從來沒有斷過貨。」貼心的舉動暗暗收服了長輩的心。她的媽媽有靈通，會看風水，還會解籤詩，親自幫他們排了八字之後，發現他們命盤十分相合，年三合，日三合，怎麼樣都不會分開。雖然媽媽也想過把她嫁給更有錢的人家，可是她的命盤「就算嫁給三輪車伕，也會變成有錢人」，相信自己女兒命格天生旺夫好福氣，媽媽最後認可了他們的婚事。

媽媽所認定的天作之合的婚姻，一轉眼，翻山越嶺，已經走過了好幾座山頭。

＊

她畫畫的時候，先生通常不會來打擾她。

教畫老師一進家門，他會安安靜靜退回自己的房間。她一個人專心作畫時，就算是渾然不覺畫到三更半夜，他也從來不會過來打擾她。

「這樣最好，不要來吵我，屋子越靜我畫得越好。」她眨眨眼，意有所指，哈哈笑著。

從十幾歲到四十幾歲，人生這幅共同的畫，或濃或淡，或遠或近，怎麼調色，如何下筆，又該在哪裡落款，經過數十載的相知相惜，他們已經很有默契，不需多加言語。

＊

剛結婚時，兩個小夫妻住在峇里島，接手公公的椰油工廠。三年之後他們搬回家鄉小城，一連生了三個小孩，她專心在家操持家務與照顧小孩，在外人眼裡，她是個面面俱到的好太太，也是個剛柔並濟的好媽媽。

男主外女主內，她的家庭觀念非常老中國。在事業上，先生是王，公司上下任憑他全權作主，她絕不越線干涉，也絕不擅作主張。可是家庭與小孩是她的地盤，她負責，她主管，屋簷底下大事小事全部她說了算。

從外表看起來，好像先生是一家之舵，實際上，這個家航行的方向是由她一手掌控，經濟的開銷、生活的格調、孩子的教養，都是她在主導：「一個家庭好不好，主要是媽媽的關係。」來自好家庭又親手打造出一個好家庭，這是她最引以為傲的事。

當年媽媽怎麼教育她，她就怎麼教育她的三個孩子。孩子們是印華第四代了，生活環境比她們以前來得更優渥，怎麼讓啣著金湯匙出生的孩子們在備受寵愛的環境裡，還能不偏不倚走在正途呢？「不能太軟弱也不能太強硬。」恩威並施是她最核心的教養方法。

她是個嚴格的媽媽，立下的生活規範十分明確。小孩偶爾考差不會被責罰，但如果累犯不改就會挨打。放假時她會把玩具全部拿出來，任憑他們玩耍，一旦開學馬上全部收起來，要求他們立刻收心。身為媽媽，她有自己的原則，高興和生氣非常明確，沒有模糊地帶，不會教孩子們無所適從。

她的三個孩子都很乖巧，女兒們美麗大方，兒子謙恭有禮，生活再寬裕，她也不給孩子們絲毫機會長成驕縱的千金與任性的少爺。有些華人仗著經濟情況擺姿態，認定自己階級高人一等，甚至還允許小孩打印尼傭人，她絕不縱容小孩對傭人頤指氣使，「你們不可以對傭人不好，」她對孩子們說：「你們對他們好，他們才會對你們好。這是簡單不過的道理，」

她堅持自己的人生邏輯，她有足夠的信心確定自己始終走在正確的道路。連孩子們長大之後的婚姻，也都因為在她的主導之下，有著圓滿的歸宿。

*

中年才開始拿畫筆，她已經不年輕了，起步得晚，但年齡完全不曾阻礙她的熱情與決心，反而因為年紀越來越大，空閒時間越來越多，她更加享受畫畫的樂趣，常常一畫幾個小時，完全忘記時間的飛逝。

孩子漸漸長大了，她重新有了自己的生活，「如果沒有一種固定的興趣，整天空空的，好像廢人一樣。」她在家時喜歡煮菜、炊糕，可是自知又不會做得比外面賣的好吃；朋友找她出去玩，天天去，逛街，喝咖啡聊是非，沒意義又浪費時間；有一段時間她迷上唱卡拉OK，成日唱個不停，聲音都唱啞了，一天到晚打扮漂亮，上台唱歌，拍手說笑，嘻嘻哈哈熱鬧過後，人去樓空，又是更大的寂寞。

在平靜單純的印尼小城，她選擇用色彩用線條，慢慢畫，靜靜畫，一筆一畫勾勒出屬於自己獨一無二的幸福人生。

＊

她堅信「門當戶對」，三個孩子的婚姻都是經過她悉心的擘畫安排，與城裡的第四代華人建構出幸福美滿的家庭。

尤其是兩個女兒，她費了很大的心思讓她們找到最好的歸宿。「最好」的意思並不是非要對方金山銀山富可敵國，但不輸娘家的經濟狀況是不可或缺的條件。女兒們從小被捧在手掌心仔細呵護，雕琢成漂亮有教養的美好模樣，「沒有道理嫁到沒錢人家去吃苦。」她說：「嫁錯人是一件很麻煩的事，一定要替她們找到好人家。」

大女兒就是在她強力的主導擘畫之下，嫁進理想的華人家庭。兩方長輩相識已久，彼此都很熟知也很滿意對方的家庭背景，門當戶對天作之合，這樣的聯姻再好不過。

小女兒的情況就不太一樣了，「妹妹的先生是自己找的，不是我們介紹的。」她坦承剛開始時，曾經強力反對過他們的交往。

小城華人不多，大抵彼此認識，各個家庭的景況也大多逃不過私底下的議論。這個男生也是來自有錢人家，祖父在城裡算是數一數二的富豪，但他的父母在他十歲時已經離異，各自嫁娶又有了小孩，他從小就在兩個家庭之間擺盪往來。「失婚又再婚，這種複雜家庭的小孩，再有錢我都不喜歡。」雖說經濟是她的擇婿要件之一，但絕對不是唯一。「我們是好人家的女兒，漂亮又有學問，不會輸給別人，不怕找不到好對象。」從一開始，她就表明了堅決反對的態度，「再說了，我喜歡我的女婿長得帥，他的眼睛不算大，沒有特別好看！」反正，「我反對他們來往！」這樁親事她絕對不會允許。

為了阻隔他們繼續往來，她把女兒送去中國念書。原訂一年的學程，天資聰穎的女兒半年就提前完成，回到印尼之後，他們的戀情繼續維持，她終究還是無法拆散這對情侶。

直到男孩的父親突然過世，長久以來的僵局才有了奇妙的轉機。喪禮過後，女兒斷斷續續跟她轉述男孩說的話：「從小我的媽媽就不在我身邊，現在爸爸也走了，變成孤單一個人，我不希望妳因為選擇我而失去父母親，變成跟我現在一樣痛苦。」

「有父母親的孩子最幸福，如果妳為了跟我在一起而不要父母，有一天妳一定會後悔。」

「我十歲的時候就失去了家庭的幸福，外面常有人還對我指指點點，說我的父母親就是因為我的關係才會離婚。」

「我不想要妳跟我一樣承受沒有父母親還要遭受閒話的痛苦。妳無論如何都要聽父母的話，我們，還是分手吧！」

女兒的眼淚一顆一顆墜落，所說的一字一句敲中她心中最柔軟的角落，心酸與不捨霎時湧上她的胸口，忍不住也跟著女兒哭了起來，「這孩子十歲就孤單一人，多麼可憐，結果現在我還要嫌棄他，他的父母離婚並不是他的錯啊！為什麼我還要用大人的錯誤來懲罰他？」她彷彿突然之間清醒過來，在心裡不停地責備自己。「我不能再失去他，我要緊緊抱住他，把他當成自己的孩子一樣！」她暗自做了這樣的決定。

「妳把他叫來，我有話跟他說。」她對女兒這樣說。

他來了，乖乖坐在她的面前，絞著手，像個做錯事的小男孩那樣不安。她俯身向前，口氣輕淡不著痕跡地問：「你家裡還有幾個兄弟姊妹呢？」婉轉地讓他知道，身為一個母親，她憐惜他的遭遇，同時讓他放心，她不會再反對了。

「我做人不會吞吞吐吐，對就是對，錯就是錯。我堅持正確的道路，可是一旦發現踏錯了步，也會馬上修正。」她坦然正視自己曾有的偏見：「我是堅持門當戶對，但是比起世俗的條件，我更相信人與人之間有一份愛的存在，那比什麼都還重要。」

沒多久，男方就來提親了。女兒嫁得很好，經濟無虞，夫妻和睦，還因為婆婆遠嫁國外，因此得到絕對的空間從事自己有興趣的小事業。

而且，她那三個漂亮的孫兒女，都有著一雙水汪汪的大眼睛，「像女兒，一點都不像女婿。」她哈哈大笑，滿意得不得了。

＊

她特別喜歡描摹歐洲古典味或中國民族風的人像油彩。

她花很長的時間，一個白天疊過一個深夜，細細臨摹，那明暗光影，那皮膚肌理，那髮絲上的千絲萬縷，還有那眼睛裡說之不盡的千言萬語。

「媽媽，妳畫的根本就是妳自己。」孩子們看了都忍不住笑出來。

她自己才發現，不知不覺，「我把自己藏在畫裡面了！」

為什麼是不知不覺呢？因為她畫畫的時候，專心凝意，胸中毫無罣礙，無好無壞，沒有過去與未來，只有筆下此時此刻的澄淨與美好。

她每日早晚念佛靜坐的時候，萬念歸一，宛如嬰孩。畫畫時，她也是這樣安靜的存在。

*

「我念佛以後才開始學做人。」她說。

以前年輕時，性子急，脾氣大，自己認為對的事情很不容易才有轉圜的餘地。年紀漸長，接觸了佛教，她感覺到自己的心，變得越來越柔軟。「女兒們都說媽媽以前很嚴格，很嚴肅，不像現在成天拉開嗓門哈哈說笑！」

尤其是在印尼生活的華人，很容易因為生活寬裕有了高高在上的姿態，佛法引領她走謙卑的路，不因為富貴而忘記眾生平等的初心。

回教是大多數爪哇人的生活重心，但是其他宗教也可以自由得到發展。聖誕節跟佛誕節都是國定假日，中小學還有各種宗教課得以選擇。到廟裡上香祭拜，在家裡誦經念佛，她在印尼小城也能輕易維持一種佛教徒的生活。各種佛教派別中，她對密教特別有所感應。她所認識的喇嘛都很開心很開朗，生活得自由自在，沒有那麼多世俗繁瑣的規矩，發自內心的慈悲讓他們完全沒有私心。「規矩都是人設的，最重要的是心，心中有佛就可以了！」只要有來自世界各地的喇嘛到小城弘法，她都會領著一家大小謙恭款待，奉上供養，為家人祈福也為自己增添智慧。

年屆五十，她和小女兒一同跟著蘇門答臘的鄉親團，遠赴印度 Dharamsala 參加為期一週的達賴喇嘛弘法。行前，她特意買了 Borobudur 的佛塔，想送給達賴喇嘛做紀念。

每天達賴喇嘛進到會堂的方向都不一定，而且他的身邊始終有十多人圍繞著他，一直到弘法最後一天之前，她都找不到機會把佛塔親手交給他。

最後一場弘法開始前，她們這一團被人群擠到了最後一排，「我以為心願恐怕即將落空，很傷心。」沒想到一轉頭，她猛然看見達賴喇嘛正由吹笙打鼓的儀隊帶領，往她的方向前進。顧不得別人的感受，咚一聲，她雙膝跪地，雙手捧著佛塔，一膝前一膝後，迅速跪行到達賴喇嘛面前，達賴喇嘛停下腳步，俯下身，慈愛地看著她，用英文問：「這是什麼呀？」旁邊的人回答：「這是印尼日惹的 Borobudur 啊！」他微笑著收下佛塔，慎重地合掌道謝，然後轉身繼續向前。

「我激動到渾身發抖，一句話都說不出來，跪在那裡，放聲大哭！」她抹一把眼淚，又哭又笑，回憶說：「達賴喇嘛的慈愛有著無比的力量，一旁我的女兒、印尼的團員、各國的信徒，受到感染，全都放聲哭成一團。」

她親眼在達賴喇嘛身上見證到佛法的威力，那股純粹的善，沒有分別的愛，從此是她終身努力追求的目標。

*

她畫了一張蓮花座上的綠度母，懷著恭謹之心，她一筆一畫描繪出菩薩的華貴美麗，慈祥莊嚴。每每端詳這幅畫，無一例外，她的心中充滿著平安和祝福。

她希望此生，自己最終也能得著幾分那樣的華貴美麗，以及莊嚴慈祥。

她已經六十歲了，每次出門，她都會把自己打理得很好，蓬鬆誇張的貴婦髮式，完美無瑕的瓜子臉型，戴上長長假睫毛，塗上漸層暈開的眼影，畫上細緻的底妝，配上珠寶鑽飾，手挽愛馬仕名牌包，身穿高雅的洋裝，蹬上高跟鞋。「美極了！妳的身上完全沒有歲月的痕跡。」每一個朋友都說她明豔美麗，哪裡像是十個孫子的祖母？

她自己知道，美麗不是憑空而來。除了幸福家庭的加持，還有就是她自己從不間斷的自我修煉。

畫畫之餘，她早晚靜心。時間不必太長，姿態不必拘束，她閉眼坐著，放空一切，安安靜靜聆聽自己的心。

「舍利子，色不異空，空不異色，色即是空，空即是色，受想形識，亦復如是。舍利子，是諸法空相，不生不滅，不垢不淨，不增不減。」她正確無誤背誦出一段《心經》，彷彿那早已經在她心田深深扎了根。

＊

小女兒手巧，藝術眼光獨到，做得一手精緻的翻糖蛋糕。

去年她生日時，小女兒親手做的雙層蛋糕上，排排站滿手捏小人偶，那是她和老伴身邊環繞著全部的兒子媳婦女兒女婿孫子孫女。在真實的人生裡，孩子們常常像這樣歡聚一起，子孫滿堂，花開富貴，是何等圓滿的印華人生。

「我的人生已經是幸福美滿了，並不是沒辦法貪求更多，而是一切都已經足夠！」她心滿意足，這樣說。

不容懷疑，她相信，自己是最幸福的第三代印尼華人，這幸福，這富貴，很圓滿，不多不少，剛剛好。

擁有一個自由的靈魂

「去台灣之前，我幾乎沒有排過隊。」語帶羞澀，她笑著說。

這是陌生的台灣給她的第一個震撼教育。在她所生長的印尼小城，除了像是超市那種有明確動線的地方，人們會排隊依序結帳，其他大部分時候，他們習慣秉著「生存本能」，各憑本事，從混亂中找到秩序。

比如上廁所，他們在印尼大抵習慣逕自走到每間廁所前面，碰運氣，看誰等到誰先贏。在台灣，大家依序站在入口等待下一扇打開的門，先來後到，機會均等。她很快學會，要是直接穿過別人走到廁所門前，是一件很失禮的事情。

她在台北搭捷運，站在手扶梯的左邊，不時聽見有人在背後說：「不好意思，借過一下。」慌亂閃避之中她驚覺怎麼只有自己站在左邊，趕緊移動腳步挪到右側，這才「不好意思」地發現，「喔！搭電梯不只要排隊，還要靠右邊站！」

她去星巴克，喝完咖啡拍拍屁股打算走人，才離開座位，有人拍拍她的肩膀：「小姐，杯子餐盤要自己收喔！」她的臉瞬間紅得像蘋果，「喔！我們在印尼的星巴克，都是推開椅子就離開，不曾自己收過。」她不好意思地連忙解釋。

印尼華人家庭通常有保母有傭人，打小習慣了被服侍，「我的表弟在房間看電視，都會喊傭人直接把吃的送進去。很多年輕人都是這樣。」她說雖然自己媽媽不允許小孩什麼事都讓傭人代勞，連要求幫忙拿杯水都被禁止，但是在餐廳吃完東西得自己收拾，這還是遠遠超出她的想像。

「來到台灣讀書，才知道外面的世界有什麼不一樣。」亮晶晶著一雙大眼睛，她說。

*

大學畢業前，她原本打算前往中國修習中文學程。

她的祖父母是從福建移民而來，父母親都在印尼泗水出生，是印尼第二代華人。父母都曾經上過中文學校，但小學畢業前學校遭到關閉，從此接受的是印尼文的教育，雖然有基本的中文能力，會說會寫也能聽，但是長期沒有使用中文的環境，他們的華語說得不甚流利，發音也不正確。

至於華人第三代的她，從小不曾上過中文學校，唯一學習華語的機會是佛堂附設的中文課。她很早便已顯露出對學習語言的熱忱和興趣，非常認真地跑佛堂學中文，「但是我太過投入，影響到我在學校的成績，尤其是數學。」她記得爸爸還因此對她提出嚴正警告，認為那是學校非必要的科目，不用付出那麼大的心血，長大以後再學就可以：「如果妳再這樣，就不准妳再繼續學習中文。」

「要是他知道現在的我因為會中文而有更多更好的工作機會，」她笑著說：「當時他應該就不會那樣責備我了。」

等到她大學要畢業時，中文已經變成職場搶手的技能，她決定要出國精進她的中文能力。透過補習班老師的引薦，她拿到一個基金會的獎學金，獲得去廈門上大學的機會。她很開心，躍躍欲試，但心中還是有所顧慮。

「這個獎學金提供的是大學四年的學程，我在印尼都已經大學畢業了，回頭重念四年，豈不是浪費時間？」除了時間的考量，她也擔憂在中國很難找到教會。教會是她人生當中不可或缺的一部分，她不能想像沒有教會的生活。

「我相信，上帝會給我最適當的安排。」她微笑說起那被妥善安排的因緣際會：「有一天，媽媽聽見華語電台主持人說有個台灣獎學金可以申請，建議我去試試看。」

她有一個朋友，上很好的私立大學，讀很熱門的國際關係，學校成績又很高，但是都沒得到這個難得的入學資格。她卻獨占鰲頭，拿到了百分之百的獎學金，而且可以直接攻讀碩士學位。

她的父母親大力支持她到台灣念書，同意她把工作掙錢的人生階段往後順延，接受這個好機會，「我去台灣念研究所，學費全免，每個月還有一萬元的生活補貼，另外我還有打工賺錢的機會，生活完全不成問題。」想破頭，她想不出來還能上哪裡找到這麼好的留學待遇？

可以毫無後顧之憂地出國留學，她由衷感謝台灣政府，也感謝上帝引領她走最合適的道路：「台灣的環境民主又自由，人民和善，生活便利，英文也普及，最重要的是，我有很多教會可以選擇。」她十指緊扣在胸前，說：「上帝為我預備了豐盛的未來，就像是為我量身打造。」

＊

在台灣，她順利進入MBA的學程，主修國際管理。一方面攻讀碩士學位，另一方面提高中文程度，雙管齊下是她理想中最完美的學習計畫。

可是現實的生活裡，中文的學習很難成為一個順利的附加價值。她很快認知到，大部分的台灣同學希望跟外籍生用英文溝通聯絡，藉此來練習英文，與她原先想藉機練習中文的想法恰好背道而馳。而宿舍的室友是印尼人，滿屋子你來我往都是印尼文。課後，她在內湖的印尼駐台代表處實習，使用的也還是印尼文，根本沒有說中文的環境。

一年下來，她完全無法趨近來台灣學習中文的目的。第二年開始，她徵求父母親的同意，一邊寫論文，一邊自費上中文課程，與此同時，仍舊維持在駐台代表處的實習。如此一來，她的中文程度有了顯著的增長。

「每天趕著東奔西跑，在學校、語言中心還有代表處之間打轉，很忙很忙。」她回想起那段時間的辛勞，微微皺眉，卻一邊笑著說：「可是很愉快。」

很忙但是很愉快，這對她來說是一個奇特的經驗。

台北擁有非常便捷的交通運輸網絡，不同地點的轉換很迅速也很方便。在她成長的印尼小城，要是不開車不騎摩托車很難自由移動，因為沒有捷運，沒有四通八達的公共汽車，甚至缺少完善的人行空間，「要工作，要見朋友，都不是非常容易。」她說。

「在台北，只要坐上公車，東西南北很快就可以跑上一圈。可是在泗水，如果我今天去了西區，很難又到東區，甚至我那些住在東區的朋友因此都不愛到西區來，他們很懶惰的。」她啼笑皆非地說：「尤其這幾年城裡越來越塞車，移動的難度越來越高。以前男女約會，男生通常會開車去接女生，現在沒辦法了，女生必須自己設法前往約會的地點，」她眨眨眼，大笑說：「如果要等男生來接，可能得等上一整天。」

以前的她，也曾經是待在家裡等著男友來接送，或是不得已必須自己赴約的印華小女生，來到台北，一切都變了，「我最大的改變是，變得很獨立，什麼事情都可以自己來，不需要依賴別人的幫忙才能完成。」她坐著公車四處趴趴走，上班，上課，訪友，逛街，有時走長長的路，從大街小巷探索各種城市風景。人生第一次，她嘗到完全獨立與充分自主的美好滋味。

「到台灣念書，除了知識的學習，更重要的是，它讓我可以打開心房，邁開腳步，用更寬廣的心去探索新世界。」她的快樂，在臉上表露無遺。

*

「跟傳承中華正統文化的台灣人相比，我們是華人世界裡一個特殊的族群。」跨出大步來到台灣生活，再回頭看看自己，她心頭有著不少的感觸。

從她的名字來看，沒人會懷疑她就是一個道地的印尼人。一九六五年蘇哈托時代發生的反共排華浪潮之後，祖輩們為了留在印尼，不得不遵從法令把中國姓改成印尼姓，雖然許多人奇巧地挑選了近似的發音（比如吳姓人家，就選擇 Hurawan 這個印尼姓，偷偷把中文姓藏在裡面），但仍舊是失去了自己與華人先祖之間最根本的連結。

她的名字也是印尼名，而且還是當地的菜市場名，父親為她取了一個特別在地通俗的名字其實別有用意，「他們那一輩對印尼人懷有隱隱的懼怕，為子女取菜市場名比較安全，不容易辨別，將來跟當地人做朋友也比較ＯＫ。」那是父親的用心良苦，她從小就能理解。

明明是華人，卻生長在印尼，冠印尼姓，取印尼名，說印尼文，實地裡又堅持用華人的觀念與方式在過活。他們與印尼人保持一定距離，少有交集，然而，在各方各面，他們還是不自主地受到印尼人某種程度的影響。這就是印尼華人這個特殊族群所展現出來的諸多矛盾。

身為華人第三代，除了小時候在家附近騎腳踏車時，偶有印尼人衝著她大叫「Cina」之外，她其實對印尼人早期的排華現象沒有特別的親身體驗。儘管如此，從小媽媽還是跟大部分的華僑媽媽一樣，叮囑孩子：「妳不要太跟當地番做朋友。要小心。」再長大一些，成了花樣少女，華僑媽媽們的叮嚀也跟著進化：「妳可以不要嫁給華人，可是不行嫁給當地人。」

尤其是爪哇男生更在長輩們的同意名單之外，「因為一九九八年在雅加達發生的排華暴動，近在咫尺，太可怕，對他們的衝擊太大，至今還是難以釋懷。」長輩們的心結，到了下一輩，依舊無解。

不僅生活日常中極少結交印尼朋友，就算在學校裡她也少有往來的機會。有別於公立學校是當地印尼人的通常選項，華人家庭多數都會把孩子送到基督教或天主教的私立學校就讀，基於安全的考量，家長們寧願用金錢來換取適合的環境。許多年輕一輩的華人後來成為虔誠的基督徒，多半是受到教會學校的影響。從小在教會學校長大的她，就是其中之一。

教會學校裡大多是華人子弟，她幾乎沒有當地印尼同學。唯獨她從中學時期開始參加的校外教會小組裡，有不少的印尼教友。他們在教會裡受到華人的影響，多用華語發音的「哥哥」、「姊姊」來稱呼華人的弟兄姊妹，無形當中拉近不少距離，那是她與當地人做朋友的開端。從這裡，她開始和印尼朋友建立起連結，慢慢擴展了她在印尼的生活圈，不再只是待在安全舒適的華人世界。

「與一般華人相比，更加特別的是，高中畢業後，我進入了印尼的公立大學。」她說。

她的高中同學們幾乎都選擇私立大學就讀，她另闢蹊徑，走了一條完全不同的道路。當時她的媽媽已經不再如從前那般執守與印尼人的嚴格界線，思想變得更加開通，不再認定「公立大學是印尼人讀的大學」，而是以「女兒能考上一般華人考不上的公立大學」為傲。再加上就讀公立大學日後有較高機率考取研究所的現實考量，她義無反顧地努力讀書，和優秀的印尼學生在試場上競逐，一較高下，最終如願通過公立大學的窄門，進入以印尼同學為主軸的另一種校園。

此後，她從小由長輩所建制的印華人生模式被重新改寫，變得更加豐富，長久以來兩個族群之間若即若離的矛盾，在她身上產生了融合的微妙轉機。在身邊的朋友圈中，她算是一個極為少數的特例。「現在我的大部分華人朋友們還是用舊模式在生活，尤其是有些來自棉蘭的朋友更加嚴守分際，幾乎不與印尼人往來做朋友。」她嘆口氣，悠悠地說：「我結交了很多當地的朋友，並不是因為我比我的華人朋友們有更開放的心胸，而是因為他們始終還沒能夠接受與習慣當地人，只願意活在華人的世界裡。」

從台灣回來後，因為一件事，讓她更加深刻體認到，若想翻轉華人社會長久以來的習慣，太難太難。「我發現小城的留台校友會拒絕讓外籍生加入，這點讓我完全不能理解也不能接受。」她至今仍然憤憤不平。

所謂的外籍生，指的是經由外籍生留學專案取得獎學金到台灣讀書的印尼學生，其中大部分是印尼當地人，只有少數跟她一樣是印尼華人。「上一輩的留台華人校友們不讓印尼人加入校友會，甚至因為怕開了門戶起了先例亂了規定，連通過外籍生考試的印尼華人都不給加入。」她無論如何想不通的是：「為什麼澳洲大學的校友會歡迎各種國籍的校友加入，這裡的台灣校友會卻要區分華人與非華人的入會資格？」

她能理解上一輩華人因為被印尼人欺負，至今仍然心存疑慮與芥蒂，但是都已經遠赴外面的世界繞一圈回來了，卻還是堅持舊有的成見，連校友會都要把印尼學生排除在外，這是她深感遺憾的事情。

她不禁心中產生一個疑問：現在有越來越多的印尼學生到台灣去留學，將來，是不是要另外成立一個專屬印尼人的台灣校友會呢？

「那到時候，我究竟要歸屬到哪一邊呢？我到底是印尼人？華人？印尼華人？還是中華印尼人呢？」嘆口氣，搖搖頭，她莫可奈何這樣說。

*

兩年的台灣留學經驗，也意外改寫了她原先對物質生活的看待。

她的父母從事汽車仲介的工作，雖然是自己做生意，但跟身邊那些有錢的華人家庭比起來，只能算是一個中產的小康之家，勤儉樸實，過著尋常百姓的普通生活。

從小，在她的周遭，有很多不尋常的華人朋友們，時時刻刻，提醒著她自己出身的平凡。

城裡華人有幫女兒做十七歲的習俗。十幾年前，她的好朋友舉辦十七歲的慶祝趴，全部的同學都接到了印刷精美的請帖，依約來到高級的大飯店。一走進宴會廳，爭奇鬥豔的花牆和恍如星空的燈海迎面而來，彷彿咚一聲，掉進夢幻的童話世界。舞台上，主持人用濃重的印尼腔高聲賣弄著不甚流利的華文，聚光燈下，十七歲的女主角梳高髻，化濃妝，踩著高跟鞋，穿著大禮服，打扮得像是二十七歲的新嫁娘，被同樣精心打扮過的爸媽與手足簇擁著，排排站，接受所有人的祝福。

「除了沒有新郎，那場面看起來根本就是一場豪華的婚禮。」她嘖嘖說：「舞會結束前，經過評審，最美的賓客得到了一輛摩托車作為獎品。」她笑著說：「這可不是特例喔！後來我參加過的舞會獎品還有 iPhone 手機跟鑽石呢！」

不過當時十七歲的她可不太笑得出來，置身在不屬於自己的童話世界裡，她的心裡其實藏著淡淡的悲傷：「我自己的十七歲生日過得很低調，只有跟幾個好朋友一起慶祝，沒有那麼誇張。」

在她周遭，像這樣啣著金湯匙出生的年輕人不在少數。高中時，班上有個女同學出身名門，十年前一個月的零用錢已經高達五條印尼盾，幾乎逼近大約是現在普通上班族的月薪。她在教會的小組裡也有很多富貴人家的少爺千金，嬌生慣養，姿態高傲，吃飯只挑昂貴的餐廳，平價的小館從來不在他們光顧的名單。她有一個朋友，大學去英國留學，理直氣壯帶著保母同行。就連她自己的表弟，「為了買 LV 的包給女朋友，還特地搭飛機飛去雅加達。」這一切突梯陸離，她簡直匪夷所思。

她自認不是嫌貧愛富的女生，可是富裕的王國張牙舞爪，往往就在一牆之隔，隨時等著她闖進去短暫佇留，再回歸自己平淡的生活。進出之際，有時候她忍不住也會想：「為什麼我的朋友們會那麼有錢？不用努力就可以開那麼好的車，過那麼好的生活？而我卻必須為了賺錢煩惱憂愁？」

來到台灣，她第一次體驗到完全不同的常民生活。在那裡，她感覺不到貧富之間誇張的天差地遠，有錢的人不會特別張揚，一般的人也不必自覺卑微。「像我的教授雖然有錢，可是很謙虛，完全看不出來雄厚的身家。而我的台灣朋友們，就算家境普通，照樣可以選擇適合自己的愉快生活，過得理直氣壯，不會覺得自己在社會上有什麼不同的立足點，或者必須委曲求全。」她說。

原本，她腦袋裡有個關於物質生活的開關，一邊是貧，一邊是富，以前她的情緒常在兩邊之間擺盪，看似平靜，卻得不到完全的平安。現在她的想法被改變了，不會再羨慕身邊有錢朋友的物質生活，反而認為：「雖然我出生在一般的家庭，但父母認真規矩地工作著，不偷不搶，始終帶領我們走在對的道路，我應該感到很驕傲。」

走一趟台灣，再回到印尼，她已經不是當年懊惱著貧富不均的女學生，而是一個成熟自信的上班女郎，她相信「只要你肯定你自己，就不會憑藉外表或物質去評斷一個人，當然也不會害怕別人看不起你」。

於是，有一天，當她的華人男同事跟她說：「妳們當女生很舒服誒，只要找個有錢人嫁了，就可以每天在家看看小朋友，化妝修指甲，要不就出去喝喝下午茶，整天過著輕鬆的生活。妳也找人嫁了吧，老公醜點沒關係，只要有錢就好。」

「這麼好喔？那你為什麼不把自己先嫁了？」一點都沒動氣，她微笑反問他。

她的反應平靜到超乎自己的想像，男同事的刻薄戲謔一點也沒掐到她曾經的軟肋。

她確信，從此她是一個自由的人。

*

現在她已經二十九歲了，有一份很好的工作，老闆跟主管都是台灣人，同事們都是當地的印尼華人。琢磨多年，她的三語能力派上很大的用場，英文、印尼文、中文都是她職場上的利器，這是童年時候爸爸始料未及的事情。

安居在這座她熟悉不過的印尼小城，她上班，她上教會，她參加親友之間各種大小的活動宴會：生日、婚禮、滿月、節慶、喬遷……每個月有包不完的紅包，隨時有刷不完的IG動態，還有輪番往來的台灣朋友、華人朋友、印尼朋友……她的小城生活平靜穩妥，但是也多姿多彩。

對於婚姻，她一點兒也不著急。她的媽媽希望她盡早結婚，留在小城，和家人安穩度日。但是對於未來，她有自己的盼望：「我希望有機會能去澳洲念書，如果有獎學金，我想再出去拿一個國際關係的碩士。」

她慶幸自己，擁有一個自由的靈魂，不只是華人不只是印尼人，也不僅僅是印尼華人。

「外面的世界那麼大，我還想多看看，多闖闖！」雙眼炯炯有神，充滿自信，她這樣熱切期待著。

她的生命姿態

那天，她送小兒子上飛機後，一出機場，天才微微破曉。

她開車回家，路上，晨曦一寸一寸冒出來，路樹一棵一棵往後退，頭頂上的飛機，一哩一哩，越過她，絕塵而去。「光陰似箭啊！」抓緊方向盤，她忍不住脫口而出，自言自語地說。

似乎是昨天，這個大男孩還是一隻新生的小幼雛，張著黃口嗷嗷待哺，不知不覺，他來到了離巢單飛的時候。也彷彿昨天，她還是一個跟兒子同樣年紀的少女，唯獨命運大不相同，當年，她和這班飛往台灣的飛機只差一步。沒踏上飛機的那一步，轉了彎，留在了印尼，本當在台灣振翅高飛的大學生涯，成了一場沒能實現的殘夢。

人生過了一半，回首前塵，印尼，這塊別人的也是自己的母土，幾經周折，仍然是她不變的歸途。

＊

她念高中時，原本預計將追隨大哥的腳步到台灣讀書，但畢業前夕，父親的生意突然出了狀況，一時之間沒有寬裕的金錢可供她出國留學。期待許久的美好計畫轉眼成為泡影，她的失望無可言喻。

她傷心難過，但從未口吐怨言或是怪罪過誰，因為她知道，把教育看得比什麼都還重要的父親，一定比她還要更加難受。

「他是我見過，最在乎孩子教育的人！」學歷上，父親不是一個高級知識分子，然而在她的眼裡，他絕對稱得上是一個滿腹經綸的謙謙書生。儘管父親已經過世多年了，但她對他的崇拜一點都不曾減少。

父親出生在廣東梅縣的窮苦人家，沒有機會接受完整的教育，只念了幾年小學就被迫中止學業，年僅十五歲，少年隻身離家到香港工作，嘗試謀求更好的出路。

一九六〇年代，中國家鄉生活困苦難當，許多人不得不選擇離鄉背井，遠赴南洋尋求更好的前途。父親的家族當中，叔輩們率先坐船離開中國，沒有目的地一路往南航行，船停在哪裡，未來就落在哪裡。他們隨機在印尼泗水上岸，一開始身無分文，只能鑽營旁門左道做起陶瓷走私的生意。富貴險中求，賺了不少錢之後，叔輩們才開了一間皮革工廠，自己當起老闆。

父親十八歲時從香港搭船來到小城投奔叔叔。一開始他只是皮革廠的一個小職員，可是他愛讀書，比任何人都還上進，私下請老師補習數學與物理化學，無師自通研究出一種特殊的皮革塗漆，暗地闖出一條自己的路。等到攢足了資本，他離開皮革廠，成家立業，獨立經營塗漆生意，賺了不少錢。

然而在她的印象裡面，「我們的家很平常，並不是特別富裕。」一直到她小學四年級，家裡才有兩輛摩托車可以代步，他們的衣裝向來也只求乾淨整潔，母親勤儉持家，不會特意講究衣服的價錢、樣式或質料。

父親賺的錢都用到哪裡了呢？

「我努力賺錢就是為了供給你們讀書補習，受到最好的教育。當年我沒能得到的學問，無論如何都要讓你們加倍擁有。」一字一句，她清楚記得父親當年說過的話，也無法忘記他嚴肅的神情。

說到做到，父親的確完全實踐了他的諾言。

她的童年記憶充滿了五花八門的補習課。父親所定義的「學問」範圍十分廣闊，包括英文、數學、中文、鋼琴、芭蕾舞、游泳……。他所重視的不光是學校考試的科目而已，另外規定每個小孩一定要學習一種樂器和一項體育。六個小孩的補習課幾乎把他賺來的錢花費殆盡，他卻樂此不疲。

每天每天，六個小孩不停地在學校和補習班和家裡之間來回奔忙。通常都是父親母親各騎一輛摩托車，分別載三個小孩去補習，除非抽不出時間，才會讓他們搭乘三輪車。

送孩子們出去補習之外，他還自己充當老師，每天下班後，他都要孩子們圍著他坐下來，仰著頭，聽他讀一篇報紙裡的小文章。「父親沒有學歷可是很有學問，能夠把每一則故事都說得生動有趣，聽過就很難忘記。」她甚至到現在還可以把父親說過的「頂上功夫」這則故事，從頭到尾複誦一遍。

在所有的補習課裡，父親最重視的是中文課。那時候他們都在基督教學校接受印尼文的教育，中文課是被明令禁止的，可是父親始終堅持學習中文的必要性，他認定「未來肯定是中文的世界，非學不可！」他們從稚齡開始跟著華人家教學習中文，每次上課都偷偷摸摸生怕被人發現。可再怎麼小心謹慎，老師仍然不斷被檢舉，一再被罰錢。父親很有耐心，老師被抓了，另外再找新老師，一次又一次，從不間斷。

一個星期上兩次中文課，從四歲上到了二十幾歲，六個小孩光是中文補習費不知道花掉多少錢，但父親義無反顧，付學費時，從來未曾面露不捨之色。

身邊的華人朋友都不會中文，她再溫順也不免有產生質疑的時候：「為什麼非學不可呢？沒有誰像我們這麼努力去偷學中文的。」心裡雖然嘟囔，可依舊乖乖去上課。

「這樣還不夠呢！」她笑著說。每逢星期天，父親另外請一位很有學識的老伯來教他們歷史與詩詞。她不喜歡假日還要上課，心中有著不小的抗拒，然而奇妙的是，當時勉強背誦的詩詞卻暗地裡跟了她一輩子，「去年今日此門中，人面桃花相映紅，人面不知何處去，桃花依舊笑春風」，一直到現在，年過半百，那些美好的字句依舊刻在她的腦海裡，鮮活生動，想忘都忘不了。

父親曾經跟孩子們說過：「我們華人生長在別人的土地上，祖先給的姓氏已經被迫消失，如果連語言文化也跟著不見了，那我們到底算是什麼人呢？」

那時的她似懂非懂，一直到年紀漸長，才發現，當時父親費盡心機為他們打下的中文基礎，不僅僅深植了她華族身分的認同感，讓她不曾懷疑過自己的定位，同時也豐沛了她立足印尼社會的資產，比一般華人更加具有競爭力。那是何其珍貴的人生禮物！

*

因為看重中文，父親原本計畫送她去台灣念大學，卻沒料到生意橫生變故，事與願違。高中畢業之後，她進入當地的印尼大學，同樣是在父親的主導之下，主修英文。

「以後妳可以在學校教英文，也可以教鋼琴，生活不會是問題。要是嫁到好的先生，常有出國的機會，英文正好可以派上用場。」一舉數得，當時父親是這樣為她細心擘劃的。

她很聽話，從善如流念了英文系。其他的姊妹也一樣謹遵父命，唯獨三妹一心想念經濟系，又剛好陰錯陽差弄丟了英文系的錄取通知單，才變成姊妹中唯一的例外。

其結果是什麼呢？「三妹嫁給了非常有錢的先生，兩個孩子都在美國念書，」她啼笑皆非地說：「當年唯一沒念英文系的三妹，後來最有錢，也最常出國，她到現在還是不會說英文啊，可是她的小孩會幫她啊，根本不用自己說。」她玩笑說道。

大學畢業之後，她想去美國念碩士，有過上次期待落空的經驗後，她不確定這次的美夢是否可以實現？猶豫之際，正好男友的媽媽去廟裡幫她求籤，籤詩說她就算去了美國，頂多是去遊玩，不會如願成為留學生。她聽了很傷心，忍不住跟母親哭訴：「以前我不能去台灣，現在又不能去美國，我是不是注定沒有機會出國去讀書？」

家裡沒有明確的支持，自己的信心又受到旁人的打擊，她悻悻然不再懷抱留學的憧憬。研究所結束申請前兩個星期，父親從公司打電話給她：「妳真的想去美國讀書嗎？」來不及等她回答，父親緊接著說：「如果妳真的想去，我把錢都準備好了，妳只要把手續辦好就可以了！」

簡直令人不敢相信。聽了父親的話，她整個人瞬間從沮喪當中活轉過來，十萬火急趕在期限內尋找合適的學校，寄出申請書，辦理學生簽證，兩星期之內居然完成所有出國的手續。

父親送她去機場，臨別前，把她帶到安靜的角落，跟她說：「妳還在意那張籤詩嗎？女兒啊！妳要記得，千萬不要讓別人輕易動搖妳的決心，妳要相信妳的父親，」他緊緊握住她的手，直直看進她的眼睛，說：「也要相信妳自己！」

隻身飛離印尼的這一刻，她一點都不害怕。她知道她的背後有著愛她的家人，永遠視她如珍寶，將來不論在什麼地方遇見什麼樣的難關，她都相信自己有足夠的力量，可以勇敢面對它。

*

她帶著托福成績來到加州聖地牙哥大學，這才發現一切並非如己所願。首先，她必須拿到 GMAT 測驗的分數，可她對數學科目興趣缺缺，一點都不想再和它沾上邊。幾經考慮之後，她決定聽從自己的心意，轉入大學附設的語言中心，修習各類有趣又實用的短期課程，把精進英文當成來到美國留學的主要目標。

校園裡，她放膽享受各種知識所帶來的快樂，日益精進的英文能力更是帶給她莫大的成就感。另一方面，伴隨著豐富的學問而來的，是豐富的美國生活。

她喜歡聖地牙哥。不冷不熱的好天氣，還有來自世界各地的好朋友，最重要的是，在印尼出生、成長的她從來沒有想過，生活，可以如同這般的自由，與安全。

「出國以前，我總覺得，生活裡有一種隱約的不安全感。」她很清楚這種感覺是從小累積而來。雖然身在印尼，可是住在華人社區，就讀基督教學校，除了家裡傭人，他們的生活裡很少跟印尼人往來。她依稀記得幼年時，偶有酒醉的印尼人來敲門要錢，不給錢還會搗亂。「如果對他們太好，他們就會得寸進尺。」父親是這樣嚴肅地告誡過年幼的她。

她的記憶裡藏有一些不愉快的經驗。一九八〇年左右印尼社會已經存在許多排華的現象，十二歲的她穿芭蕾舞衣坐三輪車去上課時，當地人如果看不順眼會吐痰在她身上，「只要看見他們，我就覺得很害怕。」她也曾經被車伕中途拐了彎載到別的巷弄，叫她脫下手上的戒指之後，把她丟在陌生的地方，然後踩著空空的三輪車揚長而去。

類似的事情不只發生一次，至今，她仍覺餘悸猶存。

相較於後來發生排華暴動的雅加達，泗水算是一個平靜的城市，可是她的心裡始終懷著警戒，隨時提醒自己要小心要提防。她早在十七歲學會開車，那是因為父親覺得騎摩托車很危險，可是，「我一上車第一件事就是鎖車門。」無論如何謹慎，她總還是覺得不安心。

在美國，她第一次嘗到全然放鬆的生活滋味，如果可以，她多想留下來，繼續享受難能可貴的自由與安全，再也不用懷著隱約的擔憂過日子。然而天不從人願，一年之後，母親的小店需要她的幫忙，一如既往，她順從聽話，收拾行囊，乖乖地回到了印尼。

原本她以為接下來的人生自然是穩若磐石長留在印尼了，沒想到回國只有半年的光景，父親再度把她送出國門。

這次她前往中國廣州暨南大學念書。一年半的學習，是為了進修完整的中文學程，也是因為「父親覺得從美國回來的我不一樣了，變成了一個習於享受物質的人，什麼都要用最好的，走到哪裡都要坐車」。這些連她自己沒有察覺的細微轉變，父親一清二楚看在眼裡，用心良苦為她另闢蹊徑，只希望藉由不同的生活洗禮，「能找回女兒原本最珍貴的模樣」。

什麼是她原本珍貴的模樣呢？父親一心想要她保留的是什麼美好的特質呢？渾然不覺自己有什麼

改變，當時的她，其實不完全了解父親的意思。

這個謎題，花了很長很長的時間，走了很遠很遠的人生路，她才真正能夠意會。

美國與中國的求學生涯結束之後，回到印尼，邁向下一個人生階段。年輕時一心懸念的留學大夢已經實現，她死心塌地在這塊土地上安身立命，以第二代印華的身分，以第二大城泗水為舞台，繼續努力搬演專屬自己的人生劇本。

*

人生劇本下一章，立業成家。她在學校取得穩定的教職，並和交往十一年的先生結婚，組成自己的小家庭。

十一年，那是一段小城青春浪漫史。

從小學到高中，他們就讀同一所基督教學校。高一那年，他開始展現追求的意圖，每天早上親自開車接送她上下課，希望能夠贏得她的芳心。

「城裡交通不便，好幾個同學都一起搭他的車上學，這其實沒什麼特別。」她笑著解釋：「只是我的待遇不同，別

泗水市區街景。攝影／蘇毅賢

人都走出來站在路邊等車，只有我例外，他會把車直接開到我家門口，等我上車。」

華人圈子窄，小話多，東家長西家短，曲解的傳聞也不少。先前他媽媽道聽塗說信了別人的閒話，心存偏見，以為她是個愛慕虛榮的女生，又知道兒子對她有特殊對待，很不開心。有一次，他媽媽甚且當著面跟她挑明了說：「妳要坐他的車可以，可是必須跟其他人一樣，在他車子經過的路邊等，不能直接去妳家接妳。」

父母從小給她的好教養讓她不能對長輩口出惡言，可是她心氣高，委屈難平，鐵了心從此再也不坐他的順風車。

好不容易徵得父親的同意，高三開始，她每天騎摩托車上學。而他，儘管言語上不敢忤逆母親的意思，可是照常每天早上開車來她家，車上載著搭便車的同學，一輛車，一夥人，跟在她的摩托車後面，亦步亦趨保護她上學。下了課也是一樣，如影隨形，他跟著她身後慢慢開。一到她家，他迅速把車停旁邊，把車上同學晾著，快步跑下來幫她把摩托車牽進家裡面，熄火，把鑰匙交給她，這才安心離開。

「沒見過這麼體貼的人。」受寵若此，她自己不免感到小小的虛榮。「還不只是這樣。他心疼我大太陽底下騎摩托車，怕我曬黑，特別託他外婆從新加坡買品質最好的防曬外套、墨鏡還有手套送給我。」

本來她一想到他母親先前的反對決心打退堂鼓，不想理睬他的殷勤，可是卻又被他無比的耐心和超出常人的體貼所感動，日復一日，漸漸接受了他的追求。

往後數年，她念大學，出國，回國，再出國，再回國，距離的長短從來不曾造成他們感情上的阻礙，十一年的交往之後，他們順利結婚了。

兩人都來自於中產的印華家庭，他們的婚禮很樸實，六十桌賓客，不是有錢華人圈裡慣有的奢華排場。她是個樸實的新嫁娘，結婚前幾天才第一次去燙了捲髮。婚禮當天先生掀開蓋頭，差點沒昏倒，第三天馬上帶她去把捲髮洗直，返回原本清純的模樣。而婆婆送給她幾套首飾，翠玉、鑽石、黃金，婚宴上亮過相見過客之後，都被她妥善保存，在往後的日子裡，再也沒有拿出來穿戴過。

夫妻兩人都是普通上班族，他們對生活有著明確而一致的態度，共同經營出一種不豪華但也不匱乏，不自大但也不自輕的中產格調。

「四個姊妹裡，我最窮。」她坦蕩承認，一點都不諱言。她的妹妹們無一不嫁入有錢人家，不用辛苦上班，成天打扮得漂漂亮亮，逛街，保養，花錢如流水，還可以時常出國玩。她跟她們是兩個世界的人。她教書，靠自己的知識與能力掙錢，她不化妝不上美容院弄頭髮，她樸素乾淨，像一朵不起眼的茉莉花。

她身邊圍繞著很多盡情享受物質生活的富太太。她參加她們固定的聚會時，仍舊故我，不會為了附和別人而刻意精心打扮。比如有一回餐聚，所規定的衣著款色是白色配牛仔，她穿一件白色上衣加上牛仔裙，基本款，簡單赴約。那些富太太們當然不會這麼隨便，個個用蕾絲、珠珠、鑽飾來豪華升級，爭奇鬥豔，看誰最搶眼。她安坐其間，很自在，絲毫沒有競爭心態，也一點都不覺得自己和她們格格不入彷彿跑錯了舞台。

「奇怪的是，她們都很尊敬我，反而覺得我很特別。」她說。

當然也有例外的時候。曾經有個有錢太太覺得她穿著打扮太過簡樸，調侃著跟她先生說：「誒，你看你多會找老婆，都不用花錢，也不會怕別人來搶，多好！」這是讚美還是挖苦呢？她忍不住生悶氣。

「妳管她呢！」先生反而氣定神閒地安撫她：「反正我覺得妳這樣最漂亮，妳如果跟她們一樣打扮，我怎樣都不要！」

旁人這種閒話，她不愛聽，但不會因此改變她的想法。她身旁也有許多中產階級的朋友，因為愛面子，用超出自己能力的方式勉強打扮，借包包，借首飾，打腫臉充胖子，這樣華而不實的朋友，她不欣賞也不尊敬。

自然，自信，自在，她喜歡自己原本的模樣，不用物質來衡量，不需要金錢來打造，因為有著豐富的內在，她自己就能散發著鑽石般的光芒。她終於了解到，這正是當年父親對她最大的期待，也是最希望她能永遠保存的人生姿態。

無意之間，人生的道路，她始終照著父親的祝福，一個階段一個階段，往前邁步。多年之後回頭一看，她正確無誤地複印了父親的教育方式。兩個孩子從四歲開始學中文，不間斷地上補習班學才藝，一樣一樣，她同樣發現自己須臾未曾離開過父親走過的軌跡。

小兒子上飛機前，她把他帶到角落，正色跟他說：「我們沒有什麼錢，知識是我們所能給你最的珍貴禮物。雖然你身邊有很多有錢人，但你要對自己有信心，你有很好的中文能力，有很棒的鋼琴技藝，這些都是寶貴的資產。但千萬不可以因此驕傲，要有禮貌，要持續不斷努力學習，讓自己更好！」

絮絮叨叨說完，她倒抽一口氣，恍然大悟，這字字句句說的不正是當年的她自己？而此刻她苦口婆心的神情，不正是當年父親的縮影？

父親，她人生的指引，圓滿了她的過去與現在，雖然他已經離開，但是她把他的人生智慧留了下來，交給了下一代的未來。

＊

究竟是什麼支撐著她始終保有自己的生命姿態，不至於受到外力的推撥而傾倒呢？她想那是因為擁有豐沛充足的愛，就算身處繁華世界，她也不覺匱乏。

經濟上她最平凡，然而在愛的天平上，她卻是最具分量的那一方。在娘家，爸爸偏疼她，哥哥們都寵她，恨不得把好的東西都留給她。「我覺得我很幸福，充滿被愛的感覺！」她不無驕傲這樣說。

最重要的，當年那個癡情的少年，數十年如一日，沒有片刻減少過對她細心的關照。曾經很多人感到好奇，老夫老妻這麼多年，現在的他變成了一個什麼樣的丈夫了呢？

「呵呵！」她像個少女般笑了：「他還是一個體貼的人。」她不厭其煩，一項一項，細數他的寵妻無上限：「結婚後，我的保養品都是他負責採買，化妝水、乳液的品牌與價位，他比我還了解。連我的衣服也都是他一手包辦選購。他用繩子量好我的尺寸，出國時放在包包，遇到好看的衣服就拿出來比對。我的傭人看不下去，說她從來沒看過一個先生還會帶著繩子幫太太買衣服。他討厭油煙，不要我煮飯，都是傭人在煮，如果我煮了他會假裝不喜歡，這樣我才不會繼續下廚。我每天開車上下班，二十幾年從來沒有自己加過油。星期六一大早，他會專程開去加油，高速公路過路費也順便加值，星期一早上，車子都準備好了，連引擎都發動好等著我。他什麼都幫我弄得好好的，對小孩也是一模一樣。」長長長長的幸福清單之後，她下了一個甜蜜的結論：「他，永遠把自己放在最後一位。」

「一個人最重要的不是多有錢，而是他知道自己是被愛的。」她時常想起父親說的這句話，她確信，在愛裡，她是最富裕的人。

不富不貴，卻也能蓬蓽生輝，不忮不求，卻又要什麼有什麼。她的印華人生，有知識的光，有本色的好，有親人的愛，守著這座印尼小城，她想不出來，這樣的人生，還有什麼不滿足？

蒲公英

起飛 白雪般輕盈
降落 鋼鐵般堅定
蒲公英
柔軟和勇敢
才是妳的全名

你家，就是我的家

「女兒，妳馬上回家來。」

在台北教書的她突然接到爸爸的限時信，信裡只有這樣簡短一句話。她從來沒有接過這麼緊急的家書，第一個閃過腦海的線索是，前幾天，男友的姑丈登門拜訪了。她不由心中竊喜：「喔喔！該不會是人家已經來提親，爸爸要我趕快回家準備婚事吧？」

她連夜趕車南下，還來不及問清楚緣由，爸爸搶著先開口，說的卻是：「妳可不可以不要再跟這個人往來？」

她嚇了一跳，整個人愣住，「事情怎麼會是這樣呢？」她呆在那裡，驚訝到一句話都說不出來。

男友是印尼華僑，在台南成大念書時認識她。一開始兩人看來毫無交集，念不同的學校，一個瘦高，一個嬌小，怎樣都湊不在一道。她自己始終想不懂究竟為什麼，走著走著，一高一矮完全不搭的兩個人，最後竟然變成男女朋友。

男友畢業回到印尼後，過沒多久寫信通知她，說是父母即將委託住在台灣的姑丈前去她家拜訪，分隔兩地的年輕人以為好事將近，各自靜靜等待佳音。沒想到專程上門來的姑丈卻跟爸爸說了許多唐突無禮的話：「本來他已經有個要好的華人女朋友，要不是你家女兒，人家早已論及婚嫁。」還說：「家族裡已經有兩個台灣媳婦，整天只會打麻將撥弄是非，老想著要爭家產，他們其實很怕再娶台灣媳婦進門了。」

爸爸聽得一頭霧水，乾脆問他究竟來意為何？姑丈聳聳肩說：「就是過來聊聊啊！」一副無所謂的模樣。

乖巧的女兒受到莫名的屈辱，耿直的爸爸氣壞了，通知她回家，希望她立刻斷了這份感情。「我很難過，可是我很愛我的父母，只好寫一封信給他，告訴他事情的經過，並且宣告從此斷絕往來，希望他不要再來找我。」就算之後男友追著寫信來，她也鐵了心，從此不再回覆隻字片語。

遠在印尼的男友懷疑是媽媽授意姑丈做了失禮的舉措，跟家裡大吵一架，爭執之間，媽媽撂下一句話讓他做選擇：「要嘛就了斷，要嘛就直接提親。」他帶著這句話飛回台灣，趕到她家釐清所有的誤解，鞠躬哈腰，真誠地致歉，並且當下跟她的父母提親，懇求他們成全這樁婚事。

那年，一九七六，她僅僅二十二歲，因為一樁誤會，順水推舟提早結了婚約。簡單辦妥公證手續之後，她辭去穩定的教職，告別疼愛她的父母，毅然決然隨著夫婿飛往他的家鄉，印尼，一個完全陌生的國度。

「妳的膽子可真大！」所有身邊的朋友都這樣跟她說。這是事實。這場婚姻，除了知道「這是一個好男人」，她對他的家庭背景與成長環境一無所悉，也從沒想過要去探個究竟。而她的父母儘管捨不得唯一的愛女遠嫁他鄉，但深怕因為大人的自私阻擋了女兒的幸福，毅然決定尊重她的選擇。她記得當時媽媽萬般不捨看著她，嘆口氣，悠悠地說了一句：「妳以後在那裡，如果發生什麼事，隔了千山萬水，沒人會知道。」

她即將面對的人生，那些說不出口的五味雜陳，那些無人可訴的酸甜辛辣，那些沒人知曉的苦痛掙扎，老早藏在媽媽的擔憂裡，埋伏著，等著歲月的推波助瀾，一樁一樁浮現出來。

而她只是懷著單純的憧憬與無畏的天真，遠走高飛，一心一意追求她的嶄新人生。

＊

離家當天，姑丈陪著她，從台北飛往雅加達，在某個叔叔的家中借住，等待轉機。

那時候的雅加達還很落後。早上她蹲在井邊地上刷牙，晚上睡在倉庫裡的一張眠床，「裡面熱得要死！」她回憶說：「那時我心裡只是單純地想著，啊！原來印尼是這樣的地方啊，這麼熱，那我以後要怎麼辦呢？」

隔兩天，飛到小城，出了機場，公公一行人直接把她接到山上的家。雖然是鄉下，但住家環境不錯，起碼不用蹲在地上刷牙，夜裡睡覺也沒那麼悶熱。只是屋裡沒有電視，也沒有電話，晚上點著煤油燈，跟台灣的生活存在著很大的落差。

「當時我根本不知道結婚是怎麼一回事，以為只要兩個人開心地生活在一起就好。」師專畢業後才教書一年多，她完全不懂人情世故，只能憑著印象裡媽媽叮囑過的話，一天一天，面對新婚生活的各種考驗。

她從小乖巧聽話，媽媽臨別前特別交代：「就算家裡有傭人，公婆的衣服還是要妳自己拿來洗，不可以懶惰。」第二天清早，她追著先生問：「爸媽的衣服在哪裡？」「幹什麼？」「我要洗啊！」從小被傭人伺候長大的先生感到一頭霧水，完全不能理解她為什麼會有這種奇怪的念頭。

媽媽也說過：「一家子吃飯時妳不能坐在那裡等，要手腳麻利搶著去端飯。」她個子那麼嬌小，想端飯也端不到，而且大家都拿狐疑的眼神打量她，好像她明明是好命的太太，卻老想著搶走傭人該幹的活。

台灣媽媽說的話看來未必適合當地的習俗，那聽印尼先生的話應該就沒錯了吧？

有一天是印尼的傳統平安祭，全家上下忙進忙出，熱鬧滾滾。先生剛好那天出城去，臨走前交代她：「今天妳待在房間就好，不要出來。」她乖乖躲在房裡一整天，隔著牆偷聽外面的動靜，小心翼翼不敢吭聲，結果家人們看她足不出戶，私下紛紛議論著：「這台灣女人有夠懶，大家這麼忙，她卻關在房間不出來。」

「冤枉啊！」她揪著眉心說：「不管多做少做，怎樣都錯。先生出國念書太久，很多事情自己都不懂，是要怎麼教對我？」

她嫁進的是一個大家族裡的大家族。先生有八個兄弟姊妹，又陸續生了七八個小孩，除了幾個年輕人在台灣念書，一大家子全都住在一起，像個老式的中國大宅院。表面上大部分的人都是客氣有禮，和睦往來，可是龐大的家族對出身單純小家庭的她來說，四處藏著她想都沒想過的各種伏坑，等著她傻不愣登栽頭往裡掉。

她剛嫁來沒多久，一個小叔生病過世，遺下才三個月的幼子，公婆十分悲痛，家裡氣氛低落了很長一段時間。幾個月後，他們夫妻帶著小孀下山透氣過週末，回山上前小孀臨時提議去看場電影。他們一回到家，婆婆和姑姑已經等在客廳，臉色凝重，場面嚴肅仿若公審，婆婆開口訓斥：「我以為你們出了車禍，正要派車子去找你們。」她被嚇壞了，和小孀立刻各自躲回房間，留下先生一人面對婆婆嚴厲的質問。

她沒想過，只不過簡單看了一場電影，居然可以引起如此巨大的家庭風波。先生回到房間，開口對她說：「我們下禮拜再去看電影！」她連忙搖頭，拚命擺手說：「不可以不可以，你是要害死我嗎？我永遠不敢再去看電影了！」

那時她只是一勁懊惱著「我不應該讓媽媽不高興」，卻沒仔細想，先生明明是個孝順聽話的兒子，為什麼會有這樣叛逆唐突的提議呢？「他應該是打算在一開始時讓媽媽習慣我們有自己的生活，可偏偏我是個太乖的新媳婦，錯失了反抗的機會。」她深感遺憾地說：「我想，剛開始的這一步，我是走錯了！」

「接下來的人生，他們說什麼，就是什麼了！」她的印尼人生，打這裡開始，往下走，三十幾年，回不了頭。

＊

「三十幾年，覺得自己每天吃飽等死，沒有自己，甚至不覺得是在過活。」她說。

一開始，她每天待在家裡，無所事事，看看書打發時間。公公認為她沒有必要出去外面學習印尼文或認識新環境，頂多叫她到隔壁的自家工廠跟著傭人做手工，摺摺這個，裝裝那個，與外界形同隔絕。日復一日，她的求知慾望被消磨殆盡，身邊不僅沒有印尼的新朋友，跟台灣的老朋友也因為差距越來越大，話題越來越少，而漸漸失去聯絡的熱情。

「我的先生是一個心地善良的人，可是他不體貼，不夠細心，不了解我真正想過的是什麼樣的生活。」她苦笑說：「婆婆一手管教出來的孩子幾乎全是乖乖牌，先生還記得他們小時候被關在一個大房間裡，隔著鐵欄杆看著外面，沒有朋友，很封閉。」她下了一個結論：「或許，他認為這種封閉但安全的生活，對我來說，也是最好的選擇。」

生活太過苦悶難熬，她在心裡暗暗盤算著，只要先生做一件對不起她的事情，她就要離開這樣的生活。偏偏，她遇上的是一個絕版的好男人，吃喝嫖賭樣樣沒有，始終不曾給她任何正當離開的理由。「這是我自己的戀愛，我自己的選擇，沒有理由可以隨便放棄。」她認清現實，再無他路可走，只能接受這樣的生活。

後來孩子一個接著一個來報到，為人妻為人媳為人母，扮演的角色一層疊過一層，多方的責任在她肩頭盤據纏繞，沒有一樣推卸得了。她漸漸斷了離開的念想，但也越來越了解自己是嫁到了一個如何傳統守舊的家庭，而人生的長路上等著她的又是怎樣說不出的隱晦曲折。

好比，生老大當天，開始陣痛的她從山上到城裡待產，途中發現自己出血時，她驚慌失措跟小姑求援，小姑冷冷回應：「出血？妳拿給我看啊！」她當場目瞪口呆，連忙住嘴。

來到醫院，小姑又說話了：「第一胎不會那麼快生啦！」一邊說一邊力勸先生回家等候，留下她一個人在醫院獨自待產。她，一個語言不通的外國年輕產婦，陣痛來時只能抓著床杆哀哀大叫，無人可以給予安慰，好不容易有個會說中文的護士走過來，卻是不假辭色警告她：「不要叫，再這樣叫，等一下沒有力氣生小孩！」

「可是真的好痛啊！我只好咬牙默念數字，從一數到一百，一遍又一遍。」她苦笑說：「肚子不只好痛也好餓！我一直斜眼偷瞄旁邊的護士正在津津有味吃著飯。」

孩子出生時全身發藍，被緊急送去保溫箱。身邊一個親人都沒有，她孤零零躺在產檯，既害怕又委屈，等到先生終於現身，晉升人父的他對著披頭散髮筋疲力竭的太太所說的第一句話卻是：「妳好棒喔！為我生了一個兒子！」

「他不知道這句話對我來說真是一個打擊。」她嘆氣說。

孩子睡了四天保溫箱，出院回家的車程上，婆婆第一次看到孫子，二話不說當場把小孩衣服攤開，檢查到底是女是男。她看在眼裡，心底受傷至極。

生老二時，她學聰明了，堅持先生在產房外面等候，不至於一人孤軍奮鬥。然而，第二天，她聽見有人跟公公道喜，公公冷淡回答：「沒什麼，是個女兒。」

一顆心止不住往下沉，她有說不出的難受。來自溫暖家庭的她百思不得其解，為什麼，他們是這樣冷漠對待自己的家人呢？

*

她在一個充滿愛的家庭長大成人，擁有有父母的呵護以及手足的親愛，成長過程裡，她的世界始終保有單純與溫暖。她是一顆掌上明珠，從來沒有懷疑過，愛，是家人之間理所當然的存在。

儘管，其實，她是一個父母抱來養的孩子。

爸爸幼年失怙，少年失學，在金店學帳打得一手好算盤，「他總是左手撥算盤右手記帳，非常厲害！」她很崇拜爸爸，也很歡喜人家說自己的輪廓很深長得很像他，從來沒有想過，原來，他不是自己的親生父親。

更沒想過連哥哥都是父母逃難時半路領養的孤兒，「那時哥哥已經九歲，清楚自己的身世，但他從來沒有告訴我。」她說。

聽說在領養她之前，舅舅和舅媽吵架，一氣之下把剛出生的女兒送給她的爸媽。喜獲一枚明珠，夫妻倆欣喜若狂，趕緊幫孩子報了戶口。沒多久，舅舅夫妻和好了，專程從潮州來到屏東探訪他們，媽媽很開心，準備一桌飯菜款待恩人。沒想到舅舅趁著她在廚房煮菜的當口，竟然把孩子偷偷抱走。

「我媽氣死了，從此和舅舅拒絕往來，但是又莫可奈何。」她接著說：「有戶口卻沒孩子等同犯罪，媽媽到處去問有沒有人家不要的孩子，後來從教會打探到，附近有個初生女嬰可能等著出養，她趕快跑去看。」

「那個孩子，就是我。」她微笑說。

據說她的生父是山東空軍，生母是台灣平埔族。生母產後血崩，情況十分危急，生父聽信算命仙的話，認定孩子剋母，不讓生母奶孩子。可憐的產婦，只能有一餐沒一餐地偷偷餵奶，孩子吃不飽，生得黑黑瘦瘦，還臭著一顆癩痢頭。

生父問媽媽：「算命的說這孩子天生剋母，妳怕不怕？」媽媽面不改色回答：「我是基督徒，我不怕。」二話不說，直接把女嬰抱回家。

之前被舅舅偷抱回家的女兒白白胖胖，長得可人討喜，沒想到媽媽從外面抱回一個醜不拉嘰的黑女娃，連醫生替女娃做完檢查都建議媽媽：「我們醫院有很多父母不要的孩子，妳要不要乾脆換一個？」

「聽說我爸氣死了，連看都不看我一眼，還每天出去不想回家。」她笑著轉述媽媽的話：「他們吃飯時就把我放在榻榻米上，我很乖，都不哭。爸爸用斜眼瞄我，我的頭就跟著他轉。他有如發現新大陸那樣開心，從此，他只要把飯碗放下來，就來抱我，從不輕易離手。」

從此這個黑黑醜醜的女娃變成他的掌上明珠，養得健康伶俐，一路疼著護著寵著，直到她長大離家。她永遠記得：「人家念師專都是自己去報到，我是被爸爸從鄉下護送去學校。他幫我找到宿舍房間，清掃好寢室，打理好棉被、掃帚、臉盆，還幫我鋪好床，最後帶我去見老師，跟老師鞠躬說：『這是我女兒，拜託老師多照顧！』」

「我們是比血緣還要好的緣分，等到我自己為人母了，我都沒能做得像他們那麼好。」她說。

一直到師專快畢業，她才無意之間得知自己的身世。婚後她試著委婉問過媽媽，媽媽一聽，哭得上氣不接下氣，絕口不肯透露她親生父母的消息，彷彿她會從此不要這個家不認這個媽。她也跟著哭，無法清楚表達自己的想法：「其實我是想，我嫁得這麼遠，如果有其他的兄弟姊妹，他們或許可以幫我照顧我的養父母。」

爸媽都過世之後，她曾經試著回去找過自己的親生父母，但沒憑沒據有如大海撈針，多年過去，她終究沒能如願。

她始終懷著遺憾：「如果找到親生父母，我想跟他們道謝，謝謝他們幫我找到這麼好的人家，而不是被賣成童養媳或是淪為柳巷煙花。」

她的人生前段是一部愛的傳奇，字字句句教會她，來自陌生人的愛也可以這般無怨無悔，濃郁真醇。她怎樣都想不透，自己為愛遠赴他鄉，進入一個大家族，生命中平添了眾多的親人，可為什麼，她卻從此感覺不到那股熟悉的，愛的能量？

＊

在印尼，女兒曾經問過她：「媽媽，妳為什麼那麼害怕？」回台灣，媽媽曾經問過她：「女兒，妳為什麼那麼害怕？」面對生命裡最最親愛的兩個女子，她搖頭，一再矢口否認，「沒有啊！」她總是這樣說。

一直到後來她才願意承認：「我有，我怕，一直都怕！」

剛嫁進來時，她什麼都怕，想午睡不敢睡，偷偷躲在工廠偏僻的角落打瞌睡生怕被誰撞見。想吃什麼不敢說，好不容易央求先生買來一碗朝思暮想的魚唇湯，像小偷一樣躲在房間埋著頭吃。還無論如何都得吃完，要是沒吃完剩下來，放在冰箱怕被發現，當成垃圾怕被看見，她必須徹底把它毀屍滅跡，才不會留下自私獨食的證據。

舉目無親的異國婚姻，她沒有媽媽可以傾訴，婆婆不准她跟外人多聊天，她沒有任何朋友可以發問。「在這個封閉保守的家庭裡，我不懂得反駁，不知道可以跳出來，就好像被控制住了那般，只是無條件地聽話，聽話，再聽話。」她說。

除了親族之間無可避免的人多口雜，她最大的壓力與畏懼來自於婆婆。婆婆是一位認真的女性，總是把自己打扮得很整齊，連睡衣都很講究，絕對沒有邋遢隨便的時候。她聰明能幹，善於廚藝，會釀酒，會做梅乾菜，孩子們都很佩服她，也很孝順她。她在家族裡獨霸著不可挑戰的崇高地位，可是出了這個家，她沒有往來的好朋友或是親密的好姊妹。

她怕極了婆婆的威嚴。那是一種無形的壓力，彷彿在她面前隨時會拿到一張答不出來的考試卷。「我舊有的服從觀念根深柢固，或許是當年師專的教育把我養呆了，幾十年來，我始終沒有學會如何從她的壓力下逃脫，也不懂得另尋他途經營屬於自己的新生活。」無奈至極，她低著嗓音說。

過了很多年，他們的小家庭終於搬遷到城裡，先生照舊每天回到山上工廠上班，回家跟媽媽晨昏定省，儘管不和婆婆同住一個屋簷下，但那莫名的壓力依舊如影隨形。尤其每次要回到山上之前，她會不由自主開始念經，「我怕死了，因為不知道等一下會發生什麼事情。」

隔著千山萬水，篤信基督的媽媽十分震驚女兒把念經當成免除恐懼的護身符。她從小跟著媽媽上教會聽道理，剛嫁來時，先生曾經帶她上印尼教會，但她看得出來公婆不喜歡，先生也沒有獲得感動，加上她聽不懂牧師講道的印尼文，便也漸漸遠離了教會。但日子實在太難熬，她跑去加入可以講中文的一貫道，天天跪在神壇磕頭，「一心想著趕快把頭磕完，下輩子就可以不要當人了。」她還把三個小孩都帶去，因為「以後死了，還可以在一起。」

「原來的我完全被苦悶的生活給扭曲了，變得外表軟弱但內在尖銳，心中充滿恐懼，卻也壓抑不了無處可發的滿腔怒氣。」以前在台灣，同學們公認她是一個溫和、體貼、善解人意的女生，在印尼多年後，她變成了一個連她自己都不認識的陌生人。

以前她臉皮薄心腸軟，動不動就掉眼淚，不知道什麼時候開始，她的心，堅硬如磐石，完全記不起來上次哭泣是在哪一年的哪一日。她從小被養育而成的溫柔也早已不知去向，回台灣時媽媽居然曾經埋怨她變成一個情緒陰晴不定的「女暴君」。長時間的抑鬱苦悶也一清二楚掛在她的嘴角與眼尾，有一次爸爸不解地問她：「我做公務員把妳養得那麼美，妳公婆不是做生意的嗎？怎麼妳反而老了快十歲？」還有一次，她跟父母哥哥在一起，忘情說笑之間，先生突然轉頭對她說：「呦？我都忘了妳居然會笑！」

「我好委屈，為什麼我的人生會變成這樣？」她不斷自問，從青絲少婦到華髮熟齡，一年問過一年，答案，還是在虛無縹緲之間。

*

「行屍走肉，整個人空了幾十年，很可怕。」回顧前塵，年過六旬的她內心有無比的感慨。

由於始終無法融入先生的家族，她對印尼這塊土地沒有丁點認同感，甚至打從心底排斥它，抵擋它，「以前我總是想，將來死後我絕對不要埋骨在這裡。」她恨恨地說。

遠走他方，給自己一個夢想，或許可以讓生活有所改變。前幾年她一度想搬到廈門，也計畫過退休後回台定居。她試過短期在中台兩地獨居，卻悲哀地發現，每當夜晚來臨，看著每戶人家燈火熒熒，孑然一身的空虛又讓她深深掛念起印尼的丈夫與兒孫。她不得不承認，繞了一大圈，「那些，都不是我的歸處」。

三十幾年了，到頭來竟然落得無處可棲，她為自己難堪的處境感到震驚，不斷自問：「我的歸屬到底在哪裡？」
有一個同樣長住印尼的台灣女友意外聽了她的窘境，睜大眼睛，不可思議地驚叫出聲：「有沒有搞錯？都多久了妳到現在還沒有認同這裡？」
這句厲聲的質疑瞬間撼動了她的靈魂，她霎時飛紅了雙頰，有如挨了一記耳光。她第一次仔細端詳眼前的女友，來自一樣的地方，走過相同的年歲，經過類似的磨難，為什麼自己像是一朵枯萎的花蕊，而人家卻可以如此神采奕奕充滿自信，好比一棵永遠不謝的向日葵？
那一剎那，她突然想通了，一切的一切，其實完全掌握在自己的手裡。
「是我強押著自己接受這一切不合理，是我把自己阻絕在家門之外，是我自己情願承受這些精神虐待，都是我自己。」彷彿有一顆炸彈在心海深處引爆，轟然一聲巨響，她突然之間醒轉過來，跟自己大喊：「從現在開始，我要做我自己的主人，掌握自己的命運！」
六十幾歲，她的人生，第一次有了說到做到的膽識。
前一陣子，小叔在外面捅了一個紕漏，兩個小姑在婆婆面前要求她的先生簽章作為保人，她清楚跟先生表明，不希望他輕易擔保，成為家族中無辜的犧牲品。「妳不要管我家的事！」對母親唯命是從的先生冷冷衝著她說。
「這不是『你家的事』，而是『我家的事』。如果你執意要簽這個不合理的章，我會離開。」態度堅定，她空前地絕地大反擊。
是的，幾十年了，她終於承認，並且大聲宣告，印尼這個家，「就是我的家」。

因為不同原因長住印尼的台灣姊妹們，共赴一場蘇拉威西的愛情島之旅。
照片提供／邱鈴煖

＊

愛情島，蘇拉威西的環海小島，她和一群好朋友坐飛機乘車搭船，千里迢迢找尋傳說中的人間天堂。她們在車上歡唱，在船上乘風破浪，在星空下的沙灘，像十六歲的少女隨著音樂恣意起舞，在架高的水上木屋裡，聽著海濤的聲音入睡，等待天明。

漫長的幽暗歲月總算盼到天明，曾經黯淡的印尼人生，在她自己的手上，找回了久違的光。這些年，她有了屬於自己的生活圈，回到教會堅定了曾經猶豫徘徊的信仰，和朋友運動餐聚頻繁往來，和先生攜手旅遊探索世界。她有朝著世界拓展的熱情和勇氣，但也有安住於印尼的穩定與沉靜。

她不是從此沒了家族裡的種種困擾，可是她找回了說「不」的能力以及權利。婆婆，還是一號她永遠駕馭不來的人物，她依舊沒有辦法打從心底真愛她，可她願意衷心為她禱告。

當然，翻轉的路上，她難免還是會遇上軟弱煩憂的時候，然而，她堅信，花了大半輩子行經的那片陰暗幽谷，她已然走過。

她跟自己約定，絕對，不會輕易再回首。

溫柔的革命者

嫁來印尼三年，女兒滿周歲，她終於可以背起娃娃回娘家。回台前幾天，夫妻倆和一個女性朋友吃飯，回家途中，老公突然感慨地說：「妳明明小她四五歲，怎麼看起來比她還要老？」

她翻白眼，不搭理他，在心裡牢牢記上一筆。直到臨上飛機前，她嘴角帶笑，才在他耳邊丟下一句神祕的悄悄話：「嫌我老？我回來時包準讓你嚇一跳！」

這年她才芳齡二十五，青春正盛，顯老的是衣服，不是人。

嫁到印尼之前，老公打開她的衣櫥，指三劃四說：「這些怪裡怪氣的衣服都不用帶了，只要帶幾套簡單的洋裝就好。」她信以為真，把大部分衣服送給朋友，皮箱裡只剩幾件「正經的」衣物，浮華洗盡，她帶著本色遠走天涯。

一到印尼，婆婆很快帶她去找裁縫做衣服，她看著一屋子的衣料，慌了手腳，不知該如何是好。順著婆婆的心意挑了幾塊素料做了幾套衣裳，「哪裡敢穿？」她忍不住輕聲哀嚎：「那七〇年代的老款式，我穿起來至少老了十幾歲！」

只好日復一日把台灣帶來的幾件正經衣服替換著穿。後來懷孕時，要不是媽媽寄來幾件孕婦裝救急，她寧可穿著市場買來的 batik 花布睡衣，也不願意再靠近裁縫一步。

嫌她土？天地良心，實在是因為沒有漂亮的衣服可以妝點她的青春。她懷著一口怨氣，回台灣之後第一件事就是大肆採買衣物，灰黑墨綠，皮靴馬褲，奇巧新潮全憑自己的喜好。一不做二不休，她把頭髮理成刺刺龐克頭，額頭還戴著一圈超炫髮箍，「就像是丘丘合唱團的主唱娃娃那樣。」她比手畫腳地形容。

一身勁裝，她改頭換面飛回印尼，抱著娃娃走出機場，來接機的眾多親友全部傻眼，一片鴉雀無聲，只有她老公，面露喜色，拉著她的手，轉圈看，驚呼著說：「哇！我的老婆好新潮，好漂亮！」

她一眼瞄到人群中的婆婆，緊抿著嘴，霜著一張臉，寒氣如利刃直逼而來。她假裝沒看見，三兩下撥開，在親友簇擁下，贏了暗中的擂台，大大方方登上衛冕者寶座。

隔天，她把衣服一字排開掛起，準備熨燙整理。婆婆擦身而過，看也不看她一眼，淡淡撇下一句話：「那是我們鄉下窮人才會穿的衣服。」

她裝傻，沒搭腔，倒是老公碰巧經過，不明就裡加入婆媳擂台，不光跑龍套還自己加了對白：「噢，這現在正流行呢！」

婆婆再沒吭聲，轉身閃進屋裡，朝著眠床直直躺下來，一躺一個禮拜，胃痛，無力，不起床，不吃飯。這是尋常戲碼了，老公乖乖端著碗，哄小孩那般，一口一口餵著她吃。

「這些奇裝異服，妳可以看時間再穿嗎？」當了幾天床前孝子之後，老公舉白旗投降。她獨享著空無他人的餐桌，一邊快意吃飯一邊搖搖頭：「比起被你嫌，我寧願被你媽媽嫌。」正義凜然，她這樣說。

印尼新婦才做了三年多，關於生活中這些那些戲劇性的曲折，她漸漸找到深埋的線頭。她知道，別大張旗幟，當然也別敲鑼打鼓，只消將那線頭輕巧一拉，她，還是有直路可走。

*

「我可以有自己的選擇。」這是婚前她對自己的允諾。

當時她在軍職單位上班，鄰座有個已婚女同事，時常對人傾吐她那無能作主的婚姻生活，抱怨口袋裡連給自己買衣服的錢都沒有。她感到震驚，當下做了決定：「命運，我可以自己選擇；處境，我可以自己改變，我以後絕對不要跟她一樣。」

這話由她口中說來，理直氣壯。她是天之驕女，出身台灣的外省家庭，爸爸任職高階軍職，媽媽是氣質高雅的官夫人，上有三名兄長三個嫂嫂，全家把她捧在掌心當成珍寶。

外省人家特別寵愛女兒。家裡兄嫂眾多，家事永遠輪不到她出手的時候。「哥哥們討厭我，不只一次警告我，沒見過像我這麼懶的女生，以後怕是沒人敢娶我。」她笑著說：「媽媽說我結婚後的人生她作不了主，堅持現在就要把最好的都給我。」

爸媽寵愛的掌上明珠，不在溫室裡好好待著，反其道而行，挑上一條前途未卜的曲折道路。念專科時和鄰校聯誼，她認識了來自印尼的華僑大學生。一夥人吃飯郊遊看電影，想湊對的主角成不了雙，插科打諢的配角卻漸漸走在一道，高挑的她和頎瘦的僑生，異軍突起反倒滋生了情愫。

「僑生還滿好玩的。」剛滿二十的她只想好好談一場有趣的戀愛，對於未來，沒有太多想法也沒有什麼期待。戀愛一年談過一年，爸爸的反對也越來越明顯，他並非不滿意這個年輕人，而是對印尼那個陌生的國度存有疑慮。每次從軍中休假回到家，他總愛叨念一些外頭聽來的偏見流言，落後啦危險啦都是他反對的重點。

她膽子大，不懂得大人的害怕。畢業後，男友想先訂婚，琢磨著得眼見為憑才能安長輩的心，邀請她們全家到印尼實地探訪。沒想到媽媽一口回絕，反而請他們家人來一趟台灣，先把婚約訂下來，再來共同討論婚事。

惜女如命的媽媽為什麼會是這種反應呢？有違常情，她完全想不透。

「之前叫妳斷妳不斷，事到如今妳只有一個選擇：嫁或不嫁。」媽媽的口吻充滿巾幗氣概：「如果現在妳自己還有一點猶豫，還必須要走一趟才能確認心意，那麼這些年妳談的算什麼感情？」

「我問妳，要是看了真不滿意，到時妳要做什麼決定？」媽媽嘆了一口氣，看著她，放軟了語調，悠悠地說：「女人嫁得好或不好，都是命，好壞都要承擔。既然認定這段感情，妳，要認命。」

認命，這句話是媽媽給她的臨別叮嚀，她藏在行囊裡，飄洋過海跟著她來到異鄉，時時提醒自己，這是妳的選擇，別無逃避的藉口。

只是，她也沒忘記過對自己許過的承諾。不論前路如何，她就算認命，也決計不讓自己陷入悲慘的境地。

*

取道新加坡，行經雅加達，千里迢迢，終於來到小城他的家。「喔，你家也只是普通而已。」一踏進家門，這句話搶了先，浮上她的心尖。

在台灣，她不是沒有見識的尋常家女兒。將官爸爸配有帥氣吉普車，還有專用司機，平常外出用餐都是上館子，不會去吃路邊攤。從小出落得高挑靈巧，爸爸老愛拿她當活招牌，出席宴會啦郊遊旅行啦，總帶著她四處見場面。眼下這傳說中的印華商賈之家，在她看來，不過爾爾。

「除了家事有傭人做以外，他家和我家，差不多啊！」她聳聳肩，掩嘴笑說：「可在台灣，我也不用做家事啊！嘿嘿！」

在她眼裡差不多的兩家，一旦提腳跨過去，唰一聲，人生布景立馬換了風景。年輕的新娘，傻不愣登，還不知道好戲將至。

媽媽曾經嚴色交代她：「妳要守禮數，要聽話。如果做得不好，人家罵的可是我。」一轉頭對著婆婆，她又放軟身段，把醜話說在前頭，赧笑著為女兒求情：「真對不住啊，我家女兒沒做過家事，什麼都不會，您可多擔待。」

婆婆聽了微微笑，不疾不徐，一字一字清楚回答：「沒關係，我會慢慢教她。」

「結果，她真的『很努力』地教我。」回首前塵，她忍不住莞爾。

台灣媳婦的第一堂課，煮飯。從早到晚，一家五口一天五餐，餐餐事必躬親，市場買菜執鏟烹煮全要她一手包辦。

傭人呢？不都說這印尼生活最大的好處就是有傭人嗎？「婆婆嫌傭人不老實，不講究衛生，不讓採買與掌廚，只允許她們清洗備料。」昔日的官家小姐，四體不勤五穀不分，一夕之間，淪為他鄉的伙房大廚，她覺得自己簡直上了賊船。

一開始當然手忙腳亂，老公有意幫她，進來廚房，接過鍋鏟故意揚聲說道：「妳煮得這麼難吃，還不如我煮給妳看。」

婆婆聞聲而至，波瀾不興，淡淡撂下一句話：「做生意的男人不能進廚房，會，倒，楣。」老公立刻乖乖把鍋鏟還給她，從此不敢越雷池半步。

她認命，這一大家子飯，她煮。學而已，花時間花氣力而已，沒什麼了不起。婆婆見她眉頭皺也不皺，勉力撐起半面江山，暗地歡喜，接著加碼讓她包粽子，說是兒子愛吃，還讓她多包幾串。

「一包包了一百多顆。」她瞠目結舌，說：「婆婆覺得娶了台灣媳婦是一件很炫的事情，四處送粽子，趁機去炫耀。」

有一就有二，從此以後，初一十五，肉包素包紅龜粿像變魔術那般，從她手中輪番冒出來，堆成小山出現在廚房，成功取悅了親友的胃腸，遂了婆婆的心願，換得多少欣羨的目光。

她心氣高，膽子大，一招一招接下來，雖然不是天生的廚娘，卻也做得有模有樣，為婆婆賺足顏面，也算對得起媽媽的交代。

廚事之餘，幾乎沒有屬於自己的時間，很累，但她從來沒想過要因此而自憐，日子還長，她知道這挑戰不過只是一個開端。她守分，善盡媳婦職責，但也暗暗摸清路數脈絡，她有自信，慢慢來，她一定會找出一套專屬自己的生存法則。

*

她知道她不會永遠被困在廚房裡。

結婚不久之後，老公自己創業開起貿易公司，辦公室就近設在自家車庫。她心疼他一個人奔波很辛苦，懷孕時開始自告奮勇幫他作帳，擔任會計的工作。女兒出生之後，她還自己在外面弄個小辦公室，採買印尼土產賣到台灣去，雖是微薄小利，但積少成多，漸漸有點氣候。

小家庭的錢要賺，大家庭的飯還是要煮。掌廚者的節奏她越來越能把握。首先擬妥一星期的菜單，帶著傭人去買菜。從進市場開始，唰唰唰一路下單，再回頭，一路收貨付錢，上車，回家。風捲雲湧前後不到一個小時。

台灣媳婦作風乾脆明快，沒多久，閒話傳到了婆婆耳裡，一狀告到兒子面前。老公速速跑來質問：「印尼人買菜要殺價啊！妳不知道嗎？」

她氣定神閒，搬張椅子坐到他的面前。「兩

印尼泗水的傳統市場。攝影／洪惟耕

個選擇。」她翹起兩根手指頭，說：「你是要我跟人家到處殺價，花三小時省下五萬十萬，還是要我用三小時接電話談生意，然後賺上幾十萬？二選一，隨便你。」

小學生都會答對的選擇題，老公被問得啞口無語，頻頻點頭。

闖事業，煮三餐，還得照顧女兒，左支右絀，時間久了，她勢必得做出抉擇。有一天，清早備好早餐，麻利出門買好菜，處理公事，照看女兒，再回頭廚房繼續煮午餐，分別料理婆婆的素食餐、公公的無鹽餐以及老公小叔的普通餐。

幾個男人來到餐桌坐下來，拿起筷子，齊齊看向她，同聲問：「媽媽今天吃素，妳煮了沒有？」像顆陀螺轉了半天，她好餓，聽了這話，一時之間胃口盡失。放下碗筷，她想，該是改變的時候到了。

搬張椅子，再度坐到老公面前，這次舉起三根手指頭：「三個選擇：一是替公司做事，二是照顧你女兒，三是為公婆煮三餐。三個選兩個。」

「一、二很重要啊，可是爸媽該怎麼辦？」老公搔著頭問。

形同得到默許，從此，她讓傭人在公司的廚房煮好飯，打包便當帶回家。一開始，公婆拒吃傭人煮的飯，寧可自己下廚也絕不屈服，她不動聲色堅持著，暗中拉鋸好幾天，婆婆受不了折騰，終於把廚房交還給傭人去掌理。

「我從小是辯論比賽的常勝軍，言語上的攻擊對我來說輕而易舉，但是媽媽交代我不可做出有損門風的事，我絕對不會口出惡言和人正面起衝突。」她面露微笑，說：「然而，遇上不合理的事情，我也不會閃躲逃避。」迂迴地反擊，不動兵刃，不見一滴血跡，她還是可以拿到和平的勝利。

與公婆同一個屋簷下住了七年，經歷多次溫柔的革命，她慢慢穿回心愛的奇裝異服，緩緩掙脫柴米油鹽醬醋茶的束縛，一樣一樣拿回了婚姻生活的主控權。

表面上看來，婆媳擂台妳爭我奪，兩人之間怕是老早緣淡情薄。然而，「六個媳婦裡，我最滿意的就是你老婆。」過了很多年，婆婆卻敞開心懷這樣跟老公說。

而在她的心目中，被家中七個男人圍繞的婆婆也從來不是什麼壞巫婆，只是一個備受寵愛的白雪公主。身為家中第一個媳婦，她並無意挑戰婆婆崇高的地位，該是媳婦的本分她全力以赴，要是超出她的界線，她也會默默地捍守自己的原則，不讓他人影響自己的生活。

其實，她們婆媳之間有一種微妙的深厚感情，擺明著意見相左，暗地裡卻又可以志同道合，那是其他媳婦們無法理解的奇異默契。

起初，婆婆不能接受她的衣服總是黑白色系，也不能理解她身上那些新潮的行頭。很多年之後，有一天，夫妻倆載著年邁的婆婆出門，往照後鏡一看，威嚴的婆婆身穿黑白的新式洋裝，鼻梁上架著一副溥儀的小圓框太陽眼鏡，乍看之下，根本就是媳婦的翻版。

「都是妳帶壞了我媽。」老公輕聲埋怨，和她對看一眼，夫妻倆忍不住相視而笑。

*

三十幾年來，印尼媳婦的生存法則當然不只套用於穿衣煮飯這些婦道人家的閨閣瑣事。

夫妻一起打拚的事業，從一個才五萬盾的印尼編織袋開始賣起，一點一點慢慢累積。創業之初，被客戶倒了三千萬印尼盾，老公不甘願，天天往返幾個小時去要錢，一蹶不振整整兩個月。生意失利她不放在眼裡，老公垮了，她才真正是憂心。

不就是錢的問題嗎？有什麼不能解決？「你不能這樣啊！」她苦苦相勸：「這錢一兩年就可以賺回來，你何苦浪費車錢與時間去做沒用的追討？」她不由分說，推著老公往前走，逼著他不再一步一回頭。

比起老公，她有著更加果決的生意膽，多年下來，儼然成為他事業場上的左膀右臂，兩人齊心，生意逐漸成了氣候。結婚第十年，一棟獨立的家園，一樁興盛的事業，兩個可愛的女兒，苦盡甘來的歡喜，她自認得之無愧。

然而，人生的道路要是那麼簡單，沿途的風景就不會這麼精采。

年輕而意氣風發，老公結交的朋友裡大多是類似的背景。商場男人之間有一個不說破的默契，要是你外頭沒有個什麼曖昧，表示你在家中沒有足夠的能耐與地位。過不了多久，風言風語若有似無傳到了她的耳朵裡。

外面大環境的磨難她可以接受，關起門來，夫妻之間縱有丁點的傷害她也絕不容忍。爭執當中，老公脫口而出要她回去台灣自己的家，向來聰慧善辯的她愣在原地，一句話都說不出來。

「嫁來印尼十年，我的青春都奉獻給了這個家，哪還有什麼自己的家？」第一次，她驚覺自己居然兩手空空，連個退路都沒有。

她的人生很乾脆，要或不要，放或不放，沒有模糊的空間。她把帳本跟支票本拿出來，作勢一併撕掉，「叫我回家？OK啊！我們一起從頭再來。」要是沒了這些憑證將來怎麼收帳？他嚇壞了，一句「對不起」，結束了一場鬧劇。

一場鬧劇敲響了她心中的一記警鐘，誰知道風花雪月演著演著下回會不會假戲成真？「我開始思考，在這塊別人的土地，我該怎麼生存，怎麼對自己交代，才不會成為別人的負擔？」她在心中暗自訂下一個目標，決定存下五千萬台幣，異鄉的婚姻之途才能夠有所退路。

那年，一九九二，正巧有朋友去新加坡買房子，為了孩子將來念書著想，她勸進老公趕快跟著買，並把大筆房款一次付清。為孩子設想是真，暗中替自己打算也不假，從第一棟房產開始，她把錢一筆一筆往外移。

命運是如此奇巧的安排，明明是一樁煩心事，卻讓她在一念之間反敗為勝。只因為老公踏差半步說錯一句話，激發她獨立自主的決心，在絕佳的時機開始買地置房，打下了日後龐大家業的穩固根基。

一九九八年印尼金融風暴，他們順勢把大部分印尼的錢轉到新加坡。當時她的名下哪裡只有五千萬台幣？要是哪天老公真要不知珍惜，「印尼財產歸他，海外財產歸我。誰怕誰呢？」她嘿嘿笑說。

她認命，可是她不會讓自己受委屈，長路走來，她自認對得起媽媽，也對得起自己。

*

家族，事業，婚姻，無論老天爺出什麼考題，她一貫身段柔軟但態度堅定，從來不曾缺乏過勇氣。唯獨兩個女兒，她橫豎沒轍，那是她命中的兩根軟肋，也是她素來的堅強裡難得示弱的角落。

「跟其他印華的孩子比較，她們堪稱是異類。」她說，口氣裡既是驕傲又滿是憐惜。

有錢華人家庭的女兒從小被灌輸「妳是公主」的觀念，富著養，寵著教，長大之後，自然而然就是矜貴的公主模樣。她不同，打小不讓女兒們有自認是金枝玉葉的機會，一直到初中了，她們連家裡的經濟情況都是一知半解。「我的朋友都好有錢，買名牌包，每天都有『太多』零用錢。」身邊公主成群，女兒們自外於那個童話世界，不相干地打量著，未曾感到特別的欣羨。

九八暴動之前，兩個女兒轉到新加坡上中學，她當起兩地的空中飛人。週間五天在新加坡，印尼少奶奶變身司機，日夜兼程，每天東奔西跑上百公里，送女兒上下課、補習，沒個停歇。週末她隻身飛回印尼，直闖辦公室聽電話處理業務，一秒變回精明老闆娘。場域及角色的頻繁更替，她切換自如還樂在其中。

獨立自主的陪讀歲月，她風火輪跑在前頭，兩個女兒尾隨其後，整整四年，母女三人在各自的人生階段有了各自的進化與成熟。之後，女兒們遠飛澳洲念大學，她回到老公的身邊，航線不同，但擺翅飛翔的熱情始終如出一轍。

幾十年的異國婚姻淬煉出她的堅強，她深深體會到，女人，一定要有自力更生的能力。長久以來，她用實際行動教導兩朵初綻的花蕊，要獨立，要有自主的能力，才能在任何環境裡立於不敗之地。女兒們長成後果然全無公主習性，獨立、倔強、有主見、行動力超強，頗有乃母之風。

然而，「我想，我錯了。」事隔多年，她卻有了深刻的反省。

「以婚姻來說，獨立自主對當年的我無疑是助力，然而對現在的她們而言，卻顯得格格不入，反而是一大問題。」她無奈地說。

女兒們不是小城華人理想中的媳婦人選。大戶人家喜歡的優點：花樣的妝扮，貓樣的溫柔，小女人般的順從，她們身上一項都沒有。她們那些不修邊幅的率性、不輸男人的氣魄，都不是童話婚姻裡受到歡迎的選項。

不屑當公主，她們自然也看不上那些養尊處優的靠爸王子，「這樣的老公，妳敢讓我嫁嗎？」她們理直氣壯地反問她。

在兩種世界之間擺盪，在細縫之中求生存，女兒們的感情路走得比一般人辛苦。有時她不禁對自己產生質疑，過去對她們的教導是否太過偏頗？如果乖乖順應社會的潮流而走，她們的人生是否會更加輕鬆？「在養育的這個領域，或許我是失敗的。」那滴不曾為自己掉落的淚珠，只因為女兒們遲遲不來的幸福，輕輕輕輕，滑落她的臉頰。

當年的她要是太過軟弱，不敢革命做先鋒，那跨海的婚姻路很可能早以離婚或自殺收場。可現下，要是女兒太過強悍，她的婚姻卻可能因此未能長久圓滿。

小女兒貼心、聰慧，掌管自家工廠的能力比她還要好，偏偏感情路上卻早早經歷一場風霜。幾年前，人人稱羨的美好的姻緣曇花一現，她親眼目睹那段花開花謝的殘酷歷程，陪著幸福陪著心碎，盡其所能幫她收拾複雜離奇的殘局。然而無論做得再多，終究只能眼睜睜看著她剛起步的人生硬生生地跌了一跤。

「我很心疼，但無能為力。」她深深嘆息，濕著眼眶說：「只能做她的後盾，讓她永遠有退路可走。」

女兒青春正盛，等待著她的當然只有退路而已。她堅信，女兒的幸福只是拐了彎，勇敢往下走，那未知的前方，那可及的未來，必然有著屬於她的歲月靜好。

＊

年前，她的大女兒結婚了，遠渡重洋，成為一名台灣媳婦。

婚禮簡單溫馨，在荷蘭時期的百年餐廳裡舉行。女兒不喜歡浮誇鋪張，古色古香的歐式建築就是最好的布景，滿屋的鮮花是唯一的裝飾。受邀的親友只有少少數十人，全部穿著紅色衣裝，沉靜中透著喜氣，見證一對新人互許鄭重的婚盟。

纖瘦的女兒，臉上泛著光，她側身在旁，還能真切感受到幸福的溫暖。

「只要她開心，我就開心。」她微笑說。

她原本對這門親事感到十分卻步。大女兒脾氣倔強，凡事自有主張。大學畢業後，飛去美國當交換學生，遠赴法國學甜點，還想闖蕩非洲做志工。個性鮮明的女生，從不認同社會等級，也不在乎經濟差距，明明知道台灣男友的背景和她大不相同，仍舊堅持談一場遠距戀愛，多年下來，年歲增長，依然不改初衷。

她經歷過異國婚姻的酸甜苦辣，可以輕易想見女兒未來面對的挑戰。「我害怕她跟我一樣，重蹈我當年的舊路，過上一大段辛苦的生活。」她憂心忡忡地說。

多年之後，經過小女兒的感情周折，她決定成全大女兒的選擇，那是她的人生，除了她自己沒人可以負責。她放手，就像當年媽媽鬆手讓她遠渡重洋，迎向未知的人生，全力一搏。

當年她從台灣嫁到印尼，如今女兒從印尼嫁回台灣，雖然命運雷同，但人生無可交換，也沒有誰是誰的複製品。她相信女兒們總會在強悍之中找到溫柔，在磨難之中找到快樂，在自己獨一無二的故事裡，寫出屬於自己的歌。

回頭看自己，她的人生下半場正是精采，事業已到頂巔，婚姻如魚得水，夫妻倆甜蜜的腳蹤遍及全世界，三十幾年的印尼人生，這才不過是個中篇。

台灣女兒，印尼媳婦，她，還要風風火火往下寫。

天堂，不在他方

那年她二十五歲，嫁到印尼的第五年，接連生了三個小孩，最小的兒子才九個月。

跨年之夜，她發生突如其來的大血崩，鮮血沿著小腿肚一路流到地上，積成一灘血窪，慌亂中找來的雲南白藥一點都派不上用場。她的先生被血淋淋的景象嚇壞了，全身發抖不知所措，幸好傭人機警衝去敲鄰居的門，拜託鄰居開車，火速送他們上醫院。

途中，她躺在先生懷裡，感覺到車子正在前進，她的身體變得很輕，緩緩地飄到了車頂，彷彿看見白衣人正要領著她前行。「我的意識很清楚，我知道我已經走在死亡的路上。」她在心裡開口跟白衣人說：「我知道是祢，主耶穌！求你垂憐我的孩子們，他們一個四歲一個三歲，最小的才九個月，我捨不得丟下他們啊！祢可以給我一次機會嗎？」

還未聽到回覆，先生厲聲的哀嚎瞬間衝向她的耳膜：「她沒有心跳，也量不到脈搏了！」扭曲的聲音充滿恐懼和無助，他不是教徒，生死交關的時刻，卻絕望般地狂喊了一句：「上帝，救命！」

下一秒鐘，像是電影情節那般，車子衝過紅燈時，被疾駛的卡車攔腰撞上，「砰」一聲，車身應聲凹陷，車上的人竟然全無損傷，近乎昏迷的她甚至因此被撞醒過來。

慌亂之中她被移到另外一輛車，一波三折終於來到醫院。跨年假期，醫院只有護士留守，她聽見護士焦急地撥電話給醫生，卻怎樣都聯絡不上。衣著單薄，她躺在手術台上不停發抖，一直盯著牆上的時鐘看，不敢閉上眼睛，「我命若游絲，怕一閉上眼睛，就再也醒不過來。」她痛苦地回憶著說。

護士極盡所能幫她止血，但徒勞無功。恍惚之間，她的心裡充滿悲傷，不停問自己：「難道妳二十五歲就要死了嗎？難道妳的灰暗人生就要在不幸福不快樂中結束了嗎？」想起遠在他國的父母兄弟，她的眼淚流個不停，「當他們接到唯一的女兒以及僅有的妹妹死在異鄉的消息，他們的心情會怎樣呢？媽媽會後悔當初她鼓勵我嫁到印尼來嗎？」死神到來之前，這是她人生最大也是最後的疑惑。

絕望之中，忽然有個聲音在她耳邊響起：「禱告！禱告！禱告！」

「主耶穌，如果祢真的可以掌管生命，請給我機會，如果我得以重生，我以後一定為祢而活！」她懇求著說：「讓血停止吧！」

很奇妙，那一刻，血，漸漸停了下來！

她出院之後，他們全家受洗，成為正式基督徒。

嫁到印尼五年之後，她奇蹟式地復活，也從痛苦的深淵中看見一束光明。

*

她出生在福建泉州，是家中老么，也是唯一的女兒。

一九六〇年代，家鄉非常貧窮，每個月固定的米票根本不夠全家一天三餐，時常得靠地瓜充當主食。「我的媽媽很偉大，看不得孩子受苦，下定決心要離開中國，到海外賺錢，給家人帶來更好的生活。」她回憶說。

外公和舅舅都已經在海外謀生，媽媽透過很多關係，帶著九歲的她一起提出前往香港的申請。然而她的申請被拒絕了，政府樂見大人跨海出國賺取外匯，卻刻意把孩子留在家鄉，藉此確保大人向國的忠誠。

身為唯一的女兒，她和媽媽很親，感情特別好，早已察覺到自己即將被留下來。媽媽始終不敢告訴她真相，前一晚，她徹夜難眠，媽媽躡手躡腳走進房間，坐在床邊摸她的頭，親親她的臉頰，她緊緊閉著眼睛假裝熟睡，等到媽媽走開，才痛痛快快哭濕了枕巾。

隔天一早，媽媽搭著巴士就要離開，她從房間衝出來，拚命追著車子跑，一邊死命跑一邊哭著大喊：「媽媽，妳不要走，不要離開我！」車子很快消失在路的盡頭，媽媽再也沒有回頭過。

從此，她變成一個乏人看顧的小女孩。她的爸爸是個冷漠的嚴父，傳統內向不喜言語。她上有六個兄長，但各自有著各自的愛好與生活，無暇顧及年幼的么妹。「沒人管我衣服夠不夠，被子暖不暖，有時桌上有飯沒菜，也沒人知道我有沒有吃飽。」她五十幾歲的眼睛泛著九歲時的眼淚：「我非常非常非常的孤單。」

有個女同學就住在她家對面，白天一起上學，晚上有時陪她一起睡，帶給她生活裡些許的寬慰。突然有一個星期，女同學沒來上學，鄰居說她得了血癌，從此再也沒有出現過。「她到底去了哪裡呢？會不會還在房間裡徘徊？」一個又一個孤單的深夜裡，她躺在床上，害怕恐懼，問著許多沒有解答的問題。

父親篤信民間信仰，七月半，會帶著她四處祭拜。她敬畏地拿著香，跟著磕頭，該拿幾根香該磕幾個頭呢？她小心翼翼生怕哪裡出錯。「才九歲，我心中已經充滿對生命的疑惑，但找不到答案，只覺得無比的害怕與孤單。」

媽媽的缺席，物資的匱乏，對死亡的恐懼與無知，生存的難題鎖鏈般一樁接著一樁，纏繞著她，困擾著她。「從小我就不快樂！」她只能把香港當成天堂，那是她唯一的救贖，是她僅有的希望。一天數過一天，她癡心等著媽媽接她走，過上幸福快樂的生活。

*

一直到她十七歲，她才總算得到批准，如願來到盼望已久的香港。

媽媽到羅湖車站來接她，一下車，母女倆衝向彼此相擁而泣，明明有千言萬語想說，卻一句也說不出口。

十七歲的她終於如願來到天堂，她上夜校，白天在 Sabara Club 專賣店賣時裝，兩相兼顧。生活上吃穿工作讀書都沒問題，又能跟媽媽重新廝守，她正在過著夢想成真的幸福好生活。

「可是一段時間之後，我變得不快樂，內心的絕望甚至超過在中國的時候。」她以為香港就是快樂的一切答案，走過千辛萬苦，經過漫長等待，總算到達美好的終點站，怎麼會料到她的內心卻依然空虛，甚至更加難受。

她的天堂不在中國，不在香港，她不禁懷疑：「那究竟會是在何方？」

*

舅舅一家移民印尼多年，二十一歲那一年，她第一次從香港來到泗水。她和媽媽應邀來參加大表姊的婚禮，等辦完婚禮，舅舅應允出資讓她陪同小表妹一起去美國留學。她興奮極了，滿心期待著另一個美夢成真。哪裡料到婚禮過後，舅舅舅媽的婚姻出現狀況，她和媽媽因此在泗水多留了兩三個月，靜待事情的發展。

有一天，舅媽把她介紹給好朋友的兒子認識，有意撮合兩個年輕人。但她對這樣的好意不以為然，因為她很肯定這個人不是她喜歡的類型：「我的心願是要找到一個高大英俊的男朋友，我們兩個身高一般般，光是外貌就完全不搭了啊！」

媽媽並不勉強她，「如果妳不喜歡就算了，也不用害怕得罪舅媽，大不了我們收拾行李回香港，就算因此不能去美國念書都沒關係。」她強調：「最重要的是，妳要喜歡他。」

話才說完沒多久，她突然生了一場大病，那年輕人帶著她看醫生，親手餵她吃藥吃東西，非常體貼地細心照顧她。儘管她仍舊沒有對他產生情愫，可是媽媽的想法卻因此有了翻轉。「妳不論去美國念書，還是回香港上班，最終都是要嫁人。我親眼目睹他對妳百般的好，將來，我未必可以幫妳找到像他這樣真心愛護妳照顧妳的人。」媽媽的聲音婉轉，卻充滿張力：「雖然我們必須相隔兩地，但這樣的女婿，媽媽可以放心把妳交給他。」

這落後的印尼，難道才是她幸福的歸宿嗎？她不斷掙扎自問，「我真的要嫁給他嗎？這樣才不會辜負媽媽的期望嗎？這樣對我的家庭會有幫助嗎？我真的就要一輩子留在印尼了嗎？」

反覆掙扎，不斷地來回思量，她最終選擇了聽從媽媽的話，答應嫁給一個認識才三個月連感情都來不及確認的印尼華人。原本只是一趟短暫的旅遊，竟然變成她永久的居留。

結婚當天，她臉上完全沒有笑容。才二十一歲，她的青春好比一隻輕舟，正要揚帆待發，忽然之間，卻在印尼這個陌生的國度定錨停駐。前途迷茫，她一點都開心不起來。

哥哥遠道而來參加她的婚禮，看出她的勉強，心疼她的不安，婚禮結束後，她遠遠看見他，一個人，坐在草坪的石階上，整整痛哭了兩個小時。

＊

家鄉的親友們都欣羨她嫁入印尼豪門，過著少奶奶的好生活，她很快發現，這樣的想像和事實距離非常遙遠。

倉促結婚背後的問題慢慢浮現出來，她不適應新環境，不喜歡當地食物，她完全不會說印尼文，而先生只會說一點福建話，兩人根本很難溝通。最根本的問題是，面對陌生的枕邊人，她連基本的感情都沒有。

她和先生的人生觀、價值觀與金錢觀全都南轅北轍，沒有一點契合，兩人漸漸在生活上起了各種爭執。從小她的父母感情不睦，三天一小吵五天一大吵，「我原本期待能從自己的婚姻中找到安全感找到愛。」她怎麼都沒想到，有一天自己竟然還是複製了父母感情上的困境。

「我們最大的問題，在於對金錢有著天差地別的認知。」她以前在中國雖然過著物資匱乏的生活，但並不覺得自己特別貧窮。當時遠在海外的外公、舅舅常常寄來大量的麵粉和食用油，父母一點都不藏私，總讓左鄰右舍一起分享。她還清楚記得鄰居們在門口排隊領取物資的景象，那讓她在貧窮之中還能覺著莫大的富足。

夫家雖然稱不上豪門，但環境不錯，生活寬綽有餘。可是他們節儉成性的生活方式簡直教她匪夷所思。

「誰能想像那種生活呢？」她娓娓道來那些難以理解的生活守則：「煮菜時，牛肉丸一人一顆，蝦子一人兩隻，要算好數量，不能超出額度。」「煮開水，要守在瓦斯爐旁邊，水一滾馬上關火，一秒都不能耽擱。」「吃水果，四個人吃一顆蘋果，切八片，一人規定吃兩片。」

公婆的屋頂下，新媳婦唯一的選擇是順從，但她也沒有機會出外偷偷享用美食。先生在自家公司上班，薪水僅夠買私人的生活用品，沒有多餘的錢可以帶她出去吃上一碗解饞的麵。她懷孕時想吃點麵線還是滷肉飯，都只能光憑想像，先生完全無能為力。

公公往年曾經生意受挫，婆婆被迫做衣服賣糕點來幫助生活，或許是有過這樣慘痛的過往，才造就他們如今嚴苛的生活習慣。她努力隱忍配合，但婆婆始終挑剔她還是不夠節儉。「有一次我在洗手間，婆婆突然敲門問我為什麼蘋果只剩下七片，是不是我吃掉了一片？」她想起在香港時，生活雖不富裕，媽媽把水果切好送到她嘴邊，她還任性推開，「我怎麼會現在淪落到這種地步？」她當場關在洗手間痛哭失聲！

「這個婚姻，我還要繼續走下去嗎？」有無數次，她反覆問自己。

當初首肯這樁婚姻，她忖度著或許可以因此幫上家裡的處境。現在不僅幫不了忙，甚且還自身難保。她不敢跟媽媽哭訴，怕家人擔心，更害怕一旦離婚，會不會對娘家的名譽造成羞辱而成為家族的罪人？

過一天算一天，她被困在華屋大宅，用不可思議的方式清苦度日。三年後，接連生下的兩個女兒已經到了念幼兒園的年紀，經過她苦苦哀求，婆婆才答應她自己開車送孩子上下課，她才終於有了行動的自由。

剛學會開車的某一天晚上，她意外發現先生有外遇，又和婆婆起了很大的衝突，她開了車衝出家門，暗夜之中，漫無目的往前直開，「沒有娘家可回，沒有朋友可找，印尼之大，竟沒有我的容身之處！」一邊開邊哭，沒有盡頭的路程，她把暗夜哭成了天明。

「當時如果有車撞過來，我想我會感謝它結束我的痛苦！」

然而一切終究沒有發生，哭乾了眼淚，抹一抹手背，她還是只能乖乖把車開回家，無奈面對未知的明天。

先生坦承對她不忠，她聽在耳裡，心情極為複雜，彷彿一塊石頭沉沉壓住胸口，說不上是憤怒或是悲傷，只覺無比難受：「因為沒愛，沒感情，沒嫉妒，只有一種自己的東西被硬生生搶走的感覺。」

幾年下來積累的無數舊恨，平添了一樁說不清的新仇。

她因此得了憂鬱症。

*

「公婆重男輕女，先生又是獨子，如果可以生個兒子，或許我的痛苦人生可以就此改變？」被憂鬱症打敗之前，她抱著一絲希望，決定孤注一擲，試試看。

懷孕第七個月，謎底即將揭曉，她懷著莫大的期待去照超音波，「確定是個女兒！」聽到醫生這樣說，她沮喪到說不出話來。

回到家，她不想跟任何人說話，這時，有個初識的華人朋友突然出現在大門口。

這位熱心的大姊，時常陪著她帶孩子看醫生，聽她傾訴心情，算是她在印尼五年來唯一的好朋友，然而她總在有意無意之間透露基督教的思想，「我剛開始覺得很反感，我受到爸爸的影響，認定祖輩的傳統信仰是理所當然，不能違背。」雖然她很感謝她的友誼，但是就是沒有辦法相信她所說的話。

大姊看完超音波照片，摸著她肚子逕自開始為她禱告：「在人不能，在神一切都能。只要妳有信心，這不是不可能的事情。」

兩個月之後，當產房護士抱著嬰兒走過來。「是女兒吧？」她虛弱地問。

「是兒子啊！」護士朗聲回答。

她簡直不敢置信，第一個念頭是：「本來超音波就照錯了吧？」

命運翻轉，美夢成真，然而她完全沒想過真的要去信上帝，直到九個月後經歷大血崩的生死關頭，她才走到上帝的座前，俯首成為一名真正的基督徒，把接下來的印尼人生完全交託到天父的手中。

＊

信上帝，是她人生第一次為自己做決定。

她認真讀《聖經》，上教會，聽牧師講道理，小時候苦苦追問卻無人能答的人生問題，一樁一樁慢慢有了答案。她的人生有了新的開始。

最大的改變是和先生的關係，兩人在教會領受同樣的教導，多年來頻繁的爭吵越來越少，雖然終究仍是迥異的個性與想法，但夫妻倆的心，一天一天，越來越接近。

尖銳的個性去了稜角，她漸漸變回以前的柔軟心腸。她主動修補與婆婆瀕臨破裂的關係。「上帝說：你只看見別人眼中有刺，卻沒看見自己眼中有梁木。」她發現自己以前只專注在婆婆的缺點，卻沒醒悟到自己也有很多的不該；以前她只看見婆婆對她的傷害，卻沒意識到其實自己也是一個加害者。上帝用愛翻轉她，給她勇氣一次又一次嘗試拉近婆媳的距離。一開始婆婆對她不理不睬形同陌路，她持續不懈，買給她最愛吃的東西，邀她來新家小住，留給她最舒服的房間，一小步一小步拉近距離，漸漸贏得她的心。有一次她苦心安排了一場認罪懺悔，婆媳兩人終於在她懇切的禱告之中相擁而泣，盡釋前嫌。

「以前心中的怨恨太深，苦毒太重，我曾想過要報復，要讓他們後悔當初那樣對待我，從來沒想過，用愛去報答怨恨，會是這樣的快樂。」她和婆婆的關係越來越好，甚且好過於先生。「幾年之後，公婆見證我的轉變，受到我的感召，他們也在同一個教會受洗了！」奇妙的是，公婆長久以來的生活習性也有了很大的改變，和過往有如天壤之別，以至於孫輩們完全感受不到當年節儉成苛的家族氛圍。

「如果不是信仰的力量，」她說：「我不可能學會真心相愛。」

＊

剛嫁來印尼最辛苦的那幾年，她曾經想過自己在異鄉的結局有三種可能：自殺、發瘋或是離婚。依恃著上帝的愛，她的人生中途轉個大彎換了個方向，這三種憾事，她逐一閃避，一字一句寫下第四種平安的結局。

但她當然並非從此一帆風順，航行途中有風有浪，難免遇上困難，但至少，無論如何，每次遇到難關，她的心裡總還能夠存著盼望，勇往直前。

七年前她再度踢到一塊扎實的鐵板。更年期讓她的心情像是雲霄飛車起伏不定，偏偏那時候女兒的感情出了些狀況，她費心陪伴女兒度過人生低谷，沒想到自己多年前的憂鬱症卻因此趁機捲土重來。

沒有飢餓感，吃不下飯，睡不著覺，嗜書如命的她甚至連一頁都無法卒讀。她突然失去生命的動力，起床、走路、扭轉水龍頭、刷牙漱口，每個動作都沉重無比，彷彿是囚犯被押著上刑場那般萬不得已。

她照舊去教會，去補習班上班，努力假裝自己很堅強，但心中恐懼難當。人群讓她無來由害怕，讓她想遠遠逃開，數不清多少次，眾人之中，她偷偷躲到洗手間，切切禱告，懇求上帝抓她一把，別讓她墜入無底深崖。

行經人生幽谷，眼前一片白茫茫霧濛濛，看不到出路。幸運的是，她沒想過傷害自己，她知道生命在神的手裡，不能隨便拿來開玩笑。

先生為她買來昂貴的抗憂鬱藥，但沒有作用。公婆和大姑帶她去新加坡看心理醫生，碼表按下去，幾百萬印尼盾應聲消失，仍然沒有一點改善。

有一群台灣朋友邀她一起上運動課，她很怕人家知道她的情況，勉強跟著上課，但開車回家時，只覺筋疲力竭，「我總是把車停在路口，緊閉車窗，在車上大叫：上帝，救我！」她甚至偷偷跟上帝打交道：「我不想再像這樣沒有尊嚴地活下去，要嘛請把我接走，要嘛，求祢醫治我！」

憂鬱之路苦苦走了快六年，一直到有個台灣牧師來到小城做醫治釋放，她才看見希望。連續做了四十天禱告之後，她去到新加坡參加一場大型佈道會，唱詩歌時，她忽然感覺到麻木多年的心再度被柔軟地觸摸，她的眼淚，順著臉龐輕輕滑落下來。

「我已經六年沒有流過眼淚了！」她說。

又一次通過憂鬱症殘酷的試煉，這次她花費更多時間經歷更多磨難，才重新找回生命的活力。她，又可以笑，可以睡覺，可以慢慢地把藥停下來。

「許多人靠著藥物可以得到改善，對我來說卻完全行不通。對抗憂鬱症，我的兩個處方箋是信心，以及運動。」每天清晨五點，司機開車送她去教會晨禱，上帝的愛給她信心與勇氣，拉開一天的序曲。晨禱結束後，她自己走路回家，四十分鐘的運動路程當中，偶爾有人停下來好奇問她：「妳一個人嗎？」

「我不是一個人，我正在跟上帝對話，我們無所不談，」她笑著說：「我一點都不孤單。」

「我曾經不只一次感到疑惑，為什麼上帝還要讓我經歷這六年的折磨？」她相信她已經漸漸找到答案，那就是：「祂給了我一個任務，而我，必須經歷過這些才能完成祂的託付。」

她發現在她身邊有好多憂鬱症的華人朋友，包括中國來的中文老師，甚至是十八歲的年輕女生，都在異鄉默默承受著憂鬱症的痛苦，無人可說，無處可訴。她親身經歷過這種痛，有足夠的同理心，懂得如何陪伴，如何聆聽，如何在二十四小時之中分分秒秒準備好安撫一顆慌亂失措的心靈。

「我堅信，每一個人來到世間之前，上帝已經為他寫好人生的劇本，」她說：「我，珍惜我手上拿到的這一本。」

*

兩個女兒都已經成家生子，現在小兒子也要結婚了，孩子們各自有了幸福的歸宿，她也開始專心打造自己的事業王國，在華人聚集的區域開設了一家溫馨的美容美髮小沙龍。

開幕當天，好多華人朋友與台灣朋友來捧場，花團錦簇當中，她覺得自己的心也像花兒一樣地開了。

回首前塵，她曾經苦苦追求一種幸福的生活。在中國時的九歲小女孩，天天仰首期待，以為到了香港就是抵達天堂。十七歲的少女，終於來到香港，短時間的歡快之後，天堂依舊遠在他方。二十一歲的青春女郎，把眼光放在美國，想像那應該就是幸福的源頭，最後還是與幸福擦肩而過。接著，莫名其妙嫁作印尼婦，幸福變成幻影，快樂越來越遙不可及。

一直到她在信仰中找到真正的歸宿，她才恍然大悟，「幸福就在我的眼前。」現在的她相信，不論身在何方，不管是中國、香港、美國或是印尼，只要有信仰，她就能夠有光，都能夠有盼望。

嫁來印尼三十幾年了，走著痛苦的路找到平安的祝福。

感謝主，她覺得自己好滿足。

如果我可以，妳也不能放棄

那一天來臨之前，她自認是一個幸運的女人。

從美國嫁到印尼十年，婆家事業順利，生活富裕無虞，嬌滴滴的一雙女兒，捧在她的手掌心，小花兒一般恣意綻放。雖然異國婚姻的生活裡偶有漣漪，小有波折，但誰不是如此呢？她很知足。

她特別感激先生為她在美國買一間房置一個家，方便她每年都可以回到熟悉的家鄉，跟親友短暫歡聚，充充電打打氣，然後心滿意足歸隊印尼。

她永生難忘的那一天，一九九六年八月十六日。

她從美國回到印尼沒幾天，兩個好友約她吃飯。她帶著剛度完假的亮麗神采赴約，朋友卻面有難色，支支吾吾了半天，最後才艱難地開口：「我們想了很久，還是覺得應該讓妳知道，」她們輕聲地說：「妳的先生外面有女人。」

這句話，說得那樣輕，像是拂面而來的一陣微風，吹到她的耳裡，卻是晴天下的一記雷劈。她完全措手不及。

「怎麼可能呢？」她頭皮發麻，耳朵轟隆作響，腦袋唰地一片霧白。她無法相信這是事實，更加氣惱這些話是由好朋友口中說出，瞬間陷她於難堪的境地。「他每天晚上都回家吃晚餐，怎麼可能外面有女人？」喃喃自語，她尚且還為他辯護。

她速速返家，迂迴打探司機與傭人的口風，幾番折騰，確定了這個殘酷的事實。那個華人女生，先生不僅替她在外頭安了家，還派了一個傭人伺候。氣急敗壞，她透過公司的管道，過濾先生所有的電話通聯紀錄，找出可疑的號碼，瘋狂打了幾百通，偏偏得不到半點回應。

朋友幫她打探到那女人的住處，陪同她前去探個究竟。車子停在門口，司機前去按鈴佯裝遞送東西，她躲在車上，隔著玻璃緊盯著那扇即將開啟的門，心臟怦怦怦跳個不停。

大門開啟的那一剎那，她應聲縮進椅背後頭，埋頭蜷伏著，像是一隻偷魚被逮著的小貓，瑟瑟顫抖。

「我不敢看，我沒那個膽。」她說。

看不看有什麼差別呢？他所隱瞞的，一切得到證明，她所擁有的，瞬間崩塌瓦解。眼前那房子，她先生為另一個女人安置的巢，離她溫暖的家所去不遠，他往來兩邊，神不知鬼不覺。要不是朋友忍不下去跑來通風報信，或許天真的她永遠都不會發現。

「他怎麼可以這樣對我？」

揪著滿懷的憤怒與哀傷，這句話，隻身異鄉的她，不知道該去問誰？又可以去問誰？

*

她生長在台南，爸爸是律師，從小對她的教育非常嚴格。記憶裡，她的少女時光沒有週末可言，當同學們休息或娛樂的時候，她得學習書法、國畫、油畫以及鋼琴，努力成為父母心目中內外兼備的淑女名媛。

爸爸對當時台灣的前途缺乏信心，舉家移民美國，打算到德州做生意。誰知道才到舊金山就遭人設局騙財，一家人的經濟立刻陷入困局，開始過起與想像當中截然不同的美國生活。

「從安逸變成困頓，那段時間很辛苦，可是這是爸爸自己的決定，我們沒辦法跟外人訴苦。」除了突如其來的家庭難關，她自己在學校也有一肚子苦水無處可吐：「我當時插班念高中，在學校受到很多歧視。同學們譏笑我的穿著，沒有人跟我做朋友，化學課分組總是落單的那一個。」她歎一口氣，說：「只有數學課的時候，我的程度超前，讓他們無話可說。」

爸爸長期以來把她栽培成一個嫻靜溫婉的少女，敦厚柔軟的特質在新的環境裡並沒有為她帶來融入的優勢，反倒是她骨子裡不認輸的個性，讓她在學習的戰場光榮地存活下來。高中畢業後，她以優秀的成績順利申請到UCLA，展開令人欣羨的大學生活。

大一，她在校園認識了他。

當時學校裡的印尼華僑並不多見，原本不該成為焦點。但是他們一個個住好房，開好車，花錢十分海派，難免受到側目。「有時看他們開著藍寶堅尼呼嘯而過，我心裡都會想著，這群人怎麼那麼囂張？」她回憶著說。

台灣移民女孩與印尼華僑男孩，偶然因為朋友牽線，意外變成男女朋友，那年，她才剛滿二十歲。

雖然他來自印尼的富豪之家，但在她的面前，卻從沒富家少爺不可一世的驕態，反倒對她極為溫柔體貼。「他時常陪我吃我愛的日本料理，我不感興趣的印尼菜，他一次都沒帶我去吃過。」被疼愛，被慎重對待，那是她確實擁有過的青春好時光。

畢業後，他先回到印尼，那一年，留在美國的她拚命工作，從來沒有跟其他的男生出去過。她從小是一個瓊瑤迷，相信堅貞美好的愛情，執著於「海可枯石可爛」的誓言，甚至對頻換男友的妹妹相當不以為然。「我必須對這份感情忠誠，」她悠悠地說：「因為，他是我此生唯一的男人。」

＊

十年後的這一天，她才驚覺，原來，她不會是他唯一的女人。

事情鬧大了，整個公司的人都知道小老闆在外面包養情婦，小叔還為了她，直接找職員上門去嚇唬那女人。東窗事發，她先生如數招認，卻也推咎於她從小家規過於嚴格，太乖太規矩，穿著太土太保守，也從來不會陪他喝酒，沒有一點外面女人的性感與可愛。

一頭俐落短髮，長袖T恤加牛仔褲，上面綴滿閃亮的裝飾，再配上一雙白色球鞋——以前他分明就愛她美式的瀟脫俏麗，「我到底錯在哪裡？」她不禁這樣問。

她哭她吵，她鬧得沸沸揚揚，除了挖出更多難堪的真相，他了無悔改的誠意。沒有娘家親人得以倚靠可以商量，孩子還小，人生的路還那麼遠那麼長，翻攪過後，她只能舉旗投降，百般無奈地對自己說：「我願意為他改變。」

像一只無心的傀儡，她由他帶著去逛街，衣櫥裡五彩繽紛的衣服全部換成黑色系列，單調保守的襯衫T恤牛仔褲棄置一邊，換來露肩迷你的性感小洋裝。他帶她買酒，教她調配，對飲竟夜，從此，她一頭栽進約翰走路加可樂、伏特加配柳丁汁的夢幻新世界。他甚至曾經意圖帶領她走到毒品的臨淵險崖，要不是她還有一點理智，或許早已粉身碎骨。

一頭短髮漸漸留長，她每天去沙龍做臉做頭髮，照著鏡子，看著裡頭嫵媚迷濛的女人，她都快要認不出她自己。

把自己改頭換面，徹底變了模樣來迎合他，表面上好像拯救了瀕臨破裂的婚姻，但終究拯救不了一顆破碎的心。「我整個迷失，開始抓不住我自己。從小父母給我的教育和他對我的要求完全矛盾，一個人被撕裂成兩半，我只好用酒精不斷地麻醉我自己。」

人生第一次，她沉落到谷底。

*

於此之前，在她自認的幸運裡，她並不是沒有付出過努力。

一個人從美國嫁來印尼，環境與生活習慣的適應曾經是一大難題。她記得她剛抵達的那一天，晚上洗澡時，她在浴室躊躇很久，找不到浴缸和蓮蓬頭，只有一個裝滿冷水的方型水槽和一把小勺子，端詳半天，她完全不知該如何下手。後來她索性脫了衣服，小心翼翼踏進水槽，緩緩沉坐在冷水當中，打著哆嗦洗完澡。

隔天，她聽見不苟言笑的婆婆跟旁人抱怨，說：「那個美國媳婦啊！真是浪費，洗個澡，居然用掉一家人要用的整缸水！」

她這才知道自己犯了可笑的錯誤，也從此意識到，她即將面對的，是一個嚴苛的對她多有挑剔的婆婆。「除了她自己的孩子，她誰都不在乎。」她永遠不會忘記後來月子期間所受到的殘忍對待：「她不認為照顧媳婦是她的責任，不僅沒幫我準備月子餐，還不准傭人幫我煮飯菜。先生偷買炸雞給我吃，還被她罵一頓。」她苦笑著說：「她簡直是活在清朝的人。」

不過她不把這些外在的困難真正放在心上，他們夫妻有自己的房子，養兩個孩子，過自己的小日子，她真正在乎的是美好的愛情與忠誠的婚姻。

事與願違，率先受到考驗的是美好的愛情。來到印尼之後，大學四年打下的感情基礎無可逆轉地逐漸變質，她發現在美國的男友和在印尼的丈夫，是兩個截然不同的人。以前在美國她是地主他是來客，凡事由她來主導，一回到印尼這座由他指揮若定的富裕王國，他馬上取回當年的桂冠，恃寵而驕，意氣風發，以及，陰晴不定。

有一次，在外面受氣之後，回到家，他出手打了她。

她當下收拾行李，跪在公公的面前，哭著表明回去美國的決心。公公慈愛地慰留她，這一留，接下來的人生路，一步比一步更加膠著。

後來公公突然過世，他挑起大梁，擔負公司的重任，外面的權力坐大了，一家之主的氣焰也跟著增長。有幾次，不分青紅皂白，「他一凶起來，把我壓制在地上，我無法反抗，只能任憑他暴力相待。」過往的夢魘，張牙舞爪，再次浮現在她的眼前。

她選擇體恤他。或許因為一夕之間掌管經濟大權，以致壓力太大，無處宣洩，許多次她都咬牙忍下來，「因為我愛他，我愛這個家！」這是她默默療癒傷口時，不斷自我催眠的一句話。

除了偶爾失控的情緒，他並不是一個不負責任的丈夫。他給她寬裕穩定又自由的生活，給她兩個可愛的女兒，還慷慨給她一個美國的家園，如果這樣不能稱為幸福，那麼她懷疑自己會不會太不知足？

一直到，忠誠的婚姻，在轉眼之間，也化為泡影。

事已至此，她總算願意承認，在印尼這塊土地，幸福對她來說，暗地裡，早已經變成一則自欺欺人的天大謊言。

*

一九九六年，她生命裡不堪回首的創傷起始點。

先生起了個頭，把她帶進酒精的死胡同，單純的她一腳踩進去，把身體和靈魂雙雙丟棄在酒缸裡，卻沒人教會她怎麼樣站起來，走出去。

她悲哀地發現，就算配合先生做再大的改變，傷了就是傷了，她心中被撕裂的痛處無藥可解。那痛不斷慫恿著她，去瘋，去鬧，去爭個對錯，去要個說法。她得不到滿意的回答，也得不到先生回頭的承諾，甚至因此發現更多殘酷的真相，只能藉酒澆愁也藉酒發瘋。先生怕她，幾度躲回婆家，在婆婆的溺愛與姑息下避不見面，等到先生回家，她再喝再吵然後先生再落跑，混亂的輪迴周而復始，沒完沒了。

除了跟先生發酒瘋，起衝突，她還會不分日夜打電話給印尼的好朋友，在電話裡失去理智地說著哭著抱怨著，祈求著一丁點溫暖的安慰。朋友們剛開始很耐心地陪伴傾聽，並像放錄音帶那般重複播放著：「妳要放下。」「妳要想開一點。」「妳要退一步海闊天空。」卻一句也打動不了她的心。久而久之，很多人開始避之唯恐不及，也忍不住懷疑會不會是她自己有問題？

「我想我是得了憂鬱症。」等到她意識到自己生病了，她的世界已經一團混亂。「在那個年代的印尼，憂鬱症等於神經病，我不知道該去哪裡看醫生。」她給自己開的藥方是烈酒，整瓶黃湯咕嚕咕嚕灌下愁腸，解了一時的鬱悶，再換來更大的痛苦。

她曾經試過跟家人求救。有一次回台灣，爸爸帶她去台南醫院精神科就診，她獨自進去看完醫生，一出診間，看見爸爸坐得老遠，她傻氣地問：「爸，你怎麼坐那麼遠？」爸爸小聲回答她：「裡面的醫生我認識。」

「他怕別人認出他，知道我是他的女兒。」同樣讓她悲傷的是，媽媽曾經私下跟阿姨說：「我很羞愧，有這麼一個憂鬱症的女兒。」

面對父母的不理解，她沒有怨言，只覺心虛：「我喝酒我憂鬱我把婚姻搞得一團糟，我辜負了爸媽的教導，我不能原諒我自己。」

印尼？美國？台灣？她絕望地發現自己居然無家可回無處可安身。

「我自殺過很多次。」伸出手，她的手腕內側有許多深淺不一的傷痕，「可是每次都割得不深，只有一次下手比較狠，傷到神經，從此不能彈鋼琴。」憂鬱與酒精的雙重綁架，她幾度走到自我毀滅的邊緣，唯一拉住她不放手的那個微小生機，是：「孩子還小，不能沒有媽。」

二〇〇五年，懷著卸不了的恨意與戒不掉的酒癮，踉踉蹌蹌走了十年之後，她帶著兩個女兒遠赴美國求學，逃離一切，嘗試展開全新的生活。

＊

到了美國，她開始就診心理醫生，尋求一條生路。只是，每次進診間，大把金錢隨著沙漏分分秒秒快速流逝，她捨不得花錢，看了幾次醫生之後擅自停藥，一切又回到原點。

遠離印尼的傷心地並不能阻止憂鬱症的不定期發作，也抗拒不了酒精的誘惑。「痛苦來襲的時候，像是掉進一個洞，怎樣都爬不出來。」朋友帶她去教會聽道理，她聽不進去，女兒帶她去慈濟，她也沒有太大的感應。「真的好氣自己，對自己快要失去信心。」她自己也無可奈何。

情況糟的時候，她半夜不讓女兒睡，滿屋子亂摔東西，醉醺醺拿著刀子追著女兒跑。她完全沒有能力讓這一切混亂停止下來。

或許解鈴還需繫鈴人。孩子的爸爸每兩個月來一次美國，住上個把月，陪陪孩子也陪陪她。雖然兩人還是分房而居，但距離產生的模糊美感，似乎正緩慢地化解她長年積累的恨意。

「他畢竟在乎這個家，年紀增長了，把戲變少了，或許他會慢慢變好？」她的心中燃起一朵微弱的火光，那是十幾年來，她早已遺忘的溫暖。

孩子們平日的課業很忙，為了排遣先生沒來時的寂寞，她參加成人學校的電腦課，走出去，交朋友，得到學習的快樂，多年來，她第一次感覺到生活重新有了意義。那段時間，她酒喝得少了，把酒瓶藏在浴室下面，偶爾偷偷地喝。

不再光明正大地喝酒，她的人生似乎朝著光明正大走。

腳步還沒踏穩，新生活還沒沾到邊，二〇一〇年，另一個女人的出現，讓她再度狠狠跌了一個踉蹌。

那天她從美國回來印尼度假，發現家裡竟然出現女人的行李，以及奇怪而明顯的蛛絲馬跡。「我的世界再一次崩潰。」才剛剛從谷底爬出來，走了幾步，冷不防又被另一個女人猛力推了一把，她的人生再度跌入絕境。

殘酷的人生舞台啊，當年醜陋的台步不得不回頭再走一次。她逼問家裡的傭人司機，人人噤聲不語，只有一個傭人看不下去，終於願意對她吐實，吞吞吐吐地說：「住進來的女人不光只有這一個，只是這個待得比較久。」

她回到房間，行屍走肉般坐著，呆呆地看著床，想著：「這張床，到底睡過多少人？」她身心俱疲，好想倒頭大睡啊，可那留著別人餘溫的雙人床，她卻怎麼樣也躺不下去。

萬念俱灰，原本她已經動了離婚的念頭，但是女兒強烈反對，跟她要脅：「媽，妳不能離婚，那對我的名聲不好，會影響我將來的婚姻。」

前思後想，她自覺這些年來對女兒有太多的虧欠，不能再耽誤她們的幸福，於是不動聲色改了機票，回美國收拾行李，十天之後她再度飛回印尼，奮力爬回婚姻的主戰場。

再一次，她決定迎合先生，偽裝自己去接受這個千瘡百孔的婚姻。十幾年來，迎合與偽裝，對她來說已經不是難事，只要大量的啤酒加上安眠藥，她那不堪的人生隨時可以關機重來。

「第二次的傷害真的很大，我曾經以為自己撐不過去，會死在印尼。」更接近瘋狂的那段過往，她其實不太記得實際的情況，她日以繼夜賴在酒坑，要不瘋癲如癡，要不昏沉如泥，徹底地失去了她自己。

她的台灣好朋友為她擔心不已，幫她約好心理醫生，叮嚀她一定要如期赴診。「可是我喝酒又吃藥，坐上計程車，根本不記得怎麼去又是怎麼回來。」她愧疚地說：「隔天我醒來，才知道城裡所有的朋友都在找我。真的很對不起大家。」

她的大女兒曾經從美國飛回來陪了她　段時間。在女兒面前，她依舊無法控制自己的情緒，毫不在乎醜態百出，然而，那不是她的本意，她根本不清醒。

終於有一天，女兒來到她房間，對爛醉在床上的她撂下一句話：「媽，我受不了妳了，我要回美國了！」迷糊之間，她看著女兒轉身離去，那背影，晃晃盪盪，暈成一片，慢慢地消失在眼前。突然之間，有個聲音清晰無比，在她耳邊響起：「妳，正在失去妳的女兒。」

前所未有的害怕與無助如巨浪般向她打來，她撐起身，喚來司機，一分鐘都不耽擱，直接奔往診所，「我不能再這樣下去！」十幾年來第一次，她感覺有股力量，從她的內在，不斷地湧現出來。

一個聲音，一個念頭，一個行動，翻轉了她的下半生。

醫生判定她有躁鬱症，還說她有著兩種極端的人格。沒有批判沒有安慰沒有威脅也沒有利誘，醫生甚至沒要求她戒酒。只是安靜地開處方箋，不容質疑給了指令：「這些藥，妳開始吃。」

她走出診所，仰望長空，長年的痛苦突然之間有了裂口，不再緊緊箍著她，鬆開手，開始慢慢放她走。

*

一九九六到二〇一〇年，她自己都感到驚訝，這人生的岔路，她竟然磕磕絆絆走了這麼久？

這個夏天，她把自己曬得黝黑，因為她幾乎每天去游泳。

她在水中緩緩吐氣，不疾不徐地把整個人掏空到底，然後雙手一撥，抬頭浮出水面，大力吸一口氣，在埋頭入水之前，她瞄見自己離岸邊又更靠近了一點點。

「妳很安全。」她跟自己說。

她以前不敢想像，自己竟然會有學會游泳的這一天。她怕水，一開始怎麼都學不會，浮沉掙扎之間吃了好多水，她不是沒有恐懼，她只是已經學會不放棄。

幾年前，二〇一〇年，離開心理醫生診所的那一天，她不是沒有恐懼，她只是決定了再也不放棄。

接受治療後，她從此沒有碰過一滴酒，連飛機上免費提供的酒也起不了一點誘惑。她曾經以為這輩子她永遠戒不掉酒精，沒想到一個簡單的「決心」，竟然有那麼大的力量一把將她拉離險境。家人起初相信她必定會故態復萌，刻意把酒放在明顯的地方，測試她的決心，發現她竟然真的可以滴酒不沾，直呼這實在是太不可思議。

「我喝酒時是非常痛苦的，並不是可以從中得到歡樂。」她明白，表面上她戒的是酒，實際上，她戒掉的是痛苦。「只要有決心，誰會想要一輩子待在痛苦裡？」她輕聲反問。

她一個人的轉變，像是一朵漣漪，輕輕撥動身邊每一個人的生命軌跡，讓喧騰多時的湖面，慢慢歸於平靜。

「一切都在一念之間。」她微笑說：「或許是上帝垂憐，讓我還可以是一個好的人。」

離她而去的女兒重新接納她。正常母親的角色空窗了十幾年，再回頭，角色轉換，她是搖晃學步的幼兒，而女兒們反倒像是不假辭色的嚴母，盯梢著她的一舉一動，就怕她又跌坐原地啼哭不休。母女之間的關係和睦有時，緊繃有時，她都無話可說。

「我大女兒說過，這是我欠她的。」她嘆口氣，說：「媽媽瘋成那樣，她們沒有變壞，沒有吸毒，都還進入美國很好的大學就讀，我還有什麼話好說？」

十幾年的母女情債，她願意用後半生，慢慢來還。

總是保持著距離的先生，也慢慢地回到了她的身邊。

她終於學會用理智的眼光看待眼前這個男人，也漸漸不再恨他。「無論如何，他終究沒有真的離開這個家。」她說服自己轉移眼光看見他好的那一面：他是如何辛苦維持公司，是如何收斂脾氣不再有過暴力相向，又是如何在她面臨娘家手足爭產時給她最大的支持與依靠。她也開始懂得反省自己的弱點：她是怎樣的好勝強勢，是怎樣的得理不饒人，又是怎樣的鬧騰到人盡皆知，逼得犯錯的人顏面盡失而逃之唯恐不及。

現在的她過的是老夫老妻的平常生活。白天跳有氧，學游泳，還要到公司幫先生抓帳，忙碌而充實。先生總是打球到晚上才回家，她一個人在房間吃飯，唱歌，跳舞，看Youtube學化妝，敷面膜，一張敷過一張，有點小孤單。不過，就算先生在家，他們也沒有太多話可以說，樓上樓下看各自的電視。一樓之隔，不遠不近，破鏡重圓的關係，像這樣的不疏不密，她覺得，剛剛好。

她不再打電話追蹤他，恩怨情仇已成過往雲煙，無論如何她都釋懷了。「他有時會說起，將來要跟我回美國退休養老，雖然不知是真是假，我聽了還是覺得，很窩心。」她笑著說。

安神的藥，越吃越少，她盼望著，人生的下半場，能夠越來越好。

＊

前幾天，她第一次憂鬱症大復發，整整兩天，她躺在床上，不梳洗，不吃東西，整個人像被掏空，沒有丁點力氣。

她在從美國飛回到印尼的途中，得知美國的家遭到竊賊入侵，偷走好幾個她心愛的名牌包，其中有兩個愛馬仕，是她剛用私房錢偷偷買的，熱騰騰，用都沒用過。

她傷心的不只是損失，更是家人的反應。先生和女兒不留情面地齊聲責怪她「沒事偷偷買那麼多包幹麼？」她像個做錯事的小孩，懷著巨大的內疚，縮回床上，用被子打造了一個安全的巢穴，躲進去，再也沒有力氣出來。

爛泥般躺在床上兩天之後，她自覺情況不妙，主動發訊息跟運動群組求救，朋友們聲聲喚她為她打氣。她勉強起身，慢慢挪移到浴室，艱難地刷牙洗臉脫衣沐浴，看著鏡子裡的自己，跟自己說：「不要怕，不要放棄！」

第三天清晨，她出現在課堂，走到自己的位置，隨著音樂擺動起舞。努力踩著跟不上拍子的腳步，她露出虛弱的笑容，對著鏡子理的自己說：「我很驕傲，沒有再次被打倒。」

「以前的我糟成那樣，都還可以走回來。現在的我，有什麼不可以？」幾度行經死蔭幽谷，面對小小的阻礙，她相信自己已經具備穿越的勇氣。

對於不可知的未來，「不要怕，不要放棄！」這句話，她期待自己一分一秒也不要忘記。

有福之人

「妳怎麼了？」

「我也不知道我怎麼了。」

「妳會有想要輕生的念頭嗎？」

「輕生？是不會啦，可是有時會很想流眼淚，覺得很憂鬱。」

「矮油，妳命太好了，整天沒事做，才會在那裡想些有的沒有的。」

這是她回台灣看精神科時，醫生和她之間的對話。那一年，她還是從台灣宜蘭嫁到印尼小城的新嫁娘，異國婚姻的長路，才不過小小走了幾步，她已經冷不防踩到一根軟釘。那痛，很模糊，可也無比真實。

她其實知道自己「怎麼了」，可是沒辦法清楚說出來，不只難以跟醫生描述，就算是對娘家親人，她也是有口難言。

*

她和先生是在日本認識的。

他們是語言學校的同班同學，結業之後，他申請上了關西大學，她就讀三年制的專門學校。兩人認識得早，可是沒有特別的來往，各自到不同學校念書之後，再也沒有聯絡過。

直到有一天，她突然接到他的電話，緊張著說他的學長受傷流血了，想問問她有沒有止血用的雲南白藥？她急忙到處問人，從學姊那裡找來藥，讓他趕緊過來拿。

結果出現在門口的他，一整個鼻青臉腫，狼狽至極，原來受傷的人根本就是他。他因為細故跟日本學長室友大打出手，電話裡又不好意思明說，她看他可憐又憨厚的模樣，既心疼又好笑，仔細地幫他擦藥包紮傷口，像是母雞照顧小雞那樣的溫柔。

至今她還是想不明白，他們又不熟，為什麼危急的時候，他想到的是她，而不是其他同鄉朋友呢？「印尼華僑在日本的留學生裡算是少數民族，他可能沒人可找吧？」她自我解嘲，笑著說。

一瓶雲南白藥，搭起感情的橋梁。從此他常來宿舍找她，兩個人越走越近，逐漸發展成為男女朋友的關係。異鄉之中的相互取暖，感情來得自然而然，但她始終還是堅持認定：「一開始我對他是同情，可不是愛情喔。」

一個說中文，一個說印尼文，由同情衍生的愛情，只能靠著日語來經營。但她從來不覺得語言會是一個問題，雖然年紀還輕閱歷尚淺，可是她隱約意識到，這一段感情的背後，有許多比語言還要更複雜難解的考題，等著她去學習。

畢業那一年，媽媽提議她先到印尼來探路，「看看如果嫁過去，妳會是第幾個老婆？」她不奇怪媽媽有這種疑慮，以前在台灣人的印象裡，印尼人三妻四妾並不稀奇。「我有個親戚更糟糕，還直接問我是不是來印尼當傭人？」對這些因為不解而產生的諸多狐疑，她好氣又好笑，百口莫辯。

不過，她對這個國家的了解同樣少之又少。第一次來到男友的家鄉，那小城機場簡陋的程度，讓她完全無法接受，走出機場，嗆鼻的一股怪味道迎面而來，黑壓壓坐在地上的人群，也教她覺得十分害怕。「怎麼會這麼落後呢？」在整潔有序的日本住了幾年，他的印尼家鄉遠遠超乎她的想像。幾個月前，剛從大阪回到宜蘭時，她已經很難適應，現在又來到落差更大的印尼小城，她實在開心不起來。

可是戀愛都談幾年了，能怎麼辦呢？

沒多久之後兩方父母互相渡海探訪，彼此卻又留下很好的印象。她的爸爸日文說得很流利，他的爸爸華語說得很順暢，兩方家長的溝通出奇地愉快。最後，這婚嫁的決定權就在她自己的手上，爸爸雖然也不捨得她遠嫁，但是「女生就是菜籽仔命，不管嫁到哪裡都可以」，爸爸完全尊重她的選擇。

「我很幸運誒，爸媽沒有特別反對這樁異國婚姻。更幸運的是，我們選在一個非常好的時機點結婚。」她感恩地說。

一九九七，她即將結婚之前，先生的家族事業陷入訂單短少的緊急狀態。數千工人的工廠，規模很大，相對風險也不小，一旦生產線停止運轉，資金的流動也會即刻受到阻礙。當時家族的幾個兄弟和台灣經理每天都忙著開會，為資金的調度忙到焦頭爛額，情勢非比尋常。

在這樣窘迫的情況之下，公婆還是為新人舉辦了一場盛況空前的豪華婚禮。他們的婚禮在香格里拉飯店舉辦，席開一百桌，場面氣派非凡，轟動整個小城。當晚，她被打扮得公主模樣，依偎著王子站在舞台，往下看，波濤洶湧的人海裡好一片珠光寶氣，她誰都不認識。喜宴尾聲，雙方父母和一對新人穿著同色系的禮服，排成一排站在舞台，與賓客一一握手致謝，底下蜿蜒的人龍冗長到幾乎看不到盡頭，「我爸爸只記得他握手握到手都抬不起來。」她笑著回憶。

她先生曾經跟她說：「妳看那時我爸媽手頭那麼緊，卻還為我們辦這麼隆重的婚禮。」她心知肚明，心中有著無以言說的感激，但同時也頗有壓力，擔心才剛入門就造成婆家經濟上更大的困難。神奇的是，花了那麼多錢之後，他們的工廠生意突然之間變得很好，訂單不斷湧進來，員工三班制不停趕工。這個奇妙的轉折，讓她由衷感恩：「上帝真的很愛我。」

隔年，一九九八，排華事件發生後，印尼盾應聲大跌，商人們立馬出現兩種截然不同的命運。做本地生意的紛紛慘賠，可要是跟他們公司一樣是拿美金做出口的，利潤一夕之間翻了好幾倍。那一年，他們公司因此意外大大獲利，她在心裡偷偷鬆了一大口氣：「我運氣很好，嫁進來沒有帶給人家麻煩。」

童話般的夢幻婚禮，峰迴路轉的事業局面，她一直感謝自己有這麼好的福氣。然而新婚之後沒多久，她發現，現實的生活當中藏著極大的落差，她的印尼新人生，一天一天，由彩色隱褪，逐漸變成黑白。

*

「我先生一回到印尼就變了，」她苦笑說：「或者該說，他只是變回原本的模樣。」

在日本的學生時期，他是一個很溫柔的男生，講話輕聲細語，舉措守節有禮。她怎樣都不能想像，地球儀稍稍一轉，飛個幾千哩，他馬上變成一個很可怕的人。「他像是怪獸一樣，」她忍不住懷疑，難道過往幾年自己認識的是另外一個人嗎？

他跟傭人講話，很大聲。在屋子裡，他永遠拉高音調下指令：「燙衣服！」「快點！」「我要出門！」風風火火，每一個句子都要以驚嘆號作為結尾。她在旁邊看呆了，「你可以好好講啊，為什麼非要罵人呢？」她百思不得其解。

公婆家的情況更嚴重。明明每個人站出去跟外人往來時，都是那麼和善可親，不知道為什麼一回到家，個個立馬轉換面孔，拉開嗓門來喝令下人。或許是因為公司家裡兩頭忙，他們求快速，求精準，偏偏遇上印尼人的慢條斯理，一心急，耐性也跟著崩盤。公公是個爛好人，唯獨對傭人挑剔這個挑剔那個，婆婆嚴謹幹練，不管對誰說話都是充滿權威。「曾經有一回，十二個傭人集體要離開公婆家，他們對下人的態度可見一斑。」她深深嘆了一口氣，說：「然而這不是特例，這邊的華人很多都是這樣。難怪這裡只要一排華，華人們就很害怕，因為平常他們對印尼人實在很苛刻。」

更令她無法理解的是，家人們相互之間的溝通模式，也總是很火爆。婆婆對她很和氣，可偏偏母子兩人的對話往來火藥味十足，她尤其不能恭維。剛嫁過來時，每次只要婆婆打電話來，她無來由便是一陣懼怕。「叫他聽電話！」婆婆在電話裡大聲說，她小小聲連忙說：「請等一下請等一下。」曾經幾次電話到了先生手裡，他對著話筒吼了一句，然後轉頭大聲跟她說：「收拾行李，我們回日本去！」

從小生長在一個平凡和睦的家庭，長大後接受日本教育溫婉含蓄的洗禮，她沒見過這些激烈火爆的場面。像隻受到驚嚇的貓咪，莫名其妙掉進一個老虎籠，隨時有嘶吼聲從背後冒出來，圍著她打轉。她神經緊繃、失魂落魄，有時還會無緣無故落下眼淚，完全不知道該怎麼辦。

回到台灣，面對精神科醫生不以為然的質問，她實在無法精確描述自己的處境。如果她據實以告，說：「我害怕聽到他們的聲音。」或直截了當說：「他們說話的聲音讓我憂鬱。」那麼，調侃她「命太好」的醫生又該會是什麼三條線的表情呢？

*

當年，婚禮結束，爸爸在回台灣前跟婆婆說了一段話：「我這個女兒，能力是沒有啦！不過有一點我可以向妳保證，就是，她很乖。」說完，留下一句悄悄話給她：「妳就不要在這裡枵飽吵！」然後轉身離開。「這句話，後來變成我的祝福。」她微微笑，這樣說。

雖然害怕到回去台灣看心理醫生，可是她從來沒有想過要離開。沒有理由啊，有什麼理由枵飽吵呢？她也從來不曾跟爸媽說過這些煩惱，因為遠嫁印尼商賈人家的她，衣食無虞，物質無憂，公婆疼愛，先生上進，「明明妳就很好啊！」她打從內心跟自己說：「沒有什麼委屈或不委屈，只要去接受這些現況，接受這樣的先生，還是可以得到上帝的眷顧。」

不貪求，願意坦然接受現況，她自認這是她印尼人生裡最大的祝福。

接受，但還是要努力調整生活的品質。那些無力改變的環境差別和文化衝突，她可以慢慢融合適應，或者乾脆眼不見為淨。可是丈夫是她生命裡的另一半，也是她在印尼的唯一憑藉，她必須努力去面對。

她試著易地而處，體諒先生的處境。家族裡有三個兒子一個女兒，先生是家裡最不討喜的那一個。大哥雖然事業跟婚姻都一再出紕漏，但懂得討父母歡心，二哥是工廠的當家，父母以他為榮。唯獨這個小兒子，不善講話奉承，不懂見機行事，工作上還總是堅持己見，最不得父母的喜愛。而且，「國外念書回來，什麼都還不會就直接進到家族企業，大家眼睛都看著他，他的壓力很大。」她很心疼他：「再加上他在工廠只會用權威的老方式管理員工，成天大呼小叫，一回到家，頻道根本轉換不過來。」

他絕對不是一個壞丈夫，儘管外表看起來很悍，很霸，有點可怕，可是不曾對她動粗，也不會用對下人的音量跟她大小聲，就是口氣急躁，沒有一點溫度。他傳達關心的方式總是帶著質疑的口氣，比如一天打好幾次電話給她，找不到人時，點著一把火似地轟著說：「妳在做什麼？為什麼不接我電話？」明明是關心，那口氣卻不見半點溫情，反倒讓人覺得不舒服。

他當然也不是一個壞人，可是時常處在失控的邊緣。她最怕星期天，因為司機放假，他必須自己開車。坐他開的車對她是一大折磨，眼睜睜看他抓著方向盤東奔西竄，亂切亂殺，還一路亂按喇叭，「怎麼可以這樣胡來？」她傻眼，不只一次生氣跟他說：「你根本不配擁有這輛車。」

不論是委婉的提醒或是嚴肅的抗議，都沒有用，久而久之，她死了這條心：「我已經不會期待他改變了，這已經是定型了。」她無奈地說：「我認了。在日本的那個他，我再也要不回來了！」

就算孩子接二連三來報到，他的脾氣也沒有因此而改變，她心中莫名的害怕反而在這個階段達到最高峰。從小被傭人帶大的他，根本不會主動去抱孩子，不體諒也不體貼，完全不懂怎麼當爸爸。一如往常，他還是帶著公司的餘怒回家，「他帶著壓力回來，我的孩子不能哭，不能有聲音，不能為他製造更多其他的壓力，我怕他總有一天會爆炸。」她描述當時的驚恐，說：「最嚴重的時候，每次他回家，聽著他漸漸走近的腳步聲，我就害怕，就想抱著孩子找個地方躲起來。」

孩子漸漸長大，他才慢慢有了一點父愛的表現，才開始學習當一個爸爸。不過，他表達愛的方式很特別，就愛隔空不停地傳電話簡訊問這問那，「妳在哪裡？小孩在哪裡？你們還沒回家嗎？」而他自己，卻總是不在家。

跟小城許多印華生意人一樣，他每天下班不回家，直接殺去俱樂部運動、洗澡、聊天、泡三溫暖。這種高級的俱樂部很隱密，有錢的生意人才進得去。他們一邊休憩一邊聊生意經，算是商場上的正常交流模式。原本這不是壞事，可是俱樂部離家很遠，晚上八九點了他都還沒回到家。「他沒有趕回家當爸爸的概念，」她苦笑說：「基本上，我是一個印尼的偽單親，很多事都要自己承擔。」

雖然家裡有許多傭人，可是她從來沒想過把孩子丟給他們去照顧，自己落個輕鬆。先生身上有許多在她看來不可思議的生活習慣，她直覺認為那是因為他從小跟著傭人身邊長大，沒有被嚴格約束與教育的結果。她不想要他們的下一代也是同樣的情況，因此，三個孩子的照顧與教養都是她親力親為，不假外人之手。

不懂得怎麼當爸爸，也欠缺當個好爸爸的熱情，教養的路上他像是一個旁觀者，有些時候還像是一枚出手過猛的暴投觸身球。她曾經跟他討論孩子在學校的事，「結果他打電話去罵老師，還掛老師的電話。」她苦笑著說，第二天她馬上趕去學校打躬作揖，連聲跟老師道歉，老師還驚魂未定地跟她投訴：「妳的先生好凶喔！」

「他也完全沒辦法跟孩子溝通。」她說他常常惹得孩子們不開心，孩子們讓她去傳話，先生又透過她放話，「我是你們的翻譯機嗎？如果我翻錯怎麼辦？」她只能無奈地跟他們說。

「無論如何，我終究是幸運的。我的福氣是嫁到一個都是好人的家庭，唯一的問題是我先生的脾氣。」就算生活裡曾經埋伏著驚恐的暗流，無處去說，就算孩子成長的過程獨自奮鬥，無人替手，但她還是不忘記隨時提醒自己是有福的人。「這一切，我的公婆都看在眼裡，雖然不會輕易說出口，但我知道他們都很喜歡我。」

爸爸交代的話，「不要枵飽吵」，一路上，她很乖，她記得很牢。

*

多年下來，她不曾真正挖心掏肺跟先生分享過她的恐懼害怕與孤立無援，工廠的事，占據他二十四小時全部的心思，兩人難得有空在一起，也多半只是吃吃飯看看電影，不會有誰想去多事挖掘內心不為人知的痛處。

她習慣了，無所謂，因為：「還好的是，我有小孩要帶要忙，還有一群台灣來的好朋友。」她結識了一群因為各種原因來到印尼小城的女生朋友，因為這些朋友的關係，很多年的時間，她把熱情投注在教會的服事奉獻。

十年前，有個台灣朋友婚姻出了問題，大家熱心找了牧師來幫忙輔導，臨時組成一個家庭聚會，定期在她家講道理。聚會人數不到十人，大多是海外嫁來的台灣女生。台上的印尼牧師用印尼文講道，一開始她還需要翻譯，多年後她已經可以聽懂一半以上的內容。台下姊妹們用中文直接溝通，大家輪流說說這星期發生的事情，交換彼此的心情，但如果你想保持緘默，也沒有關係。這是一個輕鬆的聚會。

「還好有這個聚會，不然在這裡會很孤單。它的存在對我來說是一個支持，是一件美好的事。」她說。

一段時間之後，有個台灣組員另外組辦一個中文聚會，把原先聚會裡的姊妹分走了一大半。她不覺得被侵犯或是被孤立，反而樂觀其成，繼續為少少幾個人維持家裡的印尼小組，同時也撥時間參加新的中文聚會。

她是如此享受鄉親們在異國相互取暖的感覺，也單純認定人跟人之間的往來總是明亮與美好，她敞開心胸，毫不設防地投身人群，在印尼建立一座友誼與信仰的雙重王國。

後來中文聚會因故解散，有一個姊妹跳出來成立新教會，擔任牧師的職務。教會，是許多印尼華人生活裡重要的一部分，是信仰的依歸，也是交流的所在。它與家庭聚會完全不同，必須有團隊有經費以及許多的活動，「我可以啊，反正我有時間。」從善如流，她又順勢接受了這個改變，轉而投身教會，一星期連去四天，每次都細心準備點心與大家分享。本是基督教徒的公婆也因此一起進教會，熱心參與各種活動，並且奉獻不斷。

但久而久之，她對自己投注熱情所做的「好事」，慢慢產生許多質疑。

與家庭聚會不同，來參加教會的弟兄姊妹來自社會各個階層，甚至有些經濟情況非常糟糕。當有錢華人上台分享他的生意榮景、出國旅遊或是兒孫的高等教育等等話題時，她轉頭看著那些其他生活階層的教友，心中忍不住想：「這些上流社會的話題聽在他們耳裡，或許不是分享，反而可能是炫耀，甚至是傷害。」

她也曾經多次跟著教會下鄉去探訪，帶著鞋子書包等物資，滿心以為帶去了窮困鄉民所迫切需要的生活物品。但是漸漸地，她有了另一種體悟。「印尼鄉下人就是習慣赤腳啊，你送他鞋襪，他還是不會穿，他們就是一個塑膠袋揣著就上學啊，給他書包他也不會揹。」她啼笑皆非地發現：「這是他們所習慣的生活模式，無關乎好或不好，不是你認定的幸或不幸，也不是你一廂情願就會去改變。」

「最後我甚至覺得，印尼人比日本人比台灣人都還要來得富裕，只不過他們的富裕不是建立在金錢的數目或物質的享受上。這塊土地的物產資源何等豐富，人們只要有做就有得活。你看看那些鄉下的土人，不會比你瘦啊！」她有感而發地說：「為了賺更多錢，有更好的物質享受，我們過的是怎麼樣勞苦緊繃的生活，而他們樂天知命，又是過著怎樣輕鬆自得的生活？」

「我們怎麼會這樣自以為是？」她深深嘆了一口氣，問：「到底誰才是可憐的人呢？」

奉獻，重要的應該是心意，而不只是物質。這點也漸漸讓她對自己在教會當中的定位產生動搖。來自富賈之家，金錢上，她很勉力於幫忙，在能力範圍內盡可能奉獻，可是她畢竟只是一個沒有聲音的小媳婦，能力有限，「是人在服務，不是錢在服務。我有人，可是沒有錢。」許多人對她的背景存有過度的錯誤期待，她害怕一不小心陷進利益的糾葛而不自知，給婆家帶來不必要的麻煩和負擔。

而許多人際之間的問題也日漸浮上檯面。朋友們私底下互相角力拉扯，單純的她也難免牽扯在複雜的漩渦之中，她在這些恩怨迷宮裡繞到頭暈腦脹，漸漸失去當初加入教會時簡單而美好的初衷。一直到其中有人當著她的面，以公義之名行離棄朋友之實，終於成為壓倒駱駝的最後一根稻草，「怎麼可以這樣呢？」她的信心完全崩盤，對人性徹底失望，一個星期暴瘦四公斤，失意了好長一段時間。

「教會不一定要有富麗堂皇的所在，我認為，每一個人就是一個教會。」她決定從此單純地守住家裡的小聚會，與始終不改初衷的幾個好朋友，在上帝的面前，繼續相知相守。她們有相似的處境，見證了彼此的人生，十幾年過去了，她們依舊在波瀾起伏的異國婚姻裡相互扶持，給予彼此無條件的祝福。

「這是我在印尼生活裡一個重要的力量來源。」她感謝上帝，讓她的友誼與信仰，終於在合適的花園裡找到綻放的天堂。

*

「上帝是公平的。」嫁來印尼二十幾年後，她有感而發地說：「祂不會給高過你所能承擔的考驗。我是一個抗壓性很低的人，拿到的考試卷相對比較簡單。跟其他嫁過來的台灣朋友比起來，我的生活真的很好，我真的很幸運。」

她自認平凡而微小，來到印尼落地生根，最大的成就是當一個稱職的配角好成就身邊所有的人：家人眼中的好媳婦，先生背後的好牽手，孩子們的好媽媽，朋友們的好姊妹。「我的存在似乎都是為了把每個人都放在很好的位置上，圓滿所有身邊的人。」她謙虛地說。

曾經有人說過，她年紀還輕，卻好像一座橋那樣的穩定，暗中拉攏著兩邊的人。她喜歡這種說法。的確，在眾人眼裡，她是許多人的橋梁，婆婆和先生的，先生和孩子的，朋友和朋友的，許多疏離的關係經由她而得到親近。「我都是默默做事，不會輕易驚擾身邊的人。」波瀾不興，她依舊只是微笑著這樣說。

這幾年，孩子一個個離巢高飛，她也漸漸發現應該開始多愛自己一點點。以往的重心都是在安頓別人，將來，該怎麼安頓自己呢？

浪漫豪華的印華婚禮。

她想回宜蘭安居，「地方好，物價便宜，生活便利，有什麼不可以呢？」她曾經這樣問過先生。然而想歸想，她知道終究不太可能，「我既然嫁過來了，就要負責任，把先生照顧好，把家看好，不要出什麼差錯，這樣就好。」無論如何，她想自己最終還是會做這樣的選擇。

在印尼的這輩子，爸爸口中「很乖」這兩個字，她，會一直努力讓它淋漓盡致。

木蘭花

青春的花蕊
孤枝 獨美
盛放過歲歲午年
不必等待誰的愛憐
妳
自有華美的春天

不戀愛，春天一樣很精采

「我決定我要回台灣了，」她嘆了一口氣，說：「因為我心愛的狗狗都沒有了。」

她先前養的博美狗跟了她三年，備受寵愛的牠每天跟著主人上下班，成日形影不離。工廠裡有一隻大狗，因為嫉妒而時常表現出不友善的姿態。她每天下班回家前都會特意去餵食大狗，跟牠好言拜託：「我給你吃肉肉喔，請你不要咬我的狗狗。」

可是有一天，一個不留神，大狗猛然衝過來咬住小狗的脖子，像扯玩具一樣死命往牆上撞，讓牠當場斷了氣息。她傷心欲絕，兩個月後老闆又送她另一隻博美，想轉移她的心情，她比以前更加謹慎守護牠。沒想到有一天，臨要上車前，大狗不知道打哪裡竄出，一口咬住小狗的脖子轉頭就跑，她狂奔上前，拿東西拚了命用力捶打，但牠無論如何就是不鬆口。

再一次，心愛的狗狗橫死在她的面前。

她撒腿坐地，發瘋似地搥胸頓足嚎啕大哭，「難道是狗狗想讓我安心回台灣才提早離開，不教我對牠難分難捨牽腸掛肚嗎？」她忍不住這樣想。

「我最愛的寶貝都不在了，也該是我離開的時候了！」

來到印尼整整二十八年，從青春到熟年，她，要回家了。

*

二十八年前，離開台灣的那一天，阿嬤要她跟祖先拜別，然後給她一包米、一袋土和一瓶水放在行囊，希望她到異鄉能夠一切平安。

來到交流道下等車時，有人問阿嬤：「伊是欲去叨位？」阿嬤回答：「伊欲出國去啦！」不要說阿嬤了，連她自己也不知道印尼在哪裡。

她的航程將是台北、香港、新加坡、雅加達、泗水。有個股東帶她飛到香港，他轉機去大陸，留她一人繼續飛到印尼。在香港的候機室，她吃完阿嬤給的飯糰之後，她坐在椅子呼呼大睡，等到一覺醒來，咦？怎麼身邊的人全部都不見了？

原來飛機故障，其他的人早就轉換登機門，搭上別架飛機飛走了，她急得團團轉，英文又不會講，差點就要哭出來。後來順利上了下一班飛機來到雅加達，卻錯過泗水的班機，她被送去旅館又送回機場，好不容易才終於坐上飛往泗水的班機。走出機場時，一看到接機的台灣朋友，她忍不住抱住人家痛哭失聲，像是見到親人一般。

那是她人生第一次出國，在此之前，她只是一個單純的沒見過外面世界的，鄉下小孩。

＊

她來自彰化縣永靖鄉竹子村，家裡務農，是個人口眾多的大家族。她記憶裡美好的童年只到小學以前，從小一開始，她就要跟著大人加入做農的行列。

那時家裡種菸草。小孩們每天清晨四點被一一挖起來，由大人們牽著去上工。「那時候六叔剛剛當完兵回來，把十幾個娃娃當成阿兵哥嚴格操練，吹哨集合，整隊齊步走。」她的記憶裡，七歲的她瞇著惺忪的眼迷迷糊糊跟著走，四周一片漆黑，只有手電筒微弱的光線撥開晨霧指出一條田間小路，他們來到菸樓，娃娃兵排排隊，一竿一竿傳遞菸草，「很像人民公社。」她回憶說。

天亮後，她拿起田裡的書包衝到學校，一邊上課一邊打瞌睡，下午放學又回到田裡拔豆子，晚上回家還要整理菸草，三更半夜才能開始寫作業。她記得當時「作業都嘛隨便亂寫，還常被老師打，因為他根本不相信我說的話」。

長輩們重男輕女，家族女童都只給念到小學畢業。「阿嬤本來打算賣一隻雞給姊姊繳初中的報名費，半路被阿公攔下來，不准她賣。姊姊十八歲離家出走去工廠做工，臨走前給我一封信，說等她跑遠了才能拿出來。」她雙手一攤：「結果她跑了，我卻被打個半死。」

很多年以後，她跟同年的台北朋友聊起幼年往事，朋友口中所說的幼稚園、鋼琴課、兒童樂園聽起來都像是天方夜譚，她這才驚覺：「我明明是現代人，怎麼過的卻是古代的日子？」

靠著姊姊寄錢回來她才能順利念商職。私立學校學費太貴，為了搶到第一名的獎學金，她每天早上四點起來讀書，再騎七公里的腳踏車去上學。她參加珠算隊，咬牙拚到四段及格，只為了寒暑假可以留在珠算暑訓班，不用下田去做工。念小學時，她的數學考試不曾超過十分，商職畢業的時候，她是全校第一名。她用這樣來證明「不是我不行，而是我沒有環境。只要給我機會，我就可以贏。」

那個時代的台灣，商職畢業生要找工作並不難。阿公靠著人脈幫她找到農會正式職缺，「公務人員生活那麼規律，早晚還有時間種田，我才不要。」她一心一意只想離開農家，越遠越好。

在舅舅的介紹之下，她憑著學校優異的成績，打敗公立商職的對手，考進市內的鞋廠。「我那時候穿著姊姊的舊衣服，頂著西瓜皮的短頭髮，黑嚕嚕一張做田的臉，話都不太會說，就是吃飯吃得特別多。」她笑說：「同事都說，喔，這個鄉下來的，很會吃！」

這個鄉下人連國語都聽不清楚，一開始鬧出很多笑話。有人打電話來「請婚假」，她轉頭就說：「某某人不來上班，因為他要『飼粉鳥』。」當場笑翻所有的人。

很多人都看扁她，把她當笑話，只有一個課長看不下去，跳出來替她說話：「人都是靠訓練的，把她交給我，我來訓練給你們看。」

為了感恩有人對她另眼相待，她下定決心「做牛做馬都要認真做」。

她很認真完成所有分內的職責，但這對她的薪水一點幫助都沒有。她的珠算很厲害，主動跑去要求負責結算薪水，賺取一小時三十元的加班費。可是薪水一個月才算一次，她又去跟現場課長說：「我可不可以接點手工下班做？」宿舍八張床，人家睡覺的時候，她點著一盞小燈，一針一線低頭做手工。有空時她也去樣品室打雜，有什麼做什麼，邊做邊學。林林總總加起來，她每個月多了三成薪水，藏了一筆小小的私房錢。

一年以後，課長決定自己出來開工廠，他只要求帶走一個人，就是那個全工廠最無舉足輕重最不被看在眼裡的鄉下小妹妹，因為她「肯做，想賺，做到三更半夜也絕不吭聲」。

「可是老闆，你會不會倒？如果你倒了我就失業了。」她決定離職跟他一起創廠，可是還是忍不住直白地這樣問。

老闆在她眼裡是一個天生的生意人，聰明，有膽識，眼光放得遠，腳步搶得快，雖然白手起家，小小的廠房是租來的，唯一的機器是貸來的，卻能夠在很短的時間之內站穩了腳步，兩年後就蓋了幾百坪的新廠房。

「我什麼都做。」她說。「我每天開車到處跑，雜七雜八的事情全部自己來。」漸漸能夠獨當一面後，老闆升她做課長，換她訓練手下的員工，那年她才二十出頭。

那時正是台灣鞋業的巔峰期，公司很快迎頭趕上，業績很是風光。但幾年後，重複性的工作讓她覺得失去挑戰，打算跳槽到貿易公司。老闆安排她到老闆娘開的貿易公司，而且只願意給她半年的時間，料定她一定待不住，「因為太閒」。三個月後她果然乖乖再回到工廠，繼續為鞋業的榮景打拚。

然而一九八七年開始，美金大幅貶值，一美元只能兌換二十五、六塊台幣，外銷的鞋廠面臨生存危機。他們公司步上其他同業的腳步，把生產線的其中兩條改成塑膠手套，沒多久全軍覆沒，又跟其他同業一樣全部把工廠改成保齡球館。「鞋廠老闆變成球館老闆，作業員變成計分員，大家每天中午吃飽閒閒下場去打球，簡直就是全民運動。」她現在想起那個景象還是覺得很荒謬。

一九八九年老闆決定外移到印尼，她不想去，打算和同學開設珠算補習班。工廠時薪五十元，補習班一小時賺五百元，她只想安身立命，不想跋山涉水去到那不知道究竟在哪裡的他鄉異地。可是老闆用不一樣的視角不停規勸她：「以後台灣一定少子化，補習班沒有前景。」「我保證，工廠絕對可以讓妳做到六十歲。」「好同學不適合當生意夥伴，搞不好以後連朋友都做不成。」最要緊的是，「其他的員工沒有一個成氣候，」他堅持：「去印尼，非妳不可！」

衝著「非妳不可」這句話，她的人生飄洋過海，從此換了舞台，以她為唯一女主角的這齣劇本，她挑起大梁，整整唱了二十八年。

*

「剛來印尼很辛苦。」她說。

工作是她生活的重心，但草創初期的每個步驟在印尼都顯得格外不容易。光是打電話傳真就傷透腦筋。工廠有電話可以打回台灣，但是要守在電話旁等電信局接通，「常常早上打晚上才通，甚至有時候今天打，明天才會接通。」她笑著說。

工人的管理是完全不同於以往的領域。語言很難溝通，就算是專程飛去棉蘭應徵，一次帶回十個華人女生，還是雞同鴨講。最大的問題是工作習性，在印尼請一個當地工人，得另請兩三個工人備用，免得臨時請假找不到人（就算這樣，工資還是比台灣便宜）。原本發週薪，星期六發薪水，星期一就會有一堆人請假。後來改雙週發薪，第一週只可小額借支，「這樣才不會薪水花光光，人也跑光光。」她學會了跟工人過招的種種方法，到頭來，「磨脾氣，當成是修行。」

日常的生活有不一樣的挑戰。「當時印尼社會有排華的現象，當地華人都說住在工廠最保險，房子圍牆都蓋得很高，好像監獄一樣，為了安全起見，台灣人習慣團體活動。」她記得同期有八家台灣鞋廠來設廠，週末八個女生一起坐車出門、吃飯、打保齡球，「我們全部都單身，年齡介於二十六到二十九歲之間，同進同出，像是一支來印尼打前鋒的台灣娘子軍。」

印尼當地的飲食她也很難適應，一天到晚拉肚子。有一次當地職員請她吃肉粽，雖然不好吃還是吃光光，結果半夜肚子痛到送醫院，語言不通硬被留院好幾天。住院期間她看到隔壁床的華人吃稀飯吃麵條，忍不住拉長脖子問他：「那個，可不可以給我吃一下？」無聊時逛到特等病房，看到一個登革熱的華人沒胃口吃不下，又把人家特製的飯菜吃光光。「吃了一顆粽子，無緣無故住院五天，回到工廠第一件事就是大吃一頓，」她大笑著說：「差點餓死我了！」

台灣朋友聽她的描述，說：「真可憐，妳那個印尼怎麼會是這樣的地方啊？」她才不這樣想，她打小學開始做田，吃過多少苦，這麼一點小事難不倒她。「鄉下不就是這樣嗎？當然辛苦，但我不覺得可憐。對我來說，在印尼生活很好命，都不用種田，已經要偷笑了。」雖然一度瘦到三十八公斤，她還是笑咪咪。

「而且，你看身邊的印尼人那麼窮，那麼可憐，我就覺得自己已經很幸福了！」再說了，做鞋是一件無比複雜的事業，她其實沒有時間去想太多，她只知道「一直走，一直走，每天往前看，哪有時間想太多？」

＊

在台灣，她有一個交往多年的男朋友。她的家人很保守，男友寫信到家裡來，她被罰跪整整一個晚上。長輩們尤其不滿意男友是客家人：「妳在家做田是做不夠嗎？還要嫁去當客家妹做山妳才甘願？」她來印尼後，兩人談起遠距離戀愛，打電話不方便，寫信兩三個星期才收得到。半年後她回台見面談判，鐵了心決定分手，沒想到一年後人家就結婚了。「我們談了七年戀愛誒，這是什麼狗屁愛情？」從此，她不輕易相信愛情，只相信，憑自己的能力也可以創造美麗的春天。

她的春天，首先到來的，是越賺越多的薪水以及越存越多的私房錢。

在台灣時，她每個月的薪水幾乎全數交給父母，來印尼前，老闆要她跟家人商量，以後的薪水由他幫她存起來，累積到一定金額就幫她轉為投資。從此之後，她每個月再沒見過薪水，真正到手的只有一點點零用錢。

「剛開始月薪五萬，存滿兩年之後就開始投資分紅了。」她沒拿過錢，也從沒擔心過，「我什麼都不懂，完全相信老闆。」薪水加上紅利，換來一張又一張十萬元的定存單，都是老闆的名義，除了單子背面有個註記，端端正正寫著她的名字。

對她而言，不斷攀升的存款只是一個數字，住在印尼，除了吃飯看電影，幾乎沒有花錢的餘地。偶爾買個名牌包或鑽戒，都是因為受到刺激。「我每次搭飛機都穿得很隨便，T恤牛仔褲運動鞋外加一個後背包。有一次我自己走到商務艙的位子直接坐下來，空姐走過來，面露懷疑問說：『可以看一下妳的登機證嗎？』我說：『妳確定妳要看？』她堅持要我拿出來，然後看完一直跟我說對不起。」

從那次開始，她跑去買了一個名牌包和一顆鑽戒，每次搭機，包包拎在手肘上，還故意翹起手指露出一顆大鑽戒，一邊走一邊晃，閃閃發著光，就怕空姐又以為她是鄉下人跑錯機艙。

她的另一個春天，三十八歲那一年，完成了去美國遊學的心願。

來到印尼第七年，很有遠見的老闆派她去大陸卡位，目標不在鞋廠，而在蓄勢待發的房地產。原本預定三年的時間，她花了兩年輕鬆達標，提前拿到土地執照。念頭一轉，她決定暫時不回泗水鞋廠，轉而飛到美國維吉尼亞州，一圓當年未竟的讀書夢。

「我樂交朋友，愛好自由，喜歡追求進步與突破，在印尼幾年後覺得落後好多，我要抓住這個機會出去充充電。」雖然她承認自己說的是一口台灣國語的菜英文，可是她不害怕開口，「敢講就好啊，我在印尼怎麼存活在美國當然也可以。」她對自己充滿信心。

三十八歲這一年，她天天背著書包，坐公車，欣賞沿途的美麗風光，快快樂樂去上學。語言學校裡，老師、同學年紀全部比她小，只有校長比她老，但人人都尊敬這個嬌小的台灣老學生，「我現在快樂得像小鳥！」她寫信跟老闆娘這樣說。

半年後意猶未盡，她又寫信給老闆：「上完英文初級班，只會聽不會說，等等，我還要上中級班。」

她租了一間大公寓，當起二房東，張貼在學校的廣告引來兩個哥倫比亞的大帥哥，她給他們規定生活公約：「No smoking, no woman one night.」他們問，有什麼是 yes 的嗎？她指著自己回答，有啊，我啦，「Every night!」

「開玩笑啦，我都可以當他們的媽了，只收一半房租，還天天煮飯分他們吃！」她笑著說。

三十八歲的她，學習，旅行，交朋友，這是她有史以來第一次盡情地享受人生。

她沒有再談過戀愛，可是她的春天一樣很精采。

*

世界對她開了一扇窗，回到印尼以後，她有了很大的改變。

首先是她對工廠的管理方式起了本質上的變化。鞋廠每天都有著五花八門的突發狀況，領導者要很強悍才能吃得下來。她是嚴格的主管，習慣按照日本的管理路線，要求手下的職員速度要快，準備要周全，還要有忠誠的信念，很多年輕人熬不住而中途求去。從美國回來後，她開始放下身段，用更加人性的方法帶領屬下，甚至開始和員工做朋友。

以前如果有員工要離職，她會切切慰留，還拿自己奮鬥的歷程說服他：「咬緊牙關，堅持下去，有努力就會有收穫。」現在她反而會認同他的勇敢求變，還樂觀其成鼓勵他：「如果別的地方發展比較好，沒關係，你就去吧！」

外面世界那麼大那麼遼闊，她走過了，看見了，不想再把自己關在固定的圈圈，用舊有的模式與自以為是的態度，花一輩子的時間，畫地自限。

她對金錢的觀念也大不相同。儲蓄存到了一定的目標，退休金已經綽綽有餘，「夠了，不想繼續虐待自己。」從此，她週日不再進公司上班，開始享受和朋友一起逛街一起上餐廳的快樂星期天。

幾年後，泗水的工資逐年提高，老闆老早看出端倪，把位在城裡的工廠遷到鄉下，雖然避開了工資成本大幅提高的問題，卻讓多年來始終以工廠為家的她傷透腦筋。一到假日，她一個女生被留在老遠的偏鄉，工廠空蕩蕩，與外面的世界隔著一堵冷冰冰的大圍牆。她拒絕囚鳥的孤單，打開門，走出去，開始了週末的游牧生活。

這些年，台灣鄉親的活動越來越多，幾個久住印尼的台灣熟女因緣際會變成相親相愛的好姊妹。每個週末她輪流住到姊妹家，不論山間或鬧區，每個人的家都為她預留了一個溫暖的房間，「她們都對我很好，我很感動，也很珍惜。」後來，其中一個姊妹換了個大房子，從此她們成了親密的週末室友，兩個女人三隻狗，在熟悉的異鄉，彼此相依也熱鬧過活。

可惜的是，距離她回鄉的日子，已然在倒數當中。

*

「妳這輩子會遇到很多貴人，尤其有一個，大大地影響妳的一生。」整裝待返的過程中，她想起當年來到印尼之前，算命師曾經跟她說過的一番話。

她堅信，她這輩子唯一的老闆，就是那個貴人。

老闆是台大社會心理系的高材生，當年為什麼會慧眼獨具，看中那個從鄉下田家來的，黑瘦嬌小的商職畢業生呢？這麼多年她始終想不透。

老闆其實脾氣不好，對她的訓練非常嚴格，她猜，「也許他看準田家女孩的樸實誠信，才會對我全然地信賴。」長住台灣的老闆只負責訂單，半年才來一次印尼廠，工廠大小事務她說了算，動輒幾百萬美金的週轉，全部都是她簽名蓋章。二十幾年的兩地打拚，他們裡應外合，聯手蓋了三個印尼廠，「老闆和我有一份革命感情。」她說。

「我從老闆身上學到很多。」她佩服他獨到的遠見與高人一等的魄力，讓她見識到另一種生意人的格局。比如說，印尼的台商設廠必須有華人的合夥人，早期華人可以有百分之二十的股份，後來雙方常常鬧到不歡而散。但老闆很阿莎力，「只要你能搞定印尼稅務與政府機關的事，不用進來上班，紅利照樣按照規矩分給你。」不囉唆的行事風格，省去很多的糾紛。

她也欽佩他賺錢之餘不忘社會道義：「印尼雖然有最低工資的規定，但通常勞資兩方會私下簽約。之前有股東提出八成的最低工資，但他覺得工人很可憐，堅持給最低工資的九成薪。」

「沒有老闆就不會有今天的我。」她接著又說：「但是沒有我，公司也就沒有今天的成就。」

當年，她在家族裡的孫輩排行第十，又是最不被放在眼裡的查某孫，阿公重男輕女，長輩們沒有誰正眼看過她，更沒有誰對她寄予過厚望。她永遠記得小學畢業考前，老師好意幫她額外補習數學，她偷偷躲開農忙跑去學校，結果小叔發現追來教室，當眾甩了她一個巴掌。

那火紅的五個手掌印，小女生牢牢記住，「總有一天，我要揚眉吐氣。」她聽見有個細微的聲音在心底慎重響起。

這麼多年來，家人都以為遠走印尼的她在鞋子工廠「做會計」，沒人知道她真正的底細。直到她出手贖回小叔擅自抵押掉的家族土地，才跌破眾人的眼鏡，替自己的爸媽爭了一口氣。她捐了一大筆錢，讓爸爸上台去領獎，閃光燈閃個不停，老人家咧開嘴笑得好驕傲。後來她又捐錢給慈濟，除了回饋印尼社會，就為了替那個當年挨巴掌的小學生，吐一口長年的冤氣。

「回頭看，那美好的仗，我已打完。」她微微笑，這樣說。

＊

狗狗死了之後，她下定決心，在五十六歲這年，從印尼的戰場退役，光榮返鄉。

離開前，她和姊妹們一起貴婦趴，大家起鬨下，她穿無袖小禮服，腳蹬三寸高跟鞋，貼上長睫毛畫上濃眼影，一臉精緻完妝。在同樣盛裝的姊妹簇擁之下來到會場，她這才發現，「天啊！是我的豪華生日惜別趴！」大叫一聲，她的眼淚當場落下來。

「我只是一個平凡的鄉下女生，這輩子怎麼可以賺到這麼多錢，又得到這麼多愛？」她覺得幸福到無與倫比。

「我對退休生活充滿熱情，未來一年的計畫都已經排滿了。每天中午回家陪八十六歲的爸爸媽媽，上夜大，認識新朋友，旅行，跳舞，運動，學英文……。」她如數家珍一一細說。

看來，離開印尼回到台灣，幸福只是一個開端。

她的下一個春天，還是一樣很精采。

曾經凋謝，但從未枯萎

她和她的老公是相親認識的。

那天他穿了一件西裝來，圓胖的身材、微凸的肚腩，全部繃在緊扣的西裝裡，看起來很是老氣。「怎麼這麼老啊？」她偷偷打量他，在心裡嘀咕著。

這人，說不上討厭，可也說不上喜歡。她當下找了個理由推託，說是接下來幾個月要專心準備二技的考試，短期內也沒有結婚的打算。她委婉地說：「如果有緣，考完試再說吧！」

他似乎聽懂了她語氣裡的拒絕，沒再多說什麼，只是在離開以前，凝望著她，嘴角藏著一抹神祕的微笑，形色慎重地說了一句：「再堅強的女人也需要一個寬闊的肩膀可以靠。」

她愣了一下，在心裡噗哧笑了出來：「這人為什麼可以這麼臭屁啊？」

他當真就此沒來打擾她。三個月後，考完試的隔天，一天都沒耽擱，他立馬來了電話，從此展開溫情追求，每天親送早餐，日日噓寒問暖。再過兩個月，他們結婚了。

閃電結婚完全超出她原本的人生規劃。高職畢業後，她在鳳山戶政擔任約僱人員，只想平淡過活安分度日，對工作沒有格外的野心，對婚姻也沒有特別的憧憬，她甚至覺得這輩子就算不結婚也沒什麼關係。如何都沒想過，為了就近回家照顧阿嬤，換到一家廢五金工廠當會計之後，她會因此透過介紹認識了經營同業的他，更沒料到緊接著竟然會迅猛地踏進婚姻，嫁做商人婦。

為什麼當時這麼勇敢呢？除了命運的安排，她也說不出所以然。

＊

人生的意料之外還沒就此打住，接下來，更加超出她想像的是，結婚才一年多，她隨著老公，搬到了印尼。

他們工廠做的是ＩＣ電線的回收，材料來自美國電信局，一簽就是三年合約。婚後那一年，台灣以環保考量頒立廢五金工廠的禁令，可他們和美國的合約還沒走完，情勢逼人，唯一能做的就是用最快的速度遷廠到其他國家。當時，中國、泰國、馬來西亞都是熱門選項之一，他們偏巧認識了某個印尼台商，選定了原本想都沒想過的印尼，作為新廠的歸宿。

一九九〇年，他們的印尼元年，第一站，落腳在泗水。他們跟牽線的台商租了兩年的工廠。那人拿了錢，什麼事都沒有做，連最重要的工作證都沒有幫他們申請。開工後沒多久，移民局來臨檢，幾個台幹情急之下拔地而起翻牆而逃，幸好那次她剛好回台灣，「林太太，好哩加在妳不在！」員工事後開玩笑跟她說：「那牆，妳應該怎麼樣都爬不過去。」

設廠之初，每天面臨各種不同的問題，遇到困難時，像這樣，一邊消遣說笑一邊想辦法解決，反正夫妻同心其利斷金，就算眼前的處境完全是在她的意料之外，她也不覺害怕。

對她來說，生活上第一個來到的問題是語言。她完全不懂印尼文，凡事都必須仰賴翻譯人員，就連上菜市場也不例外。後來她嫌麻煩，自己帶著傭人買菜，傭人在前負責採買，她跟在後面逐一付錢。聽不懂沒關係，說不出也無所謂，她反正只拿最大張的紙鈔讓小販找零，買完菜回家，打開錢包，滿滿的都是小錢。

生活上的適應是小菜一碟，工作上的考驗才是等著他們開動的滿漢全席。他們對印尼工人的習性完全沒概念，剛開始只覺得這些當地人真窮真可憐，她心地軟，還不時讓廚房特別煮東西給他們吃。沒想到一遇到暴動，工人們找來外面的幫手，把鍋盆都搗壞，翻臉不認人，完全不顧平日情分。一年多以後，台灣榮工處在後山開發榮馬工業區，他們順勢遷廠，成了工業區的第一隻領頭羊，在偏僻無人的後山另蓋新廠，重新出發。

哪曉得，後山的人更凶更恐怖。工人和警察相互勾結，用各種理由滋生事端。他們被迫和村長協調，成立互助會，簽訂協議，除了金援地方的需要以外，還規定工廠必須全數雇用當地人。只是，就算做到這樣了，還是會有人敲破磚牆進來偷東西；就算是抓到嫌犯了，守衛和警察竟然異口同聲說：「他們就沒錢啊！不然為什麼要來偷？」

一整個傻眼，「這是什麼印尼邏輯啊？」她抓破頭都想不通。

工廠本身當然有更多沒遇過沒料想過的困難。以前在台灣，他們有很多下游工廠，負責銅、白銀和黃金的提煉，來到泗水後，什麼都沒有，只好一卡車一卡車長途跋涉送去雅加達交由華人工廠代為處理。那華人難搞至極，對貨源挑三揀四，匯款也拖泥帶水，一氣之下，她老公決定不再假他人之手，自已買鍋爐，找來台灣的技術人員就地提煉。

鍋爐都是三班制日夜輪流，那幾年她晚上睡覺總難安眠，最怕半夜有人突然來敲門。只要一有風吹草動，夫妻兩人瞬間從床上一躍而下，奪門而出。「開玩笑，要是爐子燒壞了，三百萬就立馬報銷！」儘管過了很多年，她一想到仍是餘悸猶存。

她在公司的角色有了重大改變。以前在台灣，她只是負責會計工作，每天中午還可以騎車回娘家吃午餐，多麼輕鬆。現在，老公負責外面跑業務，一天到晚飛到歐洲各國，用一口台灣英文拚命找客戶，她則負責監督公司的運作，時間久了，老闆娘的架勢漸漸被磨了出來。

公司的營運很順利，生意很好，每天加班加到十二點，就算後來遇上金融風暴，很多台商都受到很大打擊，但他們一點都沒受到影響。來到印尼七年之內，他們陸續蓋了三間工廠，大約有五百多名員工，做出了一點成績，站穩了腳步。

泗水郊區尋常街景。攝影／洪惟耕

只是，漸漸地，印尼也開始出現了環保問題的爭議。不知道是誰暗中去舉報，誣陷他們違法排放廢水造成污染。有個晚上，突然好幾輛載豬車直接闖進工廠，上面黑壓壓坐滿了帶槍的警察，不由分說衝進辦公室，拿了文件，完全不給機會解釋，風風火火直接把她老公抓走，留下瞠目結舌一臉錯愕的她，看著車子揚塵而去。

「真是番仔誒！」她嚇壞了，也氣死了，「我們根本沒有違法排放廢水，到底是得罪了誰？」她百思不得其解。

老公擔心她，離開前匆忙叮嚀她：「快跑快跑！」並且要她躲在第三間工廠，免得他們又來抓人。她一邊慌張整理行李，一邊試圖聯絡可以幫忙的人。另一個股東聽到消息躲在台灣不敢來，向雅加達找代表處求救也被打了回票，她一個人毫無頭緒，胡亂奔走，晚上一個人躲回工廠，害怕至極，無從想像接下來究竟會發生什麼事情。

他們很快明白，警方大費周章要的不過就是一大筆贖金，可是她老公脾氣硬，「明明沒做錯事，憑什麼要屈服於這種變相的勒索？」他堅決不就範。其下場是，一關關了整整一個月，連農曆年都是在牢中度過。

那時候新加坡的ＩＣ公司正在成立當中，她不敢讓守法的新加坡合夥人知道這件事，就怕一個閃失導致合作破局。對方來電時還好呼嚨，要是開會可就躲不過了，沒辦法，她硬著頭皮代替老公飛到新加坡出席會議，明明是婦道人家的虛張聲勢，竟也瞞得天衣無縫。

甚至台灣兩邊的家人從頭到尾都被蒙在鼓裡。她一個人，很怕，很徬徨，可是沒有時間想那麼多，事情遇到了，雖然只是一介弱女子，該面對時就只能勇敢面對，哪能有一丁點退卻？

教她啼笑皆非的是，老公在牢中待遇還算不錯。白天他可以到警察局的辦公室繼續處理公司業務，晚上交回手機，再度被關回牢房睡覺。兩相對峙，拖拖拉拉一個月，最後敵不過警察永無止盡的耐心，她付了一大筆罰金，總算買回老公的自由，結束了一場鬧劇。

「不然怎麼辦呢？有理說不清啊！」她認清了，在這塊土地上，要小心要小心，一旦踏進陷阱，也只有花了錢才能脫得了身。

她本來只是一個單純的台灣鄉下女生，來到印尼，膽子被磨得越來越大，不管遇到任何莫名其妙的狀況，她都能大氣不喘應付自如。

她已經變成一個不一樣的人。

*

生意做得越來越好，錢賺得越來越多，人生至此夫復何求？唯一的遺憾是，多年來她始終沒有懷孕的消息。

她知道老公喜歡孩子，每次看到別人帶著孩子，他的神情總是難掩一絲落寞。來印尼十年之後，他們決定回台灣做試管嬰兒。或許是因為在異鄉打拚的巨大壓力瞬間被卸除了，懷著輕鬆的心情，才第一次做試管，她成功懷上三胞胎。空前的幸福脹滿她的心，她連走路都會無端笑出來，一直到一個月後，孩子憑空消失了。

她從雲端摔下來，不斷責備自己，為什麼沒有更小心保護自己和腹中的新生命？鼓起勇氣又試一次，再試一次，最終還是事與願違，直到婆婆不忍心她的辛苦，主動跟她說：「不然我們就算了吧！」她才願意臣服於上天的安排，不再做徒勞的努力。

「那是命吧？」她懷疑，莫非老天是要他們夫妻眼裡只有彼此，沒有其他的牽絆，全心全意地，相互扶持共度今生？

她又回到泗水，回到熟悉的第二個家鄉，一如往常和老公相依為命。雖然工作上很拚很衝，可是，老公十幾年來如一日對她的好，沒有一天減少過。

「我可是來報恩的喔！」有好幾次，惜她如命的老公，曾經半開玩笑這樣跟她說。

老公在少年時期失去了父親，很早養成了獨立負責的性格，在她眼裡，他是一個頂天立地有肩膀有擔當的好丈夫，在同行的眼裡，他是一個可親可近的領導人物。他們夫妻始終以工廠為家，那個家，儼然成為台商朋友圈裡的聚集中心。平常每天幾乎都有朋友來喝茶吃飯聊天，一遇到大節日，她老公還會辦桌請客，隨便一開就是十來桌，冷盤拼盤、燉雞、豬腳……「他的廚藝是總鋪師等級的誒！」主場完全在他的掌控之中，她帶著十多個傭人只能在旁邊充當下手。

離家千里的他鄉異地，他們是彼此的全部，是一對不可分割的生命共同體。

夫妻胼手胝足打拚了十五年，三個廠都已經運作得非常穩定。他們把廠務交給股東打理，前進菲律賓，打算開闢另一塊事業版圖。然而在那之前他們並不知道，精明的菲律賓人不像印尼人想法那麼單純，短短一年的時間，他們一口氣賠掉了三百萬美金。

「做生意要敢賭，要有膽，不是贏就是輸，當然會有風險。」她認為有賺有賠本來就是商場常態，可是印尼股東居然不認這筆帳，完全無視於多年來他們夫妻兩人奮鬥打拚的事實。她老公氣極了，認賠，把損失自己吃下來，並且一口氣退掉三間公司的全部股份，決定留在菲律賓打天下。

怕嗎？「怕什麼？」她反問。只要跟著老公走，天涯海角她都勇往直前。

她一度以為自己和印尼的緣分就此結束了，然而命運的安排每每超出她的預料。在菲律賓的創業過程充滿各種無力感，一年之後，經過深思熟慮，他們快刀斬亂麻，收拾行囊，再度回到印尼。

從此，她的人生再也離不開這塊土地。

*

再度回到泗水設廠，她老公比以前更拚命更有衝勁，時常整個歐洲四處飛，到處找生意，一星期有三、四天都在飛機上。有一次她跟著去了荷蘭，飛了一天，辛苦抵達，見完客戶，隔天馬上飛回印尼。太累了，她再也不敢跟第二次。

「我看了很心疼，我們這些年賺的錢已經足夠下半輩子不愁吃穿，為什麼要這麼拚命呢？可是他才四十幾歲，難道就要逼他退休了嗎？」男人有他強大的自尊，她知道怎麼樣也阻止不了他衝鋒陷陣的決心，唯一能做的就是成為他的幫手與後盾。

沒多久，他們在泗水的工廠漸漸成形，在雅加達也找好了公司租處。人生又要重新開始了，印尼的第二個春天，一切開始萌芽，她滿心期待著也等待著再一次豐收。

隔年，二〇〇八，端午，他們聯袂去雅加達，隔天兩人分手，她轉道泗水，飛回台灣，他則因為貨櫃臨時出狀況，飛香港，換船，進中國。

她出了機場，才剛坐上計程車，老公電話就尾隨而來。講完話，司機好奇問她：「妳和妳老公是很久沒見面了嗎？為什麼妳才上車他電話就追來了？」「沒有啊，我們今天才剛分開而已。」

「哇！」他從照後鏡打量她，用欣羨的口吻說：「那你們夫妻感情一定很好。」

「是啊！」她笑了，心裡突然浮現老公常說的一句話：「老婆，我可是來報恩的喔！」

當天晚上八點多，老公又打電話給她：「我晚餐吃了一顆肉粽，妳呢？」

「是喔？跟你一樣，我也吃了一顆肉粽！」她呵呵笑，溫柔地說。

尋常不過的夫妻對話，誰能料到，三言兩語，竟成訣別。

一個小時之後，她接到大陸員工的來電，劈頭就說：「妳老公沒呼吸了！」

放下電話，她一個人坐著，一直坐著，直坐著，腦袋一片空白，幾個小時裡只有不停反覆問自己：「這是真的嗎？是真的嗎？」

確認消息，通知家人，火速訂票，急飛大陸，認屍，回台治喪，整個過程既倉促又緩慢，像是一截亂速的影像片段。等她回過神來，已經結束後事回到泗水。那天深夜出了機場，她第一次發現，「啊！四周怎麼那麼暗？」以前每次都是老公來接機，她怎麼從來不知道這異鄉的夜，竟是如此見不到底的一片漆黑？

回到家，空蕩蕩沒有誰迎接她，老公走後她第一次放聲大哭，哭到撕心裂肺，肝腸寸斷。她猛然驚覺，從今以後，她只剩一個人了！

*

婆婆媽媽都勸她回台灣，她不這麼想。她把雅加達公司結束，把泗水新廠停建，縮小廠房，裁減人力，她只是一個新寡弱女，她要在能力可及的範圍，用她可以生存下來的方式，完成老公來不及完成的事業。

那段時期，她深切體認到什麼叫做人情冷暖。老公心肌梗塞一走了之，驟然遺下諸多她不完全清楚的帳務，她首先要面對的景況是：欠人的款項，被立馬追討，借出的金錢，對方翻臉不認。生意場上的殘酷現實椿椿到來，有人場面話說過了，該拿的錢迅速拿走，有人難聽話講盡了，不想還的債從此成了懸案。喧譁一陣之後各方人群散去，沒有誰記得她不過只是一個孤苦的遺孀。

以前舊廠的股東，十多年的緊密合作，和老公曾經親如兄弟，在她最艱困的時刻，也沒挺身出來幫助她。她看開了，明白一個道理：一切都要靠自己。

日子都如此難熬了，還有人三番兩次打電話來，訕笑問道：「妳還沒倒喔？」

「你如果還沒倒我就不會倒！」她氣定神閒如此回答。

廢五金回收是男人的行業，她知道很多人在等著看笑話，「我就不相信我做不起來！」她憑著一口氣，咬牙撐下去。

除了不服輸的一口氣，她得以存活下來的全部憑藉，是身邊的印尼人。

一開始單打獨鬥時，除了管帳，現場的事她根本什麼都不懂，為了取信客戶她還必須裝懂。她偷偷跑去問以前後山舊廠的印尼工人，暗暗繳了很多補習費，從最簡單的測量成分開始，一步一步建立自己的信心與能力。

幸好公司裡許多印尼員工始終守護著她，甚至上班到三更半夜也不拿加班費。在家裡，她的傭人像是親人一樣照顧她，有個老傭人每個星期為她燉煮補品，像母親一樣心疼她，就怕她支撐不下去。

在印尼十多年來，她對員工們一直很好，尊重他們的文化，留意他們的需要。她相信，悍民與官僚絕對不是印尼人的多數，只要與人為善，他們之間也可以建立很好的情誼。她當時萬萬沒有想到，這些人會在後來幫助她行過人生的幽谷，扶持她度過人生最大的難關。

*

她沒有倒，一年一年，她勇敢撐了過來。

她一手建立的工廠，規模不大，尤其近年來回收的材料越來越少，同業間競爭越來越大，以前一個月可以做到二十幾個貨櫃，現在可能只有三、四個。「以前我老公在時，我們的司機傭人加起來就有十五個人，現在我的工人只十個人。」她自我解嘲：「哈哈，其實我有點小自卑。」

工廠雖小，但仍讓她引以為傲，因為它的意義非同凡響。她承續了老公沒有完成的事業，彷彿始終有一條線，緊緊拉住她和老公未竟的緣分。她從奮鬥中壯大了自己的能力，找到了重新面對人生的熱情和勇氣。重要的是，她維護住了每一個印尼員工們的家庭生計。十年過去了，員工們的稚子都已經長大成人，有了很好的成就，她感到無比寬慰，好像是她一手養大了這些孩子。

孩子大了，她也已然走過青春，邁進人生的下半場。

最美好的仗她經歷過了，現在的她終於有時間有心情享受她的印尼生活。公司運作如常，生活起居有傭人、司機打點，她有餘裕在四季如夏的泗水和兩隻愛犬過著悠閒的生活：治裝，美容，按摩，養生，雖然隻身一人，她也要好好寵愛自己。尤其這幾年她和幾個長年在印尼打拚的台灣熟女成為親愛閨密，生活上彼此關懷，密切往來，閒暇時四處溜達，雲遊四海。由內到外，她散發一種光彩。她不再年輕，可是卻煥然一新。

「我的印尼人生，像夢一場。」曾經不只一個人問她，在這場夢裡是否哀怨過？懊惱過？悔恨過？「這一切都敵不過我真切的幸福過。我在這塊土地上擁有過最美好的一段時光，事業旺，老公好，朋友多，有人一輩子都過不了一天這種生活，我還有什麼好怨嘆？」她說。

老公離開十年了，她想她總算弄懂了當年他掛在嘴邊的一句話：「我是來報恩的。」是啊！如果沒遇見他，她很可能一輩子單身，當個小小的公務員，平淡過一生，到頭來也是一個人。「我感激他，要不是他把我帶到印尼來，用幸福滋養我，用苦難訓練我，我不可能變成現在的模樣。」

現在的她是什麼模樣呢？從別人的眼裡她看見越來越美的她自己。或許曾經凋謝，但從未枯萎，挺過風霜雨雪，她是一朵重新綻放的花蕊，開得更為豐盛更加華美。

這麼精采的印尼人生，回頭看，她，無怨無悔。

終於安靜地盛開

大學夜間部剛畢業的時候，她曾經談過一場純潔的初戀。

有一天她們幾個女生去清境農場玩，途間巧遇一票中正理工學院航空系的男生，兩方人馬索性結伴同遊。青山綠野之間，女生幫男生紮營，夜幕升起之際，男生領著女生躺在草地數星星。其中，他和她特別投緣，回家後開始書信往返，正式成為一對情侶。

天真浪漫的兩小無猜，他們暱稱彼此「老爺」、「老太婆」，天馬行空編織著許多美好的憧憬，「想開一家泡沫紅茶店」、「想老了以後牽手去住養老院」，人生才要開始，每一個夢想說起來都像是一場剛要鳴笛起跑的快樂遊戲。

那時她剛剛進入鞋廠上班，而他還是軍校生，相見並不容易。敬業的她因為工作忙碌而一再爽約，他失望之餘主動斷了聯繫，最後只寄來一張祝福的卡片，兀自替這場純潔的愛情寫下無言的結局。

前幾年她回台灣去爬山，半途巧遇他帶著妻女迎面而來，在脫口而出喊他「老爺」之前，她趕忙住嘴，睜著驚魂未定的眼，說不出話，只能衝著他傻笑。

她笑自己，時移事往，青春遠去，多年以後他真的變成別人的老爺了，而自己依舊是一個天真的傻姑娘。

她也問自己：「當年如果真的嫁給他，成為一個平淡的軍人之妻，每天柴米油鹽，忙著養兒育女，平安躲過這些年所經歷過的大起大落，這樣的人生，妳，難道就會比較快樂？」

「不會。」這是她當然的回答。

＊

當年她還沒意會到，她全心全意投入的鞋廠，不僅僅擺弄了一場青澀的初戀，更曲折了她的整個人生。

她念東海夜間部時，白天在會計事務所上班，晚上下課後又去麵攤端麵洗碗，得空還去洗衣店打工。身兼數職，她練得一身各方面的好功夫，唯獨學校的會計課老是被當總是過不了關。大五那年，她一邊全心在貿易公司負責作帳，一邊全力苦讀會計，總算才拿到畢業證書。

離家念書好多年，媽媽希望她回南投工作，剛好姊夫是一家鞋廠的大股東，找她當會計，畢業後隔年，她順理成章一腳踩進了做鞋的行業。

一九八五年，身兼鞋廠的會計與開發，經理說她剛畢業，沒經驗，月薪只給一萬二。然而事實是，她先前多年的實務歷練，老早造就出一種「見機行事」的機靈與聰慧，連銀行職員都忍不住讚嘆：「這裡很少看見像妳程度這麼好的會計。」

比如說，「我會做信用狀喔！」她得意地說：「我以前在貿易公司學到一套預售預購的方法。台幣要是貶值，得趕快預購美金，有一次台幣啪啪升上來，我趕快預售兩百萬美金，老闆因此少虧了一大筆錢。」

她記得當時銀行行員還睜大眼睛說：「妳怎麼會這個？南投沒有人會詃！」

儘管公司上下都讚嘆她的神準，可是還是沒人想替她加薪。「不幫我加薪，我就自己想辦法。」一兩年後，她發現工廠有個潛規則，可以是一道生財的隱形門。「廠商交貨來，拿到的通常是兩三個月後的支票，如果想拿現金必須扣款五%。這五%就是我賺外快的訣竅。」她說。

她讓媽媽去標會來付貨款，兩三個會加總在一起，錢越滾越多，曾經一個月淨賺五十萬。才二十幾歲，銀行開了好幾個戶頭，她已經是一個人人稱羨的小富婆。

兩年後，老闆看準大陸訂單大，人工便宜，在政策開放之前迅速將工廠外移，連同針車、貼合、大底等下游廠商，全數遷到廣東汕頭。

她負責駐台供應材料，還時常帶著大筆錢項兩岸三地各處跑。一開始台灣廠留下兩條生產線，她一個人當家，財務與廠務全包，有時還得張牙舞爪對付發酒瘋的男員工，「當時的我，全能，什麼都會，但就是沒有頭銜，入了股，卻沒有領過紅利。」她笑說自己無所謂，只想把分內的事做好：「我的老闆很聰明但好賭，他懶得管，我只好自己想辦法。」

大陸廠有上萬名員工，金額很大，業績很好，當時，薪水加上職務津貼，她一個月有將近百萬的收入。可惜的是，幾年後大陸廠漸漸出現財務吃緊的狀況。一九九四年她受命帶團前往越南設立新廠，希望能夠另闢財源來保住大陸廠垂危的命脈。

剛開始進軍越南，語言不通，法令不懂，訂單又比以前小得多，不如大陸廠那般容易運作，她做得非常辛苦。還好有個貿易商給了她一筆五萬雙的訂單，第一批鞋順利交貨時，工人也已經有了基本的訓練，新廠的運作逐漸上了軌道。後來法商又給了她一筆大單，越南廠才總算正式成了氣候。

接下來她還是以台灣為基地，來回三廠之間，勉力維持三方的順利生產與運作。然而越南廠成立三年之後，中國廠卻因為長期以來多名台幹帳務不清，加上大批皮料無故失蹤，帳務一片亂糟糟，不得不宣告關廠。

「中國廠的台幹們拿走既得利益，也不繼續加入越南廠的投資，卻把負債全都留給我處理。」她一方面把自己的積蓄投入債務的處理，一方面努力經營越南廠，期待能夠轉虧為盈，反敗為勝。

然而，二〇〇六年，在她手上，越南廠還是倒閉了。

「真的不是我毀了公司！」她忍不住替自己喊冤：「我一直拚命衝，努力做，絕對不是我的經營手法有問題才連續搞砸了兩家工廠！」

大家都知道，關鍵在於不管事卻又拚命扯後腿的老闆身上。老闆多次趁她不在越南時隨便簽章，低價接單，亂開廠也亂開支票，搞得亂七八糟不可收拾，「中間，我自己的錢一批一批投進去救急，等到想喊卡，已經來不及了。」她深深嘆了一口氣：「為了救大陸與越南這兩間廠，我多年來賺的錢，四百多萬美金，全部化為烏有。」

「老闆雙手一攤，跑了，什麼都不管！」急煞急彎，她的人生頓時墜入萬丈深崖。

從此，她從風光的小富婆，變成無辜的背債者。

＊

在做鞋的生涯裡，她曾經有過一個很要好的朋友。

當時公司才剛剛蓋了大陸廠，她留守台灣接訂單，來自宜蘭的他是台大畢業生，在貿易公司做開發，兩人有了密集的業務往來。各執生產與貿易的兩端，工作為他們搭橋，但兩個人的情誼是由吵架開始。

「我堂堂一個台大畢業生，跑來這鄉下求妳做鞋?!」他憤憤不平地說。

「台大畢業生又怎樣？還不是跟我一樣在做鞋?!」她氣嘟嘟回嘴。

沒有火氣的氣話你來我往，戲謔說笑之間，兩人很快吵出好默契。「我們無話不談，常常電話一講好幾個小時，甚至還講到睡著呢！」有時他們相約中興新村，坐在草地上聊天，每每聊到半夜十二點，星星都掛滿天空了還渾然不覺。

都聊些什麼呢？青春正如繁花綻放，人生才只是一個錦繡的開端，她說：「我們總是在聊未來。」

他們聊的卻總是各自的未來。

所有的人都認定他們是一對情侶，他們互相關心，彼此認定，偏偏沒有誰膽敢開口先表白。「曖昧十幾年，我們連手都沒牽過。」她啼笑皆非地說。

因為工作需要他經常出差，但就算出國還是會保持聯絡。那年，三月通過電話後就再也沒有他的消息。「這趟出差跑得真遠！」她心想。五月，她突然想起來打電話給他，一連三天，都沒有人接。

她忍不住打電話去他的公司，接線小姐頓了一下，問她：「妳是他什麼人？」「我是他的朋友。」

她朗聲說。

「噢！」小姐深吸一口氣，一字一字，慢慢說：「他走了！」

她傻眼，放下電話，趴在桌上一直哭，一直哭，「我完全不知道，早在三月份他已經爆肝過世了！」

她請宜蘭的朋友查到他安葬的地方，可始終沒有去看他，她很逃避，心裡想著：「這樣就可以假裝他只是出國，只是走得遠，並沒有真的離開我的身邊。」

一直到六、七年後，單身女子孤軍奮戰的日子走到了頂點，越南廠終究撐不下去了，在宣布關廠前她回了一趟台灣，這才下定決心，第一次，回去宜蘭看看他。

一走進靈骨塔，眼前四面八方的牌位讓她覺得無比徬徨，「我來看你了，你在哪裡呢？」她在心裡跟他說話，就像當年那般真誠沒有窒礙，「如果你想見我，就讓我找到你。」她悄聲說。

她走到一個位置，停下腳步，一看，他的相片就在角落靜靜等著她。

此後，不論在哪裡，不論正在做什麼事情，一想起他她總是哭到不能自已。「如果他沒離開，應該會是我最後的歸宿，他有才華，為人正派，給人安全感，是可以依賴終身的伴侶。」她總以為前路還長，慢慢享受著曖昧混沌的美感，卻沒料到命運弄人，竟是落得這般無言的下場。

她曾經在陷入低潮時問過通靈的師父：「他還好嗎？」師父跟她說：「妳要放下，如果不放下，他走不開。」

鬆開牽掛的心，她要慢慢放下他。

就連眼前這混亂而凋零的事業殘局，死心了，她也決定放下了。

＊

越方清楚鞋廠倒閉的責任不在於她，曾經希望她留下來繼續經營，資金由他們供應，她負責訂單以及技術團隊的帶領，兩方合作一定可以東山再起。她婉拒，她深知老闆吃定她的忠誠和賣力，把她當成一棵怎麼搖都不會逃的搖錢樹，「如果繼續留下來，我實在沒辦法和他切割得一乾二淨。」多年之後，她終於無可奈何地認清了這個現實。

她決定放下，可是她手下一群多年來共同打拚的陸幹弟兄姊妹們該怎麼辦？

「我想先送他們回大陸，可是他們怕越方對我不利，就算我發不出薪水了，還是選擇留下來陪我面對。」這份扎實的革命感情，她感激不已，「關廠那天，他們開車送我到安全的地方，才搭機離開越南。」

而接下來，背後的龐大債務更不是她說放就能放。

發完工人的薪水，粗略估算，他們欠了下游廠商一億五千多萬台幣，連她自己也是受害者，多年賺來的幾百萬美金全填在這個莫名的大坑裡頭。公司老總曾經好意為她預留一筆款項，讓她以後可以藉此翻身，她淡淡地說：「都給他們吧！我的信用已經破產，翻不了身了！」

越南工廠倒閉的消息一傳開，台灣的辦公室有人去撒冥紙、潑油漆抗議，黑道電話響個不停，老闆避不處理，她只能硬著頭皮代表參加債權人會議。廠商們拿不到錢固然群情激動，可是對她多年來的認真與信用無話可說，只是告訴她：「這不是妳的公司，不關妳的事，我們要找的是老闆！」

就算幾年後再碰到這些廠商，「金拍謝，之前還欠一些還沒還。」她對他們鞠躬致歉，他們反而安慰她：「不要這樣想，妳自己過好，身體顧好就好，不要再想錢的事了！」

有好幾年她和黑道也因此結下不解之緣，各種大哥們出沒在她的生活裡，搬演許多令她感到既悲傷又溫馨的荒謬情節。剛開始，大哥們直搗辦公室，明明是來討債，竟然還帶冷飲來分享。有一天，照舊喝完飲料，她被大哥押著去當鋪當鑽石，小姐很厲害，見機行事，故意說：「這個只有五萬喔！」當場付給大哥五萬塊，然後隔天再讓她拿五萬去贖回價值十五萬的鑽石。

後來她滯留越南不敢回台，有大哥到老家菜園堵到她的老媽媽，媽媽故意說：「那個女兒我不管了啦！氣死我，我什麼都不知道啦！」那大哥反過來安慰她：「阿桑阿桑，免生氣，莫煩惱，我們不會對她怎樣啦，只是來看看她現在過得怎麼樣。」

有一回她中間偷偷回台灣，被某個大哥逮個正著，打電話來說：「我在草屯啦！要出來喝茶嗎？」她提心吊膽，噗噗噗騎著摩托車來到茶館，「免驚啦！」大哥一邊喝茶一邊說：「我不是要跟妳討錢啦！我是要來提醒妳，他們現在到處找妳還找到越南、大陸去。」他放下茶杯，口氣溫柔地說：「我現在不當大哥了，以後妳自己要小心一點！」

遇上一個不負責任的老闆是她人生莫大的悲哀，可是她的身邊又有這麼多人用不同的方式給予暗中的溫暖。「回頭看，我遇到唯一的壞人是我的老闆，」無論如何，她選擇正面看待命運的安排，「一路走來，我身邊有好多貴人，我還是充滿無限的感激與感恩！」她說。

為人賣命，賠上半生積蓄，還要用後半生替人背債欠情，「我曾經瘦到剩下四十四公斤，我的朋友都怕我想不開，」然而她說：「他們不知道，我的外表看起來或許很糟，但是我的內心很堅強。」

再大的難關，她都沒哭過。很多人問她同一句話：「妳難道不恨老闆嗎？」她搖搖頭，回答：「我跟佛祖菩薩說：『上輩子我欠這個人的，現在我還清了！』」

以前為他工作時，多少次她想反抗不敢反抗，想離開不忍心離開，現在把上輩子欠他的債還清了，從此心中放下大石頭，她說：「我的人生，這才算是真正開始為自己過活！」

＊

二〇〇六年，結束越南廠之後，她不敢回台灣，卻又無處可以棲身，有個台灣球場的老闆好心收留她，讓她暫時住下來。沒多久，老闆夫妻回台灣，委託她打理整個球場。與此同時，原本合作的法商鞋廠也找她做兼職的技術指導，因為只有她會做當初做過的鞋型。

兩邊跑，兩邊都做不好，一季過後，為了不負球場老闆的收留之恩，她辭掉鞋廠的兼差，專心經營球場。日子久了，之前被迫關廠被人追債的驚恐稍稍平復下來，球場的職員才敢告訴她：「當初妳看起來真的好狼狽！」

然而，她的心裡依舊藏著做鞋的靈魂，最後她還是做了抉擇，搬出球場，專心為法國人做鞋。「可惜那終究不是我的廠，不是我可以掌控的舞台，凡事做不了主，工人也不會聽從我的指令，很沒有成就感。」一年後，她跟鞋廠請辭，準備回台灣。

正要離開越南，球場又來拜託她回去幫忙一年，還答應給她十%的紅利。人情再一次絆住她的腳步，她留下來，把生產的質量提高，替公司賺了不少錢後，老闆卻又遲遲不放她走，先前允諾的紅利也完全拋諸腦後，「我心太軟，怎麼樣都走不了。」最後有朋友實在看不下去，闖進來公司直接替她搬家。越南廠倒閉後整整三年，她才真的離開傷心地，回到台灣。

原本以為當初關了被糟蹋的鞋廠，斷了不良的老闆，從此可以開始全新的人生，沒想到多方的人情牽扯，她還是有如一株浮萍，東飄西蕩，前進無路後退無門，找不到安身立命的所在，也找不回東山再起的時機與熱情。

有時候她正面看待這樣的運命，自我解嘲讓自己稍稍釋懷：「這一生，就是因為我的貴人太多，才有源源不斷的機會，讓我一直為人賣命幫人奮鬥，像是輪迴，沒個停歇。」可有時候她也忍不住感嘆，一路上，「我總是忙著遇套解套，錯失大計畫，一直被這個人那個人推著向前走，很難為自己回頭。」她苦笑著這樣說。

＊

回到台灣只是一個過門，提腳過檻，二〇一〇年，她終於來到人生下半場的舞台，印尼。

以前鞋廠的老總對她很好，待她如親妹，捨不得她這些年來受這麼多冤枉罪，也心疼她始終沒有合適的機會重新來過。他想在印尼開一間鞋子的大底工廠，說服她一起來到泗水看場地。

「老總打算在印尼蓋一間小工廠，以後留給兒子去經營。」這次是絕對可以信靠的老闆，她願意再試一次，給自己崎嶇的人生一個翻轉的機會。

以她過去的歷練，創建一家小小的大底廠，對她來說易如反掌。她先去老總的大陸廠待一個月，熟悉大底的作業，然後買機器，開始蓋宿舍，接著招募員工。整個過程好像辦一場家家酒，隨意放上去兩棟房子，擺上去幾個人，輕輕鬆鬆，如期開工運作。

「妳是在這裡度假嗎？」有相熟的貿易商來到她的工廠，開口就這樣說。「以前我的兩個鞋廠加起來有上萬名員工，現在，大底廠三班員工統統加起來不過一百八十人。難怪他會這樣調侃我。」她笑著說。

大底的製作流程十分單純，只要化料的時間與成熟度掌握得當，生產線就不會有什麼問題。雖然辦公室裡的報表、會計、財務、總務、業務她一人全包，但事少量小，她覺得很輕鬆。

比較令她鬱卒的是：「蛤？居然還要切傳票？現金幾萬盾還得大費周章切傳票，這種事我進鞋廠就沒做過了，都嘛是高職生在做。」她自己都忍不住覺得好笑。

「有朋友問我會不會覺得自己大材小用，龍困淺灘？」她搖搖頭說：「我從沒這樣想過。現在，我才算是開始真正過生活。」

她承認，在這個南島的國度，溫煦的陽光，鬆散的步調，許多時候她的確覺得自己像是在打工度假。有時工廠沒什麼事，她在廠區空地種種植株，摘摘果蔬，享受一小方農趣。有時她讓司機載她去台商的鞋廠，車程兩小時，搖搖晃晃，把坐車當樂趣，就為了跟鄉親喝杯咖啡打打屁，求得一份千金難買的閒情逸致。

這是她人生上半場不曾擁有過的生活，如今沒有豪華大舞台，沒有炫人的五彩燈光，更沒有如雷的掌聲，只有她一個人，領著一支迷你的樂隊，不疾不徐，一日一日唱著平凡的歌曲。

「我是一個很容易滿足的人，飯菜足夠就好，不必多麼精采。車子能跑就好，什麼廠牌什麼價位，對我來說都沒有什麼要緊。」縱使從千萬富婆變成孑然一身，她不會自怨自憐，也不會羨慕身邊際遇比她好，存款比她多的朋友，「那種日子我經歷過，那種滋味我嘗過，我說不出來有錢和沒錢的人生有什麼太大的差別。」

富貴如浮雲，她不在乎，她珍惜現下平凡的日子。唯獨心裡總還依稀有個聲音，提醒她，當年欠的錢還沒完全清償。台灣材料商們曾經想要各拿幾千萬出來，讓她蓋廠繼續做鞋，「如果我可以再度翻身，是不是可以把前債全部還清，不再欠人家人情呢？」她不諱言曾經有過動搖。

「老闆都不管了，關妳屁事？」老總一句話狠狠打消她的念頭，告誡她，人生苦短，千萬，千萬不要再走回頭路。

「守著赤道下的南島土地，我要好好過平淡的日子。」這次，她終於決定不再像以前那般泥軟心腸，只顧著為人作嫁為人忙。曾經墜落的萬丈深崖，她好不容易爬上來，接下來的人生，站穩，走好，打定主意，她不再左顧右盼。

從此，事業，不再是她人生的全部。平凡的印尼歲月裡，她結識幾個台灣女子，組成一支美好的熟齡隊伍，開展了生活的另一個向度。

幾個熟女們來自不同行業，因為不同的原因長居印尼，因為各自的緣由隻身奮鬥，單純的友誼將她們圈在一起。她們平日各忙各的事業，週末從各地齊聚一處，吃飯，高歌，暢聊通宵，把異鄉過得有如家鄉般的溫暖。遇到長假，她們國內國外展開快樂的行旅，印尼小島、不丹、西藏、中國、越南、馬來西亞、太平洋島國，到處留下幸福的足跡。她們都是慈濟的會員，行善奉獻不遺餘力。她們也積極加入僑界的活動，穿著工商聯誼會的花制服，一字排開，就像數朵青春的花蕊，在人生的下半場，緊緊依偎著，相互為伴，並且無所畏懼地恣意怒放。

赤道下的土壤滋潤肥美，幾度花開花落之後，她終於在這裡，安靜地盛開。

*

「我一直懷有一份農夫夢。」她說起人生最初的綺想。

她出身農家，還沒成為縱橫商場的勇猛女將之前，她的生活與農作是分不開的：「小時候我得幫忙澆菜種田，上學前下課後都要牽牛吃草，一直到我考上女中才不用看牛。」

勞動的辛苦並沒有阻擋她對農家生活的喜愛，「以前我南投的老家四周都是檳榔樹，田地種滿高麗菜，邊邊還有楊桃樹、芒果樹，從我房間的窗戶看出去，一片綠油油，那是我最喜歡的生活！」人過中年，走過千山萬水，她那坐落在田園之間的老家，仍是她心底最圓滿的歸處。

「有一個台灣人在附近山上種菜，做進出口，我有時候會專程上山去，看一看，學一學。」她懷著憧憬說：「未來，從工廠退休後，我想回台灣種菜種花，一圓我的農夫夢。」

經過大風大浪，走過大起大落，「就算是平淡的生活，我依然有夢。」她露出少女般的笑顏，朗聲這樣說，

好似那些曾有的風波，只是一朵小小的漣漪，對她來說，一點都不算什麼。

赤道下的南島小村落「一千個榴槤村」（Durensewu）。攝影／ Joyce 白

一畝青春福田

無論忙到多晚，每天，她都一定要回到山上的家。

二〇〇六年，她搬到山上小屋。剛開始司機負責載她上下班，兩星期之後她熟記路線了，來回四十公里的路途換她自己來。山間路況顛簸，高低起伏，她不懼怕也不在乎，相反地，她十分享受自己開車的樂趣。

週五晚上訓練中心固定舉辦行前會議，結束時已屆半夜十一點，她跳上駕駛座，兩個學員抱著她的兩隻狗狗隨後上車，一路上夜黑路暗，她嫻熟地轉動方向盤全力飛奔，迂迴的遠方，有一盞昏黃的燈光，山林之間熒熒亮著，等著她們回家。

小木屋，遠離塵囂，四周常綠的樹林緊緊將它包圍，她把這裡當成天然的元氣補給站，每一次深呼吸，都是天地給予的禮物與祝福。

投入印尼人力仲介的工作已經將近二十年，來來去去都是別人的人生，美好的，艱難的，單純的，複雜的，每天在她的腦袋裡翻攪或糾結，等著她去安排，去解決，「下山就入世，上山就出世，我擁有一座巨大的山林排毒機，可以把工作上的煩惱全部濾淨。這是老天爺給我的恩賜。」原本從沒想過要買房子安頓下來的她，因為這座山中木屋，改變了她前半生流動的宿命。

她越來越相信，人生的一切，都是老天最好的安排。

＊

年輕時，她希望自己是一株浮萍，是一顆油麻菜籽，可以在千變萬化的河流與天空之中，不停地流動與飛翔，那比安穩恆定的生活更加吸引她。「為什麼我一輩子要在同一個行業，同一張辦公桌上過一輩子？」她很早已經開始這樣反問自己。

商專畢業那年，爸爸規定她報考普考與特考，偏偏，捧著鐵飯碗平淡過一生是她最不樂願的人生方向，父命難違，她順從地報考各類公職考試，也正如預期一一落榜，最後是經由堂哥的介紹，進入和美的一家紡織公司上班。

一開始同事當她是「空降部隊」，用異樣眼光打量她，她不在意，自願住到宿舍，把握任何學習的機會，漸漸得到課長的信任。三年後她被調到台北總公司，負責棉花等資材的進出口業務，又過了三年，總公司有了印尼設廠的計畫，從各地分廠挑來十幾個技術人員和一個會計，另外，萬中選一，總經理唯獨詢問她：「願不願意跟我一起去印尼設廠打天下？」

她樂願接受挑戰，可是爸爸一口回絕，堅決反對：「第一，妳是女生，一個人跑那麼遠幹麼？第二，就算要去也是去進步的地方，哪有人偏偏往落後的地方去？」

不死心，她拚命拜託爸爸給她機會出去闖一闖：「就一年的時間，不行嗎？」幸好一片反對聲浪中，還有姊夫大力為她爭取，她才終於得到長輩的允許。

說好是一年，但等到真正回到台灣已經是三年之後的事了。

一九八九年，離開台灣那天剛好是她的生日，二十八歲，人生轉了個大彎，她從此和印尼結下不解之緣。她先飛到雅加達，再轉機泗水，輾轉到了工廠。放眼看去，一萬多平方米的工地望之不盡，廠房已經粗略完成，正開始裝機試車，她立刻意識到，他們所面對的是一個多麼巨大的工程。十幾個臨時集結的拓荒者，即將在陌生的異鄉胼手胝足建立全新的紡織領地，她感覺到一份隱約的不安以及莫名的興奮，正在胸口輪番起伏著。

她的印尼新生活幾乎全被工作給填滿。風風火火設立第一廠，開始生產營運，努力調整產能與產量，緊接著持續投資，又蓋第二間廠，匆忙的腳步沒有停歇的時候。除了工作，她沒有空檔關注新舊生活之間種種的落差，也沒有多餘的時間想家，只有在星期六下班之後才有一點點屬於個人的自由時光。

屬於個人的自由其實也還是必須團體行動。「當時印尼十分落後，公司沒有私人的通信設備，得到市區的電話局才能打國際電話回台灣。」她笑著重組那段固定的流程：每個星期六下午下了班，洗好澡，十幾個台灣同事分搭兩車前進電話局，排排隊打電話，輪流跟家人報平安。打完電話，一起去吃個飯，唱個歌，看個電影，再一起回到工廠。

週間上班全力投入工作，週六下班排隊打電話，一週復一週，一年又一年，三年過去，好不容易公司終於打平賺錢了，她才提出離職，回到台灣。

從今爾後，她死心塌地留在家鄉安身立命了嗎？並沒有。順著滔滔向前的生命之流，她一處漂流過一處：在香港為老東家開發新業務，前往馬來西亞設立新廠，幾年後回到泗水，在台商公司做了一年多，最後給自己放個大假，到美國遊學兩個月。

一連串的暖身過後，一九九九年，三度回到泗水的老舞台，她人生的重頭戲，才算是真正要鳴鑼開場。

＊

二十八歲，第一次飛往印尼設廠之前，她趁著離職空檔，隻身前往大陸自助旅行。三個星期的時間，她的腳步遍及各大城市，除了訂妥來回機票，中間的住宿與行程並沒有經過縝密的安排。一個人的畢業旅行，她是鐵了心要隨遇而安。

飛往北京的飛機上，她認識了一家印刷公司的老總，年長許多的他提出善意的邀約，「妳敢不敢跟我住同一間房來節省妳的旅費？」「為什麼不敢呢？」下機後，她搭著他的黑頭車入住飯店，一人一張床，安穩睡了好幾天，白天還一起騎著腳踏車造訪北京景點。接著在前往南京的途中，她認識了一貫道的台灣歐巴桑團，「妳想不想跟我們一起走呢？」她們的熱情邀請，她又跟著回到飯店，一起分享房間，一起展開快樂的旅程。

那時候的她，睜著一雙善意的眼睛看世界，珍惜每一份迎面而來的機緣，也都幸運得到了安全而溫暖的回報。

她享受人與人之間萍水相逢的趣味。十年之後回頭看，她發現，那其實是她人生裡一個巧妙的伏筆。

一九九九年，重新回到泗水，她投入人力仲介的全新領域，此後的二十年，她的人生恰好正是不停地與陌生人萍水相逢，日復一日，一次接著一次，在短暫的交會之後，留下一段善緣，然後陪著他們走到人生的另一個起點，一個擁抱之後，互道珍重再見。

*

「大家都說人力仲介是一個吸血鬼的行業。」她說。

一開始，她打從心裡抗拒這個工作，禁不起老闆一再勸說請託，最後雖然勉為其難答應，但雙方約定好，她只做一年的時間。

一九九六年開始，台灣引進泰國與菲律賓的勞工，一九九八年才有印傭與印勞的輸入，隔年她在泗水創立人力仲介公司時，算是搶在浪尖上的時代先鋒。

老闆深諳這是一個千載難逢的商業先機，但除了其中一位股東在菲律賓有過仲介經驗之外，其他投資者全是白紙一張。她確定接下任務之後，飛到菲律賓，在股東的仲介公司見習了三天，有了基本概念，也大致熟悉了工作流程，緊接著回到泗水，她捲起袖管，從零開始，設立新公司。

落在她肩上的，又是一個帶頭打天下的重責大任。

她一個人負責印尼端的所有業務：擁有三十名員工的仲介部門主理複雜繁瑣的報件流程，另外，由十幾名老師組成的訓練中心則為學員開設各種課程。兩者同時並進，雙雙完成之後才可將工人送出國門。

「我本來對人力仲介的角色並不認同，所以才有只做一年的打算。但是等我一頭栽進這個行業，才深深體會到，這是一個錯誤的偏見。」她口氣溫和但神色堅定地說：「我清清楚楚知道，我們所拿的錢，是合情合理的。」

當年這是一個新興的人力供需市場，海外仲介尋求客戶，除了仰賴台灣仲介別無他法，最大的利潤自然而然落在台灣方。「一開始工人必須被預扣十四萬台幣的薪資，我們印尼端只拿到三萬到三萬五。」她認為這實在太過分太不合理，做出口碑之後，她強力要求台灣客戶最少必須付給印尼方每人五萬塊錢的費用。

「這五萬塊錢，我們拿得心安理得。」她說。工人從窮困的偏鄉來到訓練中心，手上簡單的包包就是全部身家。接下來兩三個月的食衣住行生活所需，以及課程訓練與辦件費用，樣樣項項全需仰賴仲介公司負責。訓練中心動輒五六百人數的學員，這筆預墊款項往往是一筆龐大的支出。

比起金錢的預支，更重要的是他們對於學生的全心付出。兩三個月的訓練，包括語言，生活技能、心理素質各種學習，都是按照學員的需要量身打造，每一樣莫不是希望能夠幫助她們更加勝任全新的工作挑戰。

訓練課程結束，順利送出國門，這還不是責任的完結。「我們對工人們的付出還有兩年保固。」她笑著說。

這意味著，兩年之內，工人在台灣發生什麼事情，公司都必須負責。二十年來，從越洋電話到 skype 到 line，無論通話費昂貴或免費，兩年之內，來自家鄉的輔導熱線絕對不會無故斷絕。

「我們絕對不是吸血鬼的行業。」一字一字，她說得斬釘截鐵。

＊

人力仲介的工作，開啟了一扇新窗，她從此看到以前未曾見過的人生風景。尤其是身為訓練中心的校長兼工友，與數不清的學員們用各種不同的形式交會過後，她的人生，因此有了迂迴的改變與成長。

她是工廠出身，講究作業流程，要求精確與迅速，習慣用嚴格的標準控管品質。剛開始，她無意之間沿用了老方法來管理訓練中心的工人，把訓練流程設定為：A你來，B罵你，C訓練你，D送出去。「當時老闆急著看到成效，別人花三個月訓練，我們濃縮成為兩個月，我滿心只想著怎麼把速度拉快，把成績拉高，一切按照SOP，完全不帶感情。」

有人提出質疑，為什麼非要「罵你」不可呢？她有一套自己的見解：「印尼工人平常都很溫和，很斯文，生活上的心態也是得過且過，幾乎沒有接受過震撼教育。這種生活態度在印尼生活沒有問題，可是一旦到台灣去就未必可以生存。」她當然也知道改變是殘忍的，是痛苦的，但是她堅信自己走在正確的道路上，「如果我現在對妳柔軟，要是到台灣遇到不好的雇主，妳怎麼能夠堅強？」「這是妳自願的，妳既然選擇了這條路，就不要想有退路。」「別人做得到，妳也一定可以，就這麼簡單。」她所有的執念來自於：「我做這一切，都是為了妳好。」

「有時候，連我自己都覺得自己很強勢，可以想見那時的我，自以為是到了什麼地步。」她想起來都覺得不好意思。

就算她是真心為工人的將來著想，她還是不能否認，當時她的確習慣站在雇主端的立場來思考，也或許她的心中確實存有主雇階級的上下之分，因此「如果工人學習不好，我只會凶她責罵她，卻從來沒想過要去反思自己有哪些問題，或是走錯了什麼方向。」

整整兩年的時間，她要求老師用各種方式「逼」工人學習，就算工人因為做不到要求而低著頭一再連聲道歉：「對不起啊，我會努力啊！」也不曾打動她堅硬的心。

直到有一天，忽然之間，轉了念，她的心態改變了。

到現在她還是不能明確說出那個改變的點究竟是在哪裡？是年歲積累帶來的智慧增長嗎？是佛教教義造就的慈悲轉化嗎？還是回台參加的潛力開發課程開啟了她的潛能呢？

「我開始懂得設身處地去想，為什麼她會這樣？她從什麼樣的環境來？她有什麼不為人知的心事？」她突然發現，這些工人其實比她更為堅強：「她們只有國小國中的學歷，為了家庭，拋夫棄子好幾年，鼓起勇氣到陌生的異鄉去工作，她們真的很棒。」她有了新的方向，「她們的目標是賺錢，那我就來好好地幫她們賺到錢！」

心念一轉，她的身分從一個純粹的仲介者與訓練者，漸漸轉換變成一個心靈輔導者。

訓練的課程不再是工廠品管的一貫作業，她開始和老師們討論更加合乎人性的教育方式，按照不同的背景和需求因材施教，也要求老師們在態度上要有所調整：「你可以凶她，可以罵她，可是絕對不可以用粗話汙辱她，當然更不能動手處罰她。」

訓練型態方向上也有了人性化的變革，她發想了每週五晚間「行前會」的固定活動。

週五夜，把即將赴任的工人們集合一堂，播放柔和的音樂，讓她們沉澱一會兒，接著由她說些鼓勵的話：「妳從哪裡來？家裡還有哪些人？為什麼妳要出國？妳未來的夢想是什麼？」溫馨的話語輕輕柔柔梳洗著她們的心情，讓她們有個機會宣洩心中的焦慮與不安，甚至大哭一場，高聲嘶喊：「我一定要成功，我一定會成功！」

離開前，她照例安排一餐印尼傳統的團圓飯，請來前往麥加朝聖過的長者跟她們說說話，為即將遠行的她們懇切祈福。

帶著她高規格的訓練以及衷心的祝福，工人們終於可以搭上飛機，各自向著不可預知的未來展翅飛去。說再見的那一刻，她給每一個畢業學員一個溫暖的擁抱，以及深深的一鞠躬。她打從心底替她們覺得驕傲，同時，也為她們感到隱隱的擔憂。

*

擔憂，那是因為她可以預見，這些純樸的印尼工人很快要面對的，將是超乎她們想像的生活撞擊。

工人們大部分來自東爪哇的偏鄉，生活的環境十分落後，許多現代生活中的必備常識對她們來說可能是前所未聞的。有一回她發現有兩個學員不會看時鐘，「哎呦，怎麼都念到國中了竟然不會看時鐘？」她在心裡暗暗驚訝，於是召集全部學員，問她們：「不會看時鐘的站起來。」結果唦唦唦，像打水漂一樣，漣漪一個接著一個冒出來，算一算大概有三分之二的學員承認自己根本不會看時鐘。

她這才弄明白，時鐘在她們的生活裡並不是必需品。回教徒一天固定禱告五次，她們只要聽到清真寺禱告前的唱頌廣播，就會知道，喔，現在是什麼時間了，怎麼還會需要看時鐘呢？

為了減少適應期，她長期在山上的家裡展開居家訓練，讓部分沒有工作經驗或是進度明顯落後的學員有機會實地練習。因著這樣，她也更能發現學員許多潛在的問題，比如：「有一次我請學員打電話，結果她躲在房間不敢出來。」她好氣又好笑，這才發現原來她不會打電話，因為她家根本沒有市內電話。

不知情的人看她家裡來來去去那麼多工人，很欣羨，「哎呀！我是自找麻煩。」她啼笑皆非地說：「我簡直就是沒有下班的時候。」

就算校長都做到親自課後輔導的程度了，三個月的密集訓練仍舊無法保證工人們的未來可以順利開展。台灣的雇主很難理解工人們的背景，「常常有人說印傭相對沒那麼聰明。其實，她們只是需要一點適應與學習的時間，以及一點來自雇主的同理心。」

她一直有一個構想，打算實地拍攝工人到台灣上工前的一段真實歷程：鏡頭從鄉下搖搖欲墜的茅草房拉開，她揮淚跟家人道別，她坐上當地牛頭（仲介）的摩托車，噗噗噗，翻山越嶺換車搭船，風塵僕僕來到城市，她忐忑不安住進訓練中心，兩個星期之後，她有什麼改變呢？一個月後她學到了些什麼呢？結訓的時候她是不是已經明顯不同了呢？「雇主看了這個影片，就會理解她來自於一個怎麼樣的環境，也看到她過去三個月的努力與確實的進步，對工人應該會有多一點的體諒，也願意給她多一點時間來學習。」她這樣期待著。

等到工人真正上了軌道後，五花八門的問題也會漸漸浮現出來，她常常接到各式各樣的抱怨或是求救電話，幾乎每天，她都要隔海為台灣的工人們煲上幾鍋不同食材的心靈雞湯。

「台灣怎麼都跟印尼不一樣？」

「當然不一樣。妳不要花時間在比較，就當成是一個全新的自己，要勇敢面對全新的挑戰！」

「我在台灣，每天做得要死，阿公還對我不禮貌。」

「妳跟他說：『阿公，我在印尼沒有阿公，你就是我的阿公，我就是你的孫女，我會好好照顧你喔！』妳也可以跟阿嬤感情好一點，取得信任，再跟她咬耳朵，偷偷請她管束阿公。不然，就清楚跟阿公規定：『阿公，不可以摸這裡喔！』」

「老闆的小孩好吵好煩！」

「妳在印尼照顧自己小孩，沒有錢領，在這裡照顧別人的小孩還有很多錢。妳看到他們就當成看到銀行的ATM，裡面有好多錢等著妳去領，多好。」

「我的阿嬤好囉唆！」

「那妳要偷笑，阿公比妳還可憐，妳頂多聽三年，他要聽一輩子！」

日日苦口婆心的安慰與開導，她心裡想著，如果有其中的一句話能夠打動異鄉人的心房，支撐著挺過眼下的某一道難關，那麼她也算是功德圓滿了。

印尼對她而言，正是一畝最大的福田。

十幾年來，台灣與印尼之間來回奔波，她常常在機場遇見返鄉的工人熱情地喊她，「Miss Huang! Miss Huang!」一邊興奮地跑過來跟她相認。

通常，眼前的這一個印尼女生，已經不是當年在行前會裡握著拳頭哭喊「我一定要成功！」的那個鄉下女工了。幾年之後，她穿著流行的衣服，戴著美麗的首飾，梳著好看的頭髮，眼睛亮晶晶閃爍著自信的光芒，包包裡滿滿辛苦賺來的錢，正要回家蓋新房。

不只蓋房子，有些人回家鄉開雜貨店，買山坡地種樹林，還有人經營養雞場賣雞蛋，「我有個工人超棒的，在台灣做了十二年，回來開了一家大規模的養雞場，每天生產三百公斤的雞蛋，一天就有六條印尼盾的收入。」她感到驕傲無比。

十八年了，她深深體會到，她努力創建與經營的人力仲介公司，不只是提供了印尼人在台灣的就業機會，也為這些偏鄉的工人創造了人生的第二個春天。

她衷心感謝老天給她這個機會從事這個行業。

*

當年，這吸血鬼的行業，她預計只做一年，設定只要達成「輸出五百名工人」的目標就收手退出。到如今，二十年之後，她已然成就了將近兩萬名印尼工人的工作機會。

這中間公司的營運並非一路順遂。成立前四年，他們做出口碑，風評好，業績也十分可觀，但二〇〇二年，台灣印傭的輸入因為逃跑率太高而遭到凍結，雙邊大門一關就是三年。

當時台灣是他們公司唯一的輸出對象，情急之下，她不得不把客戶轉到馬來西亞和香港等地。結果光是在馬來西亞就賠了三千萬台幣，而香港僱主特別精明，工人的退回率很高，經營上也有諸多窒礙。一直到二〇〇五年，台灣市場重新開放，她才有機會度過難關，但仍然覺得力不從心，勉力撐到二〇一〇年，一位熟識多年的台商加入團隊，公司才終於漸趨穩定。

就算遇到許多阻難，她沒想過要放棄，這是她全心奉獻的事業，印尼是她辛勤耕耘的福田，哪裡能夠拍拍屁股一走了之？那絕對不是她一貫的做事風格。

因為堅持走下來，她才有機會見證時代的改變。現在，人力仲介這塊領域有了很大的變化。以前一開始仲介公司所扣除的十四萬薪資，不會有清楚的明細，工人無需也無從得知款項的去向與用途。後來因為工人意識的抬頭以及印尼政府的介入，供需兩方經歷一再的協調，如今，工人的付費與薪資已經非常透明化與系統化了，而且仲介費也經過多次調整，勞工被剝削的疑慮已經不復存在。

因應時代的改變，公司對待學員的方式也大不相同。以前訓練中心全面禁止學員攜帶手機，隨著印尼網路的普遍，這道禁令顯得不合時宜，於是改為限定週末使用。漸漸地，來到手機通訊爆炸的現在，禁止的範圍再度縮減到只剩上課時間，每次一下課，叮咚叮咚，手機馬上響個不停，熱鬧的景況哪裡是當年可以比擬。

時間的流轉下，不只大環境改變，工人改變，她自己，也走進了另一個階段的人生。這幾年，她撥出工作的空檔，投入僑界的活動，領軍舉辦各類大型活動，一個弱女子卻成為商會的頂梁柱。她也是海外慈濟的一分子，參加各種慈善救濟的活動，因此結識了幾個在印尼打拚多年的台灣好姊妹。這幾年她們幾度展開行腳，手牽手，繞著世界大步跑。她的生活多姿多彩，不再只是訓練中心裡全年無休的校長兼工友。

她的印尼人生，最艱難的仗已經打過，接下來，美麗的人生風景，曾經錯過的或是迎面而來的，她都想好好把握。

*

二十幾年的時光，她沒有時間陪伴台灣的雙親，現在他們都不在人世了，她也沒有心思談戀愛結婚養兒育女，如今幽靜的山林小屋裡，她最大的依靠是相伴十幾年的一雙愛犬。

「我好像上輩子欠了印尼很多債，這輩子才要用我的青春來償還。」她說。後悔嗎?她搖搖頭，說：「在印尼，我擁有一個更大的家庭。」

她跟工人們建立起深厚的革命情感，曾經許多工人們跟她說過：「Miss Huang，妳以後老了就跟我回去住鄉下。」這些印尼女生的善良與情意讓她深深感動，她忍不住兀自想像，「哪一天我老了，退休了，在臉書上昭告『Miss Huang 生病了!』工人們應該會從四面八方趕回來照顧我，到時候一個人排班一個星期，排十年都排不完。」

「在印尼，我的福田遼闊，滿山遍野。」她看著屋外遠山飄過的一朵白雲，無怨無悔，微笑，這樣說。

印尼小村落 Trawas。攝影／ Joyce 白

奔波的孤雁，把天空飛成了兩個世界

「阿嬤，我怎麼會生成這款ㄟ歹命？」和阿嬤同睡在一張眠床，她蝦著身，弓著頸，一邊流淚一邊問。

「唔要緊，」阿嬤輕輕撫摸她的頭，細聲說：「妳只是現在卡辛苦，日後，妳就會好老運。」阿嬤的話太過艱澀難懂，十三歲的她抹一抹眼淚，把話輕輕撿起，偷偷放在心底，交給未來的歲月去慢慢說個分明。

現在的她，過了大半個世紀，來到當年阿嬤的年紀，總算聽懂了那話中的道理。

＊

小學剛畢業沒幾天，她的媽媽放下六個小孩離家出走，從此一去不回頭。

那是一段混沌的時光。親人們四處尋找媽媽的蹤影，家裡亂成一片倉皇。稚齡的小妹，每天坐在門口，揉著眼睛哀哀嚎哭：「我要媽媽，我要媽媽。」她猶原記得一旁的阿公，無奈地搖頭，喃喃自語，說：「看阮查某孫按內哭，我ㄟ心真酸。」

大人世界的恩怨情仇她不懂，她只知道，一夕之間，她成了沒有媽媽庇護的孩子。與阿公阿嬤叔叔嬸嬸同住一個屋簷下，大家族裡的生活起居不至於孤苦無依，住外地的阿姨們也時常送菜送米，還帶來家中的舊衣服，對六個孩子噓寒問暖，疼愛有加。但是，不論周圍的親戚們如何安慰如何幫忙，她才剛啟程的人生，終究是遭到了莫名其妙的翻轉，「那原本即將來臨的小姐時代，轉了彎，再也沒有出現在我面前。」回首前塵，她無比惋惜。

小學才畢業，自己也不過是個大孩子，她身為長姊，不由分說挑起重擔，遞補媽媽的空缺，被迫上位，成為弟妹生活裡的「老母大姊」。所有的時間與心力都留給了家人，她沒有任何專屬於少女的夢幻綺想，心心念念只想著把手足攏在一起，箍成一卡扎實的圓木桶，片片相依，沒有一絲縫隙，「從那時候開始，我們的感情很緊密，誰也離不開誰。」她說。

阿公重男輕女，原本不贊成她國中畢業後繼續求學，希望她就近在鶯歌找個工作，開始賺錢貼補家用。幸好爸爸鼓勵她念商職好取得一技之長，她才得以進入北市商夜間部就讀。日間在磁磚廠上班，傍晚趕到學校上課，每天每天，她坐火車往返鶯歌與台北之間，成了半工半讀的通勤少女。

磁磚廠，她工作的起始點，也是她這輩子唯一的事業。十六歲的小會計，跑銀行領錢，撥算盤發薪水，還得掃地，接電話，調煮漿糊，黏貼樣品，「人小事項樣樣都要做，有時還得揹著老闆的孩子記帳，充當保母。」肯學，有毅力，吃得了苦，她雖是初出茅廬，卻也認真地搬弄著十八般武藝。

老闆出身陶瓷產業世家，燒瓷做陶對他來說輕而易舉，而她雖然是個土生土長的鶯歌孩子，但來自公務人員家庭，在這個行業裡完全是一張白紙。老闆中意她吃苦耐勞，看出她具有著呼之欲出的本事，教她識土、控制瓦斯調整溫度，一步一步帶領她走進磁磚的真實世界。

離家近，公私兩兼顧，她因此在磁磚廠裡安身立命，後來連婚姻大事也不脫這樣的模式。二十出頭，身邊不乏眾多追求者，她最後選擇了廠裡的同事作為終身伴侶。「我的先生當時年輕氣盛，有點迢迢郎的調調，我嫁給他，周遭很多人不看好。」她微笑，說：「可是他對我好，同公司，又住得近，我騎摩托車就可以回娘家，三方都顧得到。這樣是最好的安排。」

三方都顧到，說來容易，做起來可得付出三倍的心力。在公司獨當一面的職業婦女，接送孩子上課補習不假他人之手，照例與妯娌輪流烹煮公婆午餐，下班之後為丈夫孩子洗手作羹湯，除此之外，娘家的大小事項她也從不缺席，照顧五個手足不遺餘力。「幸好我的婆婆不只支持我的事業，也無條件作為我背後的支援。」她對婆婆的感激之情，過了數十年還是不曾有過絲毫減少。

一年過一年，從小會計變成大總管，她站穩公司裡一姐的地位，三十二歲那一年，小磁磚廠一躍而上晉升上市公司，全都在她一介女流的主導之下達成。「廠裡那些男人拿筆跟拿鋤頭一般，我也只有商職畢業，一樣什麼也不懂，但還是跟著財務經理努力學習編預算，寫報表，硬是把公司推向另一個層次。」她難掩驕傲地說：「看我有多厲害！」

公司的頂梁柱，孩子們的慈母，先生的賢內助，婆家娘家的靈魂人物，年紀輕輕，她身兼多職卻還能轉換自如。

偶爾，她想起憑空消失的媽媽，心中並無怨恨。當年要不是媽媽的不告而別重重推了她一把，逼著她從懸崖邊奮力往上爬，或許，她的人生，永遠都不會具備如今的能量，也不可能來到這樣的高度看到這樣的風景。

*

一九九五年，老闆決定前進印尼，派出一支先遣部隊，進駐泗水開始建立磁磚廠。

在台灣上市多年來，公司具備了磁磚界龍頭的規模，獲利也更加可觀，然而他們已經看出了日後危機的端倪。過去幾年，風起雲湧的建案使得市場過於飽和，台灣房市若是退燒，建築業的榮景勢必出現下滑的景況，對磁磚業者而言，將會是極大的衝擊。剛巧公司的印尼代理人，大力說服老闆到印尼設廠，不斷強調就地取材的優勢，勾勒了一個龐大的在地商機，也描繪出一幅美好的內銷遠景。再加上當時政府正在大力推動南向政策，鼓勵廠商往東南亞發展，因緣俱足，老闆決定大刀闊斧前進印尼。

「我一定要成為東南亞最大的一片磚。」她永遠記得老闆說這句話時發亮的眼睛，那一刻，她跟自己暗暗約定，有朝一日必定要幫他達成這個宏願，以報答他的知遇之恩。

她的先生和兩個台籍幹部成為前進印尼的開路先鋒，從一甲地一條生產線開始，篳路藍縷開墾荒地，她則駐守台灣基地，不定期飛去探望先生。鄉下租來的員工宿舍簡陋將就，每次洗澡時，一瓢冷水當頭澆下，她心中免不了一陣驚惶，「我覺得我們台灣人真的很厲害，什麼苦都能吃。」驕傲中，她不無感慨地說。

台灣人，吃苦當吃補，環境再怎麼艱困都可以克服，一九九六年，新廠如期完成開工。正要摩拳擦掌開始進軍印尼磁磚市場，沒料到遇上一九九七年亞洲金融風暴，印尼盾瘋狂大貶，現賣現賠，公司立馬賠了一大筆錢。隔年，雅加達爆發排華暴動，許多台商的鞋廠紛紛關閉撤資，他們咬緊牙關挺過接連的考驗，「才像是打不死的蟑螂存活下來」。

公司存活下來，逐日步上軌道，可她的先生卻在此時退出光榮的戰場。「他得了急性盲腸炎，當地醫院沒處理好，引發嚴重的細菌感染，後來緊急用專機送回台灣重新開刀，住院兩三個月，才幸運撿回一條命。」她轉述當時先生曾經說過的話：「要不是我意志力很強，不想死在國外，這條命早就沒有了。」

先生退休養病，決意離開磁磚公司，驚嚇之餘也打死不願再回到印尼。他往後退一步，她往前跨了一步，事業的道路上，夫妻從此分道揚鑣，從盟友變成了陌路。

接下來的近二十年，她成了名副其實的空中飛人，每個月台灣、印尼兩地奔波，各別停留一半的時間。在泗水，她是廠長兼業務，採購兼財務，什麼都要會，什麼都要管。除了廠內公務，她還得四處去拜訪客戶，視察倉庫存貨，造訪建材行，比較磁磚價錢與花色，了解市場需要。加里曼丹、蘇門答臘、蘇拉威西、峇里島，到處都有她的足跡。

留在台灣的兩個星期，她的身分是第二個老闆，也是公司的總管，負責付款與採買，忙碌之餘，還必須抓緊時間善盡家庭的職責，像顆陀螺在每個角色之間不停打轉。半個月轉眼即過，時間一到，拉起行李箱直奔機場，輾轉飛回泗水，走出機場，迎面而來的又是人生的另一個戰場。

「二十年如一日，我從來沒有覺得累過。」一面對別人露出不可置信的眼神，年逾六十了，她總還是斬釘截鐵這樣說。

＊

身體不覺勞累，絕非意味著海外輝煌的事業版圖走來就能輕鬆如意一路順遂。「在印尼開工廠，心臟要夠強。」一語帶玄機，她露出一抹神祕的微笑。

正如當年力薦他們到印尼設廠的代理所說，眼下確實是一塊龐大的內銷市場，尤其正巧碰上房地產起飛的年代，磁磚的需求暴增，工廠一次又一次地增窯擴地，從一條生產線追加到七條生產線，三班趕工，依舊是供不應求。

然而風光的背後，多少不為人知的心神勞煩，只有她自己知道。「當時政府大力鼓吹新南向，提出了一個美好的願景，卻沒有完備的配套規劃。銀行只有一家，利息比別人高，基礎建設不夠好，醫療資源不足，在在都是問題。」她苦笑，說：「這些都是次要，沒意料到的麻煩，主要是在於印尼政府法規的混亂，以及隨之而來無法估算的龐大交際費。」

光是最基本的工作證，就藏著令人意想不到的各種蹊蹺。一張工作證的批准最少需要兩個月以上的時間，外籍技師往往面臨被偷拍告密的風險。有幾次移民局突然臨檢，技師衝向後門倉皇奔逃，由車子接應迅速載離，要是被逮個正著，一次進貢就要幾百條印尼盾，還不一定能夠順利解決。她搖頭，莫可奈何地說：「拿到工作證也不能保證從此高枕無憂，後頭還藏著我們想都想不到的各種名目。」原來，工作證上登記什麼單位什麼職稱，你就只能做那個工作。比如說，掛名業務的，不能去查簽現場的生產進度表，掛名生產部門的，也不能簽收採購的單據，一旦被抓到就要罰錢，就得花錢找人去疏通。對她而言，這簡直是匪夷所思。

「更誇張的是，有朋友從台灣來玩，借住在公司宿舍，被移民局人員從房間揪出來，說是沒報流動戶口，這樣居然也犯法，也要被狠很敲一筆。」她啼笑皆非，嘆了一口氣：「羅織罪名，隨時隨地都可以抓人，這些不可思議的事，說都說不完。」

花錢消災是很早就學會的生存之道，難以永絕後患也是沒多久就見識到的遊戲潛規則。當局者一旦換人，官員大洗牌，老劇本重新再演一遍，價碼還越喊越高。有一次環保局來找碴，開口就是七百五十條印尼盾，「在別人的土地上做生意，能怎麼辦呢？」她雙手一攤，萬般無奈。

除了應付政府部門丟出來的各種稀奇古怪的難題，關起廠門來，生意場上最棘手的，是工會。

印尼是明文立法保護勞工的國家，工人們在公司內部成立小工會，再與外面的大工會串連，提出加薪等各種要求，如果勞資雙方無法達成共識，工人們習慣採取罷工或怠工的激烈手段來抗爭以達目的。「有些工人翻臉跟翻書一樣，平常好來好去，暗地裡狠下毒手，不只教人頭痛，也實在令人心寒。」她無奈地說：「他們只看見工廠一直在出貨，好像一直在賺錢，卻沒考慮到成本與景氣的問題，跟他們很難說得通。」

見招拆招，關關難過關關過。在印尼這一半的人生，每一趟航程的另一端，有著各種不同的挑戰，一樁一樁，等著她去化解，去絕處逢生找到一條活路。「還好我是有信仰的人，冥冥之中都會得到助力與護持，每次我遇到過不去的坎，只要定下心來，默念觀世音菩薩，困難就能迎刃而解。」自助加上天助，她在混沌之中也總能撥雲見霧，找出一條光明的路。

「我沒想太多，一直做一直做，做到不辜負老闆的信任與託付，就對了。」千帆過盡，雲淡風輕，她知道自己已然盡了全力。

*

其他二分之一的人生，在台灣，她闖的是另一道無法對外人言說的幽晦難關。

生了一場大病被迫中年退休，先生的身體始終無法完全復元，漸漸地養成一種封閉的生活模式，連個性也變得消沉悲觀。眼見她風風光光晉身為老闆之列，更是無法接受夫妻角色的翻轉錯位，開始對她心存怨懟，叨念她重視公司更甚於家庭。「他的觀念裡，男人是天，女人是地，我越做越好，他覺得自卑，變得越來越孤僻，所有的話都悶在心裡，連我找他一起做些什麼他都不願意。」她輕聲說。

生理與心靈的雙重衰弱逼得當年的熱血少年郎完全變了一個模樣，她怎樣都琢磨不出他沒說出口的那些內心話。有一段時間，夫妻兩人鬧得很不愉快，婚姻關係走到了極地的酷寒之境。徬徨無助時，她曾經加入日本「生長之家傳道協會」的課程，放下領導者的身段，虛心學習如何改善兩人的關係，期待能夠突破婚姻的困局。每次上完課回家，深夜裡，她認真做功課，發自內心跟他懺悔道歉，表達感謝，邊說邊哭，希望用謙卑、真誠與柔軟換得他丁點的理解。「但是他似乎沒什麼感受。」她苦笑著說：「終究還是沒能讓他說出內心真正的想法，不過，我的要求不多，只要他不生氣，不責罵我，就好了。」

生意場上果斷大度的女漢子，情關裡只不過是一名傳統守分的純良妻子。與先生之間的各種衝突，承受的各種委屈，她慣於隱忍，從來不輕易對旁人抱怨傾吐，就算是明知道孩子們多少也會受到父親言語的影響，對她難免有些懷疑或誤解，但她也不會張牙舞爪去要個說法爭個對錯。她安靜等待，她相信孩子們長大之後，終有一天會理解她的處境。

究竟是為誰辛苦為誰忙呢？台灣、印尼兩地奔波，家庭、工作蠟燭兩頭悶燒，外面受了苦回家不能說，說了也得不到體諒與安慰，她畢竟不是鐵打的花木蘭，許多時候，她也忍不住暗自神傷。

曾經有個知心的老友勸她離婚，跳脫這場婚姻的束縛，好好追求自己人生的幸福。這個念頭，再怎麼覺得熬不下去的時候，也從來不曾出現在她的心中。要是賺了金山銀山，有了天大的成就，卻沒了完整的家庭，這絕對不是她所追求的幸福人生。

一個完整的家，是她少女時期最大的缺憾，也是她往後人生最大的渴望。遭過背棄的傷，嘗過破碎的苦，雖然心中對媽媽並無怨恨，但是她絕對不會允許自己重蹈覆轍再走一樣的歧路。「當年媽媽的突然離開，讓我們六個孩子的人生完全變了模樣，我怎麼可能又做一樣的事情，讓我的孩子們承受一樣的痛苦？」斬釘截鐵，她搖搖頭：「離婚？這我做不到。」

她是虔誠的佛門子弟，深信唯有緣法俱足，才得以在此世結縭成為夫妻。圓滿通融，是她一生不悔的感情走向，而不離不棄，是她婚姻中最柔軟的堅持。

老後，他的身體越見虛弱，每次她人到了印尼，一顆心猶原不安地掛在家裡，只要有點風吹草動，她二話不說立馬飛奔回台。行至暮年，他對她的態度漸漸變得溫柔和緩，會表達對她離家的不捨，也會對家人說出心中深藏的話語。「他終於能夠理解我的付出，也願意說出他對我的虧欠。」可她也忍不住暗暗責問自己：「我把一半的人生給了公司給了印尼，我對他，難道不也應該覺得有所虧欠？」

前年正月初九，親朋好友如同往年齊聚一堂，兒孫嬉笑環繞在他的身旁，歡鬧的宴席結束之後，眾人散去，一切歸於平靜。眼見寒冬走到了盡頭，春天正要迎面而來，那夜，他卻放下牽掛，轉身離開。

「像顆陀螺一樣，我兩邊跑來跑去，轉個沒停，但無論如何我心裡總是篤定的，那是因為我知道台灣有人在等我，在幫我守住這個家。他不在了以後，回到家，看不到那熟悉的身影，我一個人坐著，眼淚止不住流下來。」歎一口氣，她說：「我這才驚醒，再也沒有老伴幫我看住這扇門，守住這個家了。」

不論過程如何糾結難解，幾十年的夫妻終究是圓滿收場。「一切都過去了，回想起來，我滿懷感謝，要不是他默默地支持，我如何能夠走到今天這一步？」

雙手合十，彎腰俯首，下台一鞠躬，人生的感情任務，她已然圓滿完成。

*

頂在她頭上的這片天，垮了，而印尼的那一片天，還扛在她的肩上。抹一抹眼淚，理一理行囊，時間一到，她依舊如期飛向印尼，衝鋒陷陣帶頭領兵，沒有絲毫鬆懈。

她用半生鋪設的印尼磁磚路，迂迴曲折，還沒看得見盡頭。

早期印尼的磁磚生意很容易做，建築物的騎樓大都鋪設同一種花色，需求量大，生產流程也相對單純。隨著時代的改變，客戶對花色要求越見多樣化，動輒數千萬的噴墨印花機一台緊接著一台登場，她堅持出自她手下的每一塊磁磚，也都要走在時代的最尖端。

不管如何跟著潮流走，品質是他們最根本的自我要求，一分錢一分貨，便宜的原料從來不在他們的選項之中。成本的提高加上品質的堅持都會反映在價錢上，這些細節消費者未必都能理解。近幾年，光是工業區裡就有數間中國大廠，連印度對手也逐漸崛起，用更便宜的價錢鬆動亞洲的磁磚市場。想守住東南亞最大的一片磚，越來越困難。

最美好的仗她已打過，為什麼不見好就收，帶著過往的榮光退下來，讓年輕人去闖蕩下一段艱難的江湖呢？

「這是老闆當年交給我的事業，我必須負起全部的責任，就算要離開舞台，也要下得漂亮，讓人記住最華麗的背影。」仗還沒打完，面對新時代的挑戰，她不能臨陣脫逃。關於退休這件事，她還沒打算認真去規劃。

儘管身為第二個老闆，但幾經考量，她並沒有把自己的孩子列入接班的名單，而老闆的兒子幾年前已經進駐印尼，摩拳擦掌蓄勢待發。年輕一代有自己一套全新的商場哲學，她能理解，也給予足夠開放的空間。然而，在傳統產業的磁磚世界裡，她依舊堅信，老派的商場邏輯終究還是不能輕忽捨棄的硬道理。

前陣子，她發現菲律賓客戶少了將近三分之二的出櫃量，特意飛了一趟親自勘查市場，這才驚覺老客戶敵不過低價誘惑，轉向中國廠投懷送抱。合作多年的商界老友，見面三分情，你退一點，我讓一些，談笑之間，她爭回了幾個貨櫃，贏得繼續合作的機會。雖說在商言商是生意場上冷酷的事實，然而「跟老顧客搏感情」也是她始終如一的老派堅持。

她明白自己有著過人的能耐，可她也明白歲月催人老的無奈。日月星辰輪替，場景起伏更易，底子再硬的演員也總有下舞台的那一天，她已經有了交棒的心理準備。唯獨這棒子，得慢慢交，不能急就章，也不能全盤都放掉。「再過幾年，我就算退休了，也不能完全裸退，時不時還是要回來看看。」印尼這片江山，是她的名，也是她的命，這輩子無論如何都斷不了干係。

一隻奔波的孤雁，二十年如一日，把天空飛成了兩個世界，她不累不倦，從來沒有過怨言。「老闆賞識我，給我這麼好的機會，我的家庭、小孩都是靠著他才得以圓滿，我抱著感恩的心，用努力工作來回饋他。」她自認恩惠得之於他人，因此也不吝於把成就分享給需要的人。布施，是她長期以來回饋社會的方式，從隨緣救濟到成為宗教團體的榮董，從往生助念到捐磚蓋廟，她投身慈善不遺餘力。

「施比受更有福。有能力幫助別人，是一件幸福的事。」謙卑而柔軟，她微笑著說。

*

先生走了之後，她跟自己約定：「接下來的日子，我要好好照顧我自己。」

她還是數十年如一日努力工作著，但是她越來越懂得享受生活。在印尼，幾個因緣際會結為閨密的台商女伴們，視她如長姊，隨著她的腳步行善、出遊、投身各種僑商活動。當年十幾歲的

印尼台灣姊妹的聚會，這天的服裝主題為傳統 batik 服飾。

她伸出雙手緊緊箍住手足，如今六十幾歲的她緊緊攬住這些異鄉好姊妹，半個世紀過去，她始終是一顆太陽，安安靜靜地亮著，不動聲色溫暖著身邊的人。

阿嬤當年所說的老好運，正在她的腳下，一寸一寸向前開展。

蝴蝶蘭

含苞待放
妳擁抱他的孤單
張開翅膀
妳帶領他飛翔
妳的原鄉 他的異鄉
你們
芬芳的天堂

即便離開，也一定會再回來

她從來不在外面的餐廳吃魚。

每次她先生請外地朋友上餐廳吃飯，照例點上兩道魚，清蒸或紅燒，漂漂亮亮端上桌，總會贏得客人一陣驚呼。而她，一律按筷不動，微笑看著朋友大快朵頤。

朋友不解，以為她好意承讓當令魚鮮，也跟著客氣躊躇起來，她這才不得不嚅嚅說明：「我的弟弟常常出海打魚，我都只吃新鮮的魚。這種冷凍過的魚，我不習慣吃。」說完，自己不好意思地笑了，好像做了什麼錯事一般。

她無意誇耀，當然也不是對餐廳心存貶抑，掃客人的興致，她不過是全盤托出他們與大海的親密關係，實話實說而已。

在他們的生活裡，大海，是理所當然的存在。她的弟弟是自由潛水的高手，下了海有如水中蛟龍，手到魚來，好像那是他天生的本領。她的女兒們年紀還小，但海中浮潛的時候，彷彿小美人魚那般輕鬆自然，就連鯊魚遠遠經過都神色自若，不會害怕驚慌。

生為海島的女兒，她不知道該怎麼跟外人細說分明，這海，是老天對他們的恩賜，也是他們生命裡無法分割的一部分。

即便有一天離開，也一定會再回來。

*

這片海，曾經消失在她的生命裡，很多年。

升小四那年，她和二年級的小弟轉學到泗水念書。從摩鹿加到東爪哇，離家兩個半小時的飛行航程，對一個十歲的小孩來說已是海角天涯，奇怪的是，回想起來，她竟然不記得有過特別的驚慌。

那是爸爸有意的安排，她從小乖巧，不會反抗，只覺一切都是理所當然。「爸爸認為安汶的教育環境不適合我們，學校科目只強調背誦，並不實用，而且完全沒有中文教學，英文的教育也不及格。」她正色說：「為了我們的將來，他必須把我們往外送。」

儘管大費周章飛到另一座島就學，對重視教育的爸爸來說，泗水的課程還是太過輕鬆容易。小學畢業後，姊弟倆飛到新加坡，再度轉學，小妹也從安汶來會合，三人寄宿在一戶馬來西亞家庭，進入新加坡學校，接受另一種截然不同的教育體系。

新學校是中英雙語教學，但她的中文幾乎沒有基礎，跟不上同學的程度，為了全力加強英文實力，她選擇上全英文的課程。「新加坡學校的科目比較少，但每一門課都很實用，跟印尼完全不同。」終於找到合適的學習環境，她在新加坡修畢完整的中學學程，打下很好的知識基礎與英文能力。至於中文，她的學習不是來自課堂，而是來自耳濡目染：「我都看電視上的連續劇，跟著學講華語。」她笑著說。

小小年紀離鄉背井，想必不是一件輕易的事情。被迫提早獨立的過程中該有的孤單寂寞，自然沒少過，但並未在她的少年時期留下深刻的痕跡。除了異地之中還有手足相依相伴，她相信也是因為她明確知道，不論在哪裡，父母的愛始終與她同在。

「媽媽當時很掙扎，但是爸爸給她兩個選擇：如果妳愛他們就放他們出去，如果不愛他們，就留在身邊，以後當個只會說印尼文的華人。」很多年後，媽媽曾經這樣告訴她。

爸爸自己在少年時便離開父母身邊，從摩鹿加群島的偏鄉到爪哇的大城上學求職，他辛苦過，也得利過，深知這是一條成長的必經路程。異於常人的遠見支持著他把孩子一個一個往外送，通過環境淬煉的少女少年，一個一個長成三語具備的知識青年。除了二哥，他膽子小，一直陪在媽媽身邊，高中才到泗水附近的 Malang 上學，錯過了學習華文的最佳時機。澳洲大學畢業後，他成為全家唯一個不會說華文的人。

「妳當初為什麼不勉強我？」他曾經因此埋怨過媽媽。「叫你去，你就哭，哪裡能夠勉強？」老媽媽好氣又好笑地反駁他。

新加坡、加拿大、澳洲，兄弟姊妹分別在世界不同角落拿到大學文憑，她跑得更遠，到瑞士念飯店管理。地球繞了一圈，年歲翻了幾回，魚兒們隨著海流，紛紛回歸，一尾接著一尾，先後回到安汶熟悉的大海邊。

跑得那樣遠，看過那麼多外面精采的世界，她卻沒想過留在國外把異鄉住成家鄉。「爸爸媽媽都在這邊，不可能不回來。」她眼神堅定，說得理所當然：「當初出去念飯店管理，就是為了回家幫忙，哪裡能夠不回來？」

＊

回家幫忙，那是因為家族經營了幾十年的老旅館，正等著新一代學成歸國好注入新氣象。

爸爸媽媽都是印尼華人第二代，兩方父輩分別從福建的永春與福清渡海而來。老一輩的移民通常是為了求得更好的生活離鄉背井，還有些人是身不由己。比如，她的奶奶五歲時在家鄉的睡夢中被偷偷抱走，輾轉來到印尼做童工，而外婆，當年還是一個襁褓嬰孩，被人口販子賣到南洋，現在都已經一百歲了，還不知道哪裡是她的原鄉。

爸爸在摩鹿加群島的一個小島出生，家境貧寒，很小就隻身來到雅加達，寄人籬下，憑著一己之力求學打工。後來他回到安汶成家，就地取材，收購優質的丁香賣給香菸工廠，漸漸有了事業的氣候。

某一年，有個朋友的兄長來到小島求發展，想投資做成衣商場。因為害怕被當地人哄騙，他極力說服爸爸一起買地蓋房，結果買了一大塊地還蓋了三層樓的大房子。「房子蓋這麼大是要做什麼呢？」爸媽回頭看看自己原有的商店和住家，怎麼都想不通這大房子的用途。

「來蓋房間好了！」不知道是誰神來一筆的提議，把房子隔成十六個小房間，形同小旅館。位於鬧區又緊鄰市場的全新旅館，經濟又方便，客人源源不斷而來，天天客滿。他們繼續買地往後擴館，又蓋了六十幾間房，竟然還是不敷使用，一鼓作氣再買地，再蓋房，層層疊疊，分批蓋成的旅館簡直迷宮一般。「有時候連我們自己都找不到房號。」她莞爾笑著說。

誤打誤撞走進旅館的世界，爸爸趕巧補上小島旅客住宿的長期空缺。一開始，因為華文的優勢，客源多數來自台灣基隆與高雄的漁船，旅館不只提供船員住宿，還幫著處理銀行匯款等瑣事，一傳十、十傳百，名聲漸漸被打開，後來連公務出差開會的印尼人也紛紛聞風而來，常常整棟包場，有時完全擠不出一間空房。

爸媽努力經營的旅館，奠定了家族興旺的根基，也提供了五個孩子龐大的海外就學花費。繁華一過二十年，爸媽老了，房子舊了，競爭多了，客人不若往常，昔日榮景不再，誰來挽救頹勢再造新局呢？兄長們從加拿大、從澳洲學成歸國，加入家族事業的行列，她拿到瑞士大學的畢業證書後，也做好了回家的準備。

返鄉前，她過水，先在新加坡上班一年，想積攢一點國際旅館的工作經驗。新加坡高度競爭的職場文化讓她十分驚駭，除了工時很長，她最不能接受人與人之間的明爭暗鬥。「每個人都想要出頭，有些同事人前和善，人後卻完全變個模樣。我很不喜歡。」社會的競技場，她感受不到一絲絲溫暖，她越來越想念她的家鄉。

溫暖的島，久違的大海，聲聲召喚她，漂浪多年，她知道，該是回家的時候了。

*

十幾年後，再回到摩鹿加的小城市，她還是父母鍾愛的女兒，只是她心裡明白，她已經不是當年的那個小女孩。

剛回到小島的那段時間，她有種突然遭到禁錮的錯覺。過往十幾年，在新加坡、在歐洲，她身處高度文明與進步的世界，早已習慣了便利迅速與多變有趣的生活節奏。可回到安靜純樸的島，她覺得自己像是一個無端闖入者，沒有人可以理解她曾經待過的另一個星球，沒有人可以擁有共通的語言與話題，縱使回到家人的身旁，身處這個全新的舊世界，她仍然覺著十分的寂寞。

她愛她的家鄉，她享受家人之間久違的溫情，可是她遲遲無法融入小城封閉的生活型態。城裡的華人圈很小，碰來碰去都是親戚，都是認識的人。「生活太無聊，沒有什麼娛樂，大家只能相約吃飯，聊天，嚼嚼舌根，說說別人的閒話。」嘆了口氣，她搖搖頭，無奈地說：「那些別人家的私事跟我有什麼相干呢？我不喜歡這樣，我受不了。」

回到這座再熟悉不過的島，她竟然覺得格格不入。而之前在學校所學的西方理論所懷抱的憧憬與抱負，一旦飄洋過海，落實在南島的家族老旅館，其中所遇到的矛盾躓礙，也是她始料未及的事情。

這期間，能給她力量的，是那片母親般的汪洋大海，她遠遠望著它，親密靠近它，總能得著些許安慰。然而真正推撥著她在家鄉安身立命的原因，是有個剛剛來到摩鹿加經商的台灣人，無預期地闖進了她的生活裡。

來自屏東的年輕人，因為哥哥的牽線來到遙遠的印尼漁城尋找商機。安汶有很多的台灣漁船來來去去，但是真正落腳做起漁業生意的，絕無僅有，就他一人。他剛來到安汶，她剛回到安汶，兩個小島的新鮮人，擁有類似的國外經驗與共通的境外話題，很快地走到了一起，結為伴侶，在小城組成家庭。

就算嫁給了台灣人，但依舊住在熟悉的城，父母手足都在伸手可及之處，既可以是先生的賢內助，又可以是娘家事業的好幫手。第三代印華新女性的新命運，用千里的視界經營方寸的生活，穩定當中保留一份超脫，進可攻退可守。她清楚明白，這是上帝對她最善意的安排。

安汶是個美麗的小城，一面是山一面是海，紅瓦屋頂錯落在山海之間，「每個角度看起來都像是一幅畫。」美景渾然天成，連住過瑞士的她都引以為傲，「而且，這裡的房子沒有鐵窗喔！」她不無驕傲地說。

如此美麗的山海之城，平靜安穩，絕對是她嶄新人生最妥當的舞台，她將在此養兒育女，與家人和樂過日。這點，她幾乎沒有懷疑過。

*

摩鹿加群島，在西方國家殖民統治時期被稱為「香料群島」，盛產有如黃金般珍貴的丁香、豆蔻等香料。為了爭奪這些稀有資源，許多西方國家把此地列為統治中心，長久以往，安城的基督徒和穆斯林兩方人口幾乎相當，儼然成為伊斯蘭國家中的一個特例。荷蘭統治時期，殖民政府把大量官職授與基督徒，給予較好的教育環境和生活條件。印尼獨立之後，各地穆斯林紛紛遷入，經商致富，反方向拉開了穆斯林富商與基督徒農漁民的經濟差距。幾度的相互消長，長年來兩方隱含著無聲的角力競逐，表面上看來和平共存，但實際上早已埋下來日衝突的種子。

她沒想到，婚後幾年，就在她的眼前跟尖，平靜的家鄉淪為宗教衝突的戰場。一九九八年以雅加達為首的印尼排華大暴動，小城毫髮無傷，很多 Makasa 錫江的台灣人還跑來這裡避難。從未有過種族紛爭的世外桃源，如今為了宗教因素，烽火連天就在伸手可及之處，令人難以置信。

她眼中的島民，說話口氣很衝，一根腸子通到底，有時一言不合還會大打出手，但都是內心良善之人。教人如何能夠想像，因為突如其來的一個引爆點，良民竟然轉眼變成暴徒，四處放火殺掠，傷亡慘烈，小城淪為腥風血雨的可怕煉獄。

一九九九年到二〇〇二年，基督教和穆斯林分踞兩方，劃地自限，相互對峙，城裡的主要道路甚且設下路障，兩端不相往來。美麗的安汶變成一座不安之城，動亂有之，平靜有時，她的內心起起伏伏充滿焦慮。

她的先生雖然是個來自台灣的異鄉人，但是聰明機警，沉著冷靜，幾年下來生意場上已然經營出一套豐富的人脈，動亂的生活裡，反而成為她和孩子最穩固的支柱。「亂的時候，入城唯一的道路封閉，別人必須搭船才能到達另一端，他，全島唯一的台灣人，卻可以開車自由來去。」她說：「他的個性有一份真誠，和軍商兩方向來能夠維持著友好的關係，就算時局混亂，也可以平安度日。」她的口氣裡難掩一份深厚的信任與崇拜。

時逢亂局，為了孩子，她不是沒有想過搬回台灣長住，「我曾經在台灣住過幾個月，但中文會說不會看，連路名都看不懂，只能關在家裡。我實在無法適應那裡的生活。」她努力嘗試過，先生看在眼裡，覺得心疼，「他說我從小習慣了大海邊無拘無束的生活，跟台灣家人的觀念、習慣都大不相同，長久下來，很難沒有摩擦，還是回來印尼比較妥當。」先生的體貼大度，她感激，她自認那是命運給她最溫暖的禮物。

大女兒跟她大不相同，在台灣短期上過學後，她覺得那裡食物好吃，地方又好玩，每次回到印尼便傷心哭泣，也拒絕去上學，一心一意只想回到台灣。那麼小的孩子，那麼遠的地方，她怎麼捨得放手？掙扎幾年後，為了讓女兒能在穩定安全的生活裡接受更好的教育，她不得不妥協，讓念小三的女兒隻身留在屏東阿公阿嬤家，當個快樂的台灣小孩。

沒想到，小小年紀離鄉背井終究是家族的宿命，就算她心中有一萬個不願意，大女兒還是步上了她的後塵。想念孩子的時候，她在心裡重複當年爸爸跟媽媽說過的話，「愛她就放她走」，如今角色對調，她終於理解了當年父母矛盾掙扎的心情。

小城的宗教衝突斷斷續續，時局起伏不定，雖然與向來並無芥蒂的華人毫無關聯，但是身為少數外來族群，他們內心難免驚懼，仍舊害怕受到波及，就算過了許多年了，只要聽到一點消息就緊張不已，瑟縮躲藏，有如驚弓之鳥。

站在歷史舞台真實的一隅，親臨恐怖的征伐現場，還得忍受骨肉分離，苦悶的生活裡，幸好她藏有一個祕密出口，得以暫時逃開一切煩憂。

三十幾歲，她迷上潛水。

*

緩緩潛入三十米深的海裡，四周一寸一寸安靜下來，直至完全靜默。陽光隨著水流無聲飄移，繽紛的魚群繞著她迴旋打轉，珊瑚的顏色如真似幻像畫一般，輕輕擺動。「我好像來到另一個世界，瞬間忘記所有生活裡的壓力。」她深吸一口氣，說：「整個人感覺很舒服，變得很有力量。」

大海溫柔地擁抱她的焦躁不安，化解她內心的煩憂。無論陸地上的世界如何烽火連天，無稽荒誕，她都有一個安靜的地方可以躲藏。

「潛水會上癮。」她微笑，說：「會讓人一直想回到海裡去。」然而潛水有時也可以是一件危險的事。她比誰都清楚，要是潛太深，遇上氮醉反應，會產生幻覺，會忽然忘記自己是誰。要是遇到突如其來的潮流和漩渦，那也會有生命的危險。

先生擔心她的安危，也好奇水裡世界究竟魅力何在，可以讓她如此流連。他跟著教練上了七天課，拿到潛水執照，開始陪著她下水。「跟他潛水最安全了。他很害怕，一直擔心鯊魚會突然出現，連遠遠看到垃圾袋都嚇得半死，以為是大鯊魚。」她忍不住哈哈笑出來：「他一緊張，氧氣很快用完，我不得不跟著他早早上岸。」

時間長了，遠在台灣的公公對印尼媳婦熱愛潛水頗有疑慮，怕她有個什麼風險。先生左右為難，索性使出一個小伎倆，說服她再懷第三胎。表面上是想試試拚個兒子，實際上是打定她在懷孕生子的三年之間，勢必不得不乖乖地待在陸地，休養生息。

儘管最終還是迎來第三個小千金，但果然從此把心向大海的美人魚留在家裡。為了家中幼女，她心甘情願上岸來，從此安身立命，不再輕易消失在水下三十米的另一個世界。與此同時，小城多年的喧囂逐漸散去，曾有的衝突也趨於穩定，兩方教徒分居城的兩端，涇渭分明，互不干擾，一切終於歸於平靜。

她淡出旅館的工作，回歸家庭，專心守著兩個女兒成長，動盪的日子總算過成了平安的家常。如今小城不只是硝煙散去，連學校也有了長足的改變，她和先生達成協議，不再讓兩個小女兒輕易離開身邊，留在安汶的私立學校安心就讀，等來日上了大學再做出國的打算。

當年她不能為自己做的決定，現在她總算可以替女兒下定決心。

不知道從什麼時候開始，她有了一票媽媽朋友。這些從雅加達、從泗水甚至從國外嫁到小島的年輕媽媽們，逐漸成為她生活的重心。她們不定期聚會，每一個人輪流在家安排活動，提供孩子們玩樂交流的空間，也成全外地媽媽們有個相互取暖的所在。有時，暫時卸下媽媽的職責，她們相偕走路健行。

走著走著走上了癮，這才發現，這島，除了無盡的大海，起伏的山林也藏著莫大的寶藏，等著她去挖掘。大約七年前開始，走路健行取而代之，變成她生活的一部分，她參加兩個走路團體，連向來不擅運動的先生也隨後加入行列。

每逢假日，一、二十人的走路團出現在山間樹林，晨曦薄霧裡，蟲鳴鳥叫有如海潮般起伏不絕，走大路穿小徑，大汗淋漓，走出一身康健的體魄，也走出一份特殊的凝聚力。「我們每個月付五萬盾作為基金，如果有剩餘就拿來聚餐吃飯。」她笑著說：「大家有志一同，感情很好，已經有人開始規劃買地，打算老後要一起葬在樹林裡。」

從過去到未來，從大海的女兒到山林的歸所，摩鹿加，是她永恆不變的家。

＊

她深知能擁有這個穩固的家是因為先生的成全。

雖然在印尼成家立業是先生自己的選擇，但她不只一次聽見他跟朋友感嘆：「異國婚姻一定要有一方犧牲自己的親情，而我，就是犧牲的那一方。」遠離他鄉，無法與家人保持緊密往來，想必是他心中很大的遺憾，尤其父母年紀大了，他的思鄉之情越來越明顯。這些她看在眼裡，心知肚明，唯獨不敢多問，也不敢多想。

然而她也不只一次親耳聽過他跟外人說過：「我的根札在這裡，早已根深柢固，現在就算想拔，也拔不起來了。」

三年前，娘家的家族旅館事業有了重大的擴展。爸爸決定在退休前把事業版圖做大，推孩子們一把。他一邊保留市場邊的老旅館，滿足低房價的消費客群，另一邊大刀闊斧，在市區的交通樞紐之地，打造一間全新的國際高級飯店。

新飯店背山面海，從紅瓦平房中拔地而起，十五層樓，一百四十三間客房，空中游泳池，健身房，Spa，一應俱全，樓下還附設購物廣場。即將完工的大樓將會是整個小島最大規模的現代化高級飯店。

她的先生賣掉雅加達的一塊土地，也成了新飯店的股東之一。從此以往，他的事業版圖從海上延伸到陸地，異鄉人的根，扎得更深更穩了。

現在的她，於是敢於放膽想像未來：某一天，她的大女兒應該會回來，她的小女兒或許會離開，她的先生可能會長留台灣家鄉，無論如何，她相信，他們終究都將回返。

這海這山這樓，永遠會在這島上，安靜地等待。

最美的時光

穿搭俏麗的衣裙，描繪細緻的妝容，吹整嫵媚的髮型，每天每天，她喜歡看著鏡中的自己，像是花兒那般美麗。曾經有人問她，一天到晚弄這麼漂亮是要給誰看呢？「為什麼只能為了給誰看呢？」她反問，很不以為然。

她的漂亮，從來不是為了取悅別人，而是為了自己一天的好心情。美麗和開心都讓她看起來更顯明媚年輕。很多人因此猜錯她的年紀，之前她回台灣參加婆婆的葬禮時，左鄰右舍歪著脖子好奇地問她：「啊妳是孫女嗎？」

「我是媳婦。」她淺淺一笑，不慌不忙地回答。

這樣的質疑並不奇怪，她的外表確實遠遠小過她的年紀。和三個兒子合拍的照片裡，她頭箍蝴蝶結，露出完美瓜子臉，身穿迷你裙，難掩修長白皙的美腿，在外人看來無疑只是一個大姊姊。「妳真好命！」常常有人這樣跟她說。

她不迴避這種稱羨，也不否認現在是她人生最美的時光。如今，老公的事業穩定發展，有氣派溫馨的大房子得以安居，兒子們都已經長大成人，工作念書各安其位，不再需要她勞心費力。人生至此，她有更多空閒，也更有餘裕順心隨意，做自己喜歡的事情。

她最喜歡的事情，無非是把自己打理得年輕靚麗，享受與好友餐聚的美好時光。尤其這幾年，小城的印尼華人圈突然刮起一陣女生的聚會風潮，以標會為名義定期餐聚。三年前經由朋友的拉攏牽線，她也加入了一個二十幾個成員的標會團，從此有更多的機會在熟悉的社交舞台，美麗登場。

太太們的標會，不是為了存錢，也當然不是貪圖那點蠅頭小利，那是一種小城華人的生活趣味，也是女士們展現美貌與風韻的絕佳機會。標會當天，女士們通常會去沙龍化妝梳髮修指甲，按照不同的 dress code 穿搭衣服，拎哪個包配哪雙鞋都得煞費心思。她手巧，又怕浪費錢，幾乎不上美容院，凡事自己張羅自己來，精雕細琢，一樣不輸給任何一朵美麗的花蕊。

平常的聚會已經慎重若此，要是碰上團員生日或是特殊節日，除了花心思找新餐廳，依照主題布置場地，她們還會額外聘請隨團攝影師來負責拍照。飯局之間，攝影師抓著專業相機滿屋子不停游移，透過鏡頭抓住每一個嬌點，閃光燈啪啪閃個不停，好像她們全都是嫵媚貴氣的超級女明星。聚會之後，五六百張的照片還會被仔細篩選剪接，做成專輯，留下最美的記憶。

指著照片裡各顯風情的姊妹淘，話由真心，她說：「看看她們有多美。」同時全無矯飾地承認，自己當然也是其中一朵嬌豔的玫瑰：「這幾年是我人生最漂亮的時候，雖然不再年輕，卻是那個最貌美最有信心的我自己。」

此時此刻，她人生當中最美的時光，得之不易，經歷了多少漫長的等待，絕非「好命」兩個字可以簡單帶過。

一切，這一切，全是苦盡甘來。

*

當年，結婚之後不到一年的時間，她已經忍不住問自己：「這日子，是要怎麼過下去？」

在雅加達同一家台商公司工作時，來自棉蘭的華人女孩愛上來自屏東的台灣男子，才二十二歲，她不顧家人反對，執意嫁作台灣媳婦。回屏東辦喜宴那天，有鄉親阿婆戴著斗笠，穿著連有袖套的工作衣來吃喜酒，她看了嚇一大跳。「二十幾年前，我們在印尼參加婚禮就會穿得很正式，打扮得很漂亮，不可能像台灣阿婆這樣，工作到一半，頭髮都沒做，衣服都沒換，就直接跑來吃喜酒。」她完全難以置信「這個地方」的人：「怎麼會這麼隨便？」

結婚第二天，老公要帶她去台北玩，她吹整好頭髮，仔細化好妝，換好衣服，漂漂亮亮準備要出門，這時，婆婆突然喊住她，要她先去洗衣服。

「可以啊！我放進去洗衣機洗。」她說。

「洗衣機浪費水，不行，要用手洗。」婆婆聽了猛搖頭。

「喔？那這樣我不洗。」她拒絕，斬釘截鐵，完全沒有轉圜的餘地。

傳統的台灣婆婆和倔強的印尼媳婦為了幾件衣服僵持不下，眼見期待已久的台北行就要成為泡影，身為兒子和老公的那個男人，看苗頭不對，速速把衣服給親手洗了。

「我沒有錯。在我家裡，洗衣服是傭人的工作，」她委屈地說：「從小到大，我根本沒洗過衣服。」

除了生活習慣天差地遠，不可思議的還有老公的薪水去向。一開始，她每個月的生活費只有十五塊美金，她年輕傻氣，沒想過要追根究柢，一直到懷孕之後，她才想起要問老公，他的薪水到底都去了哪裡？

「薪水？當然給我媽了啊！」他說得理所當然。

她聽了轉頭跑到廁所暗自飲泣。以後小孩的奶粉錢還有教育費要怎麼辦呢？錢從哪裡來呢？她不停流淚不斷問自己：「我怎麼這麼歹命，嫁給這樣的老公？」

老公答應她想辦法，才終於從婆家拿回三分之一的薪水作為家用。她尚且覺得委屈，沒想到她帶孩子回屏東探親時，婆婆竟跑來房間私下詰問她：「妳這個女人怎麼這樣壞心腸？妳愛我兒子只是因為愛他的錢嗎？」

「我坦白跟妳說，」她不甘示弱，一字一句，清楚頂撞回去：「我如果愛錢就不會嫁給他，在雅加達追我的人很多，每個都是有錢人。」

義正詞嚴回擊，她一點都不覺得自己大逆不道，「我上過班，見過世面，不是沒有見識的一般人。」她不懂婆婆為什麼如此誤解她？也不懂究竟有什麼道理自己要這樣被看不起？

「才剛結婚誒，這日子，是要怎樣過下去？」她在心中兀自哀嘆，忍不住這樣問自己。

＊

她的苦，無處可訴，能跟誰說呢？這樁異國婚姻當初全憑自己作主。

她的父母根本反對這門親事。她出生在棉蘭，是從廣東移民而來的華人第三代，媽媽一共生了兩男八女，她排行老么。家裡管得嚴，除了上學，她大門不出二門不邁，是個大家庭裡備受愛護的小么女。

高中畢業後她到雅加達上班，在公司裡認識了做業務的台灣同事。一開始媽媽堅持反對她和台灣人交往，因為當時在華人普遍的印象裡，台灣男人愛喝酒，會賭博，還會上酒家找女人，聲名狼藉。她是祕書，處理過老闆許多不為人知的私事，明知媽媽的顧慮並非空穴來風。然而，愛上了，她義無反顧，從來沒有想過退路。

二十二歲，太年輕就步入婚姻，「有時候我會想，當時自己為何那麼傻又那麼天真？」她搖頭說。

老公是一個老實人，媽媽所擔心的吃喝嫖賭一樣都沒有，可二十出頭的新嫁娘哪裡料得到，婚姻，尤其是身處他鄉的異國婚姻，所遇到的種種考驗又是另一種意外的章節。

老大一個月大時，他們從雅加達搬到東爪哇的小城。她，一個外地人，家人遠在棉蘭，還沒有新朋友，還沒學會開車，每天禁足在家，除了帶小孩什麼都不會，她第一次覺得自己笨，像個無用之人。

她的記憶裡，唯有「可憐」兩個字足以形容當時的處境。老公在外地做業務，星期一早上出門，星期六下午才回家，她一個異鄉人，一個新手媽媽，獨力撫育小孩，勞累沒有人分擔，生活充滿無力感。有時候半夜小孩生病，她無法自己開車送去醫院，只能看著孩子受苦，坐在旁邊陪著哭到天明。那還是一個沒有手機的年代，當她無助的時候根本找不到老公，叫天天不應叫地地不靈，一切只能靠自己。

除了可憐，這樣的生活也不乏可怕的時候。有一次她洗澡，把小孩鎖在房間自己玩，沒多久突然聽到淒厲的尖叫聲，她衝過去一看，發現兩歲的兒子從床上跌下來，正捧著扭曲變形的手大聲嚎哭。她整個人完全嚇傻，胡亂穿上衣服跑去隔壁求救，一把眼淚一把鼻涕拜託鄰人送他們去醫院。醫生照了X

光之後，告訴她孩子手骨斷了必須馬上開刀，她一邊聽著醫生說話一邊拚命發抖，六神無主完全不知道該如何是好。

她打電話給遠在棉蘭的媽媽求援，媽媽認為不可以隨便開刀，要她立刻辦理出院再想辦法。可是醫生又厲色警告她：「出了醫院發生什麼事我可不負責任。」她一個人抱著疼痛哭嚎的兒子，徘徊在開刀不開刀的抉擇邊緣，入院出院再入院，奔波周折拿不定主張，就算是哭腫了雙眼，難題還是只能靠自己解決。痛苦猶豫之中，才兩歲的兒子居然看出她的害怕，忘記哭泣，反而用甜蜜的奶音輕聲安慰她：「媽媽，妳不要怕！」

這樣的時候，家人遠在天邊，而老公在哪裡呢？她根本無從知道也無處找起，一切只能靠自己。日子久了，磨難多了，她於是慢慢摸索出一種堅強的生活模式，從一個什麼都不會的年輕小女生磨練成什麼都要會的超人小媽媽。

對兒子們來說她是超人小媽咪，對老公而言，她未嘗不也是十項全能。「過去二十幾年，都是我在保護我老公，而不是他在保護我。」雖然老公在外面奔波很辛苦，可是對內，生活中與生意場的大小雜事幾乎都是由她做主。因為在印尼，他是一個不折不扣的外國人。

外國人，語言不通，法律不懂，複雜繁瑣的稅務條例他完全沒辦法理解，這些全部都要靠她來解決。更要緊的是，印華商場上爾虞我詐的遊戲規則也必須仰賴她層層把關。台灣人來印尼做生意，與當地華人合夥或合作，常常發生糾紛，鬧得不歡而散。她覺得其中一個原因是台灣人做生意往往不夠精確，不講究合約只靠口頭承諾，剛開始合作都很愉快，到後來出現問題才來吵鬧爭執，最後難以收拾。長久下來，很多當地華人以為台灣人很好騙。「我老公不一樣，有在地的華人老婆在背後撐腰，他們就不敢亂來，有什麼算計也不會輕易得逞。」她不無驕傲地說。

「我的婆婆看不起我是印尼人，以為我是貪圖她兒子的錢。」很多年後她想到這件事還是憤憤不平，哼著鼻子說：「她根本不知道，在印尼，她的兒子背後是因為有我，生意才做得起來。」

後來，老公的家人漸次來到印尼探訪，當他們親眼目睹她處理公司與家庭大小事項時的精明能幹，都忍不住由衷稱讚：「喔，原來她是個女強人。」

雖然他們從來沒有直接用言語感謝過她的付出，但是「女強人」三個字聽在她耳裡，已經是一種絕對的肯定。

「表示他們不會再看不起我，這樣就夠了。」她無奈地這樣說。

*

嫁給台灣老公將近三十年了，她覺得自己走了很長的冤枉路。

她始終無法理解為什麼那麼多台灣人看不起印尼人？他們明明不了解印尼是一個什麼樣的地方，也不清楚印尼人過著什麼樣的生活，為什麼卻兀自存有那麼多偏見？

她的大嫂也是棉蘭人，晚她一年嫁去台灣。那段時間，台灣有很多從事養魚業與造船業的男人飛去印尼鄉下挑選華人新娘，大嫂正是透過相親管道才遠嫁台灣，後來她自己也當起媒人婆，牽線許多台印聯姻。

她和老公是自由戀愛，跟「她們」的情況完全不一樣。

在台灣，有時候妯娌兩人一起出門，有人會問：「妳哪裡來的？」「印尼啊！」「蛤？怎麼一點都不像？印尼的人不是都很黑嗎？」

她聽了又生氣又可笑，忍不住要回嘴辯解。可是她的大嫂遇到這種情況都避不吭聲，好像從印尼而來是一件丟臉的事情，「幹麼要這樣，我們也不差啊！」她非常不能理解。

可惜她們的婆家跟無知的外人一樣，並不了解這兩個媳婦是來自於一個不差的國家。

如果真的要仔細去比較，她打從心底認為，能夠生活在印尼真的是一件非常幸福的事情。在印尼，不需要多麼有錢有勢，女人們就可以過上悠閒的生活。在家有傭人幫忙做家事，有足夠的時間打理自己，不會邋裡邋遢變成黃臉婆。出門有司機代勞，直接送到目的地，不用頂著大太陽全身黏答答走長路趕公車坐捷運，就算天氣再熱也沒有干礙。

「每次聽到有人說印尼很熱，我就偷笑，」她輕哼著鼻子說：「台灣才熱好嗎？」

「遇到印尼新年，傭人司機都回到鄉下，大家通常會去餐廳吃飯，要不就出國跑得老遠。以前小孩小的時候，我們乾脆住酒店等傭人回家。在印尼，沒人幫忙還真的不知道該怎麼辦？」她描述著一種台灣人不能想像的貴婦生活，而這種貴婦，並非得要家財萬貫才能當得起。

在印尼她是過著這樣的富貴好生活，而她的台灣家人們卻認定她來自一個落後的地方，長時間以來都會不時對她流露出一種特別的對待。

一開始，不只婆婆認為她這個印尼媳婦貪圖老公的錢，對她多有提防，就連大姑也對她夙有敵意。她至今記得一個不愉快的場景。有一次小姑稱讚她的老大很聰明，還笑說以後可以回來台灣選總統，一旁大姑當場哼著鼻子說：「哼！怎麼可能？」

「怎麼不可能？」她立刻回嗆。

她心中有千萬個不爽快。

她當然知道這不可能，可是她不能接受大姑那種俾倪的眼光和口氣，好像印尼是一個如何糟糕的地方，而她的孩子是如何地不能與家族裡其他的台灣孫子相提並論。

「她們就是看不起我，對我很刻薄，越是這樣，我越要做給她們看。」她暗暗下定決心。

大姑去年才第一次來印尼，她帶著她到處逛 mall，竭盡地主之誼招待她，雖然還是得不到什麼悅耳的回應，但是她確信當大姑走在豪華的 mall 裡面，張望四周，看到這麼多身穿華服手提名牌包的漂亮女生，心裡一定受到不小的衝擊。「她都不知道印尼華人多有錢。」她笑著說。

有時候婆婆也會來印尼小住，一待一個月，想必也早看清了「印尼媳婦」的真相，了解到，喔，原來在這塊土地上，她是一位尊貴的太太，而不是想像中的高攀者。只是，就算已然改觀，婆婆也從來沒有當面承認過。

她不是一個懂得甜言蜜語的溫柔媳婦，脾氣硬，膽子大，不好惹，但她自認絕對不是一個壞媳婦。不管婆婆對她態度如何，她悉心照顧老人家的生活起居，還親自負責張羅三餐，早上煮稀飯配各式小菜，中午煮完就開始煩惱晚上的菜單。她盡心款待，生怕有什麼做得不夠好。

有一回婆婆還住在家裡，她突然會無緣無故流下眼淚，明明不想哭，淚水卻不自主流個不停。老公帶她去看醫生，診斷是因為壓力產生的憂鬱。「我都做成這樣了，她怎麼可能不對我改觀？」她忍不住這樣問。

她花了多長時間，才走到這一天，贏回該有的尊敬，還印尼媳婦一個真實不疑的原始面貌。

「還好為時不晚。」她覺著些許的安慰。

*

台灣親戚有可能對她不理解，但她的枕邊人怎會不知其中三昧，又怎會不對她充滿感激？

偏偏老公是個不善於表達感情的憨直台灣郎。結婚之後，他一直都在外地為工作奔忙，沒有多餘的心思照顧家裡。後來自己出來開公司，更忙，有時候一出門整整三個月，只能靠電話維繫與家人的關係。

他打電話回家通常不會詳細詢問家裡的情況，不懂得對她噓寒問暖，甚少主動要求和小孩講電話。「妳那個錢寄過來了沒有？」往往是他最最關心的話題。

「有時候他打電話回家我會很猶豫，要立刻接嗎？還是要讓它多響幾聲？」她的內心充滿矛盾，想聽聽他的聲音，卻又怕他問完錢馬上掛電話，那會帶給她更大的失落。

有一個嫁給台灣人的印華太太也遇到類似的情況，時常打電話跟她哭訴，抱怨老公只在乎她寄錢了沒有，對她與孩子漠不關心。更討厭的是，要是他遇到什麼不順心的狀況都怪罪於她，彷彿她人低言輕，沒有一樣合乎他的心意。

她聽了很慶幸：「我的老公不一樣。」雖然一樣不多話，但是她確知他並不是不愛她。他憨厚，本來就不善用言語表達感情，況且他相信只要有無所不能的老婆在，家裡大小事項一切搞定，沒什麼好操心，根本不需多費唇舌。「說到底，他是尊重我的，從來不會因為我是印尼人而看不起我。」抬著白淨的脖子，她微笑說。

她自知自己是他生意上不可或缺的幕後要角，是他印尼生活上的全權舵手，也是親力親為養育三個兒子的無敵女超人。她獨立，有能力，又充滿學習新知的熱情，「他怎麼可能又怎麼可以看不起我？」婚姻路走得越久，她對自己越有自信。

他們夫妻之間，有一句他始終沒說出口的感謝，她雖然心知肚明，但還是很期待哪一天，她可以親耳聽他說出這句話。

無論如何都是自己選擇的婚姻，她認命，有什麼不足都不會輕易放棄。說到底，夫妻之間縱使有各種不盡人意，但他終究是一個顧家打拚的好丈夫、好爸爸。當年她的媽媽極力反對他們來往，多年之後，在幾個女婿當中，媽媽卻是最喜歡這個台灣女婿，稱讚他是個好男人，吃苦耐勞，不會出去亂來，賺來的錢全部在她的手上，「跟嫁給當地的華人完全不一樣。」丈母娘滿意地說。

這點她感同身受。要是嫁入當地華商之家，經濟大權大多掌握在公婆手裡，怎樣都輪不到媳婦說話的餘地。而且這些富三代從小被捧在手掌心，習慣了被款待服侍，「誒，去拿杯水來！」「誒，去幫我做這個，做那個！」身邊的富太太們不乏被如此差遣，而她的台灣老公尊重她，從來不會隨意指使她。

當然，她承認嫁給台灣人也有著不一樣的問題，觀念差異就是其一。比如說對傭人的態度，他們之間恐怕永遠也無法達成共識。從小家裡有傭人，她老早養成一套遊戲準則。她對傭人態度明確，該怎樣不該怎樣，界線非常清楚。可是他心地軟，給了傭人許多見風轉舵的空間。家裡門鈴響了，她絕對不會自己去開門，「在家總是穿得很輕鬆，對客人不好意思，當然是叫傭人去開門。」可是她老公卻完全不能理解，認為明明只是舉手之勞，為什麼不自己去開門？再比如說，小孩上學，她讓傭人揹書包，「書包很重啊，難道要小孩揹到駝背？」可是她的先生不喜歡她縱容孩子，怎樣都不允許他們有嬌生慣養的權利。

「如果嫁給華人，觀念一樣，就不會有這些問題。」她哈哈笑著說。

＊

不只一個朋友問過她：「以後會跟著老公搬回台灣住嗎？」

大兒子在新加坡工作，二兒子跟著爸爸的事業做，三兒子還在念書，不管他們以後落腳在哪裡，對她來說，住了多年的小城，已經是她永遠不變的家。

然而，她的老公也不只一次說過退休後要回台灣，每次聽他這樣說，靜靜地，她半聲不吭，絕不回應。

「我真的不會想回台灣去。」這是她至今沒對老公說出口的衷心話。她的生活裡不能沒有傭人沒有幫手，現在年輕，或許凡事還可以勉強自己來，「以後老了，回台灣還能做家事嗎？」「而且，我回台灣什麼都不會，去哪裡都要人家帶，馬上變成一個笨人，」她猛搖頭：「我才不要搬回台灣去！」

她不想太早面對這個問題。

結婚二十八年後，經濟穩固了，孩子長大了，她只想好好享受人生裡最美的時光，用心愛家人，真心愛朋友，最最重要的是，她決定每天都要好好愛自己。

「如果妳不愛自己，誰會愛妳呢？」她眨著長長的睫毛，展開濃淡勻稱的笑靨，美美地，這樣說。

這樣的人生，才真正有意思

那年她不滿十歲，第一次來到爺爺奶奶家，站在門前，她張大嘴巴，呆呆看著，自言自語地說：「天哪！這是皇宮嗎？」

她和父母手足住在加里曼丹，這棟大房子是爺爺奶奶在東爪哇的家。姑姑說她是家族的長孫女，放假時應該回來看看長輩，於是買了張機票讓她從加里曼丹飛來小城探親。

奶奶家氣派豪華，她想起加里曼丹的家，忽然覺得那簡直像是一坨狗窩。這座漂亮的皇宮很神奇，吃飽飯拍拍屁股走人，碗盤都不用收，衣服也丟給傭人洗，自己完全不用動手，她想都沒想過天底下有這麼美妙的生活。

好歸好，但是奶奶規矩很嚴格，吃飯一定要正經八百圍著桌子坐，不能像在他們家一樣隨便，坐在地板愛怎麼吃就怎麼吃。而且還有一定的用餐時間，逾時不候。她從來不知道吃飯還要有那麼多規矩，住了幾天，心裡暗暗盤算著：「雖然好像住在天堂，但我還是想回去我的狗窩比較好。」

皇宮與狗窩的天差地遠，帶給幼小的她極大的震撼，以及尾隨而來的，說不出為什麼的挫折感與失落感。

＊

她從小生活的加里曼丹非常貧窮，周遭大部分的人大多清苦度日，很多華人都開計程車或是騎三輪車載客為生，並沒有因為是華人就過著比較富裕的生活。

她的家是一棟茅草屋，晚上睡覺的時候，有時會看到蛇緣著屋梁遊走，她的媽媽口中念念有詞：「不要掉下來不要掉下來……」生怕落得夜半與蛇共眠。儘管如此，他們也不會就此跑到屋外睡，因為除了蛇，屋外還有猴子等其他更多叫人害怕的動物四下埋伏，伺機等著他們。

她的爸爸手工製作各種不同顏色的果汁糖水，充其量只能算是個家庭小工廠，媽媽在家做月餅喜餅貼補家用，她是家中老大，什麼事都要幫忙，還要拿著餅挨家挨戶去叫賣。「生活很困難，我的媽媽沒時間管我們的學業，連我該去上小學了她都不知道。」她無奈地說。

大家都說印尼貧富懸殊很大，在那個年代，在那個窮鄉僻壤，這個懸殊卻經常是「窮華人和富印尼人」之間的差別。加里曼丹當時是印尼最大石油公司的所在地，在石油公司上班的印尼人過得比一般華人寬裕得多。她記得學校有些同學的父母是石油公司的職員，他們住在很棒的 villa 宿舍，每天有兩次免費的牛奶麵包送到門口。她去同學家玩，同學問她：「要吃麵包嗎？」「要啊要啊！」她連聲說。「妳拿回家吧，我都吃膩了！」那同學聳聳肩這樣告訴她。

同學的爸爸去打高爾夫球，順便帶著她們一起去俱樂部，同學指著餐廳跟她說：「在這邊妳可以大吃大喝，都不用錢喔！」她聽了扶著下巴，驚訝到說不出話。

「窮」已經是她的童年根深柢固的印記，好像那是與生俱來的命運。從來沒有人告訴過她，只要坐幾個小時轟隆轟隆的小飛機，她竟然也可以降落在另一個富裕的世界，短暫地嘗上幾天大戶千金的滋味。

這是為什麼呢？為什麼奶奶那麼有錢而爸爸卻那麼窮呢？為什麼爸爸媽媽幾乎不回皇宮去呢？為什麼只派她一人回去探親呢？她小小的腦袋百思不得其解。

她想不通大人那奇怪的世界，但從此以後，當她每次在皇宮與狗窩之間短暫來回，她清楚知道，有一種無法形容的痛苦，會再度出現在她的心間。

而這種痛苦，在她初中畢業搬到奶奶家之後，變成一種常態的存在。

念初中的時候，她的發育已經很好。這是她最大的煩惱，因為他們所住的區域，環境很糟糕，有些無聊的印尼男子會騷擾華人女生。她每次都要爸媽或兄長陪同才敢出門，一開門如果看見喝醉酒的印尼男子，即刻關門，寧願不出去。「我去補習電腦、英文，都要爸爸在路邊等我，不然會被追著跑。」她餘悸猶存地說：「貧民區的印尼男人看到華人小姑娘就追，我們眼睛要很尖，遠遠看到就要趕快跑。」

她的恐懼來自於當地不成文的慣例，就是，如果華人女生被印尼男生欺負了，就必須嫁給他。爸媽與她都怕極了這種事會發生在她身上，後來爸爸和奶奶商量過後，決定讓她遠赴東爪哇就讀。

隻身搬到了奶奶家，整整三年，她在兩個世界之間擺盪，一邊是舒適的物質生活，可是並不快樂；一邊是困窘的環境，但充滿家的溫暖，「對一個少女來說，這是一個很大的折磨。」她說。

奶奶對她的管教非常嚴格，約束很多，凡事都必須經過她的同意，連出門也不能自主隨意。她只是一個無拘無束的鄉下野孩子，哪裡禁得起豪門千金的萬般規矩。尤其要是沒趕上吃飯時間，只能望著鎖在櫥子裡的飯菜挨餓時，十五歲的她一心只想回家，「這就算是天堂也不能住的，太可怕了！」她在心裡喃喃自語。

她也始終無法融入城市的學校。那是一所有錢人讀的高中，她的同學們由司機開著賓士車接送上下學，只有她一個人走二十分鐘的路程來回家裡與學校之間。她穿著學校制服頂著烈日慢慢走，那畫面非常突兀，因為路上幾乎沒有華人在走路。

奶奶還不准她和同學出門，就算出去了，她也沒有錢和同學相偕吃飯看電影。媽媽給的錢剛好只夠付學費，奶奶一毛不出，她身上完全沒有多餘的錢可以額外花用。

學校放假時要是留在小城，她得去工廠打工，早出晚歸，賺取微博的生活費。如果想回家只能搭船，也只能買最便宜的艙等。有一次實在太窮了，湊不到錢買船票，直到她把平日不常穿的衣服賣掉，籌到票錢，才順利回到加里曼丹。

「我從來不曾開口跟奶奶要過一毛錢，也從來沒有跟同學借過錢。我的個性很硬，跟媽媽很像。」她年紀雖小，可是她清楚知道媽媽從不與奶奶往來，也絕口不提奶奶的事情，更沒透露過那座皇宮跟她之間曾有的關係，彷彿那些都是一個不可碰觸的危險話題。

「跟我一樣，媽媽是一個性格剛烈的人。」她說。

*

一直到結婚之後，她的先生好奇地向長輩探詢那些陳年過往，已然褪色的真相，才像拼圖般一塊一塊被拼湊起來。她內心所有的疑惑，總算得到遲來的答案。

爺爺的家鄉是廣東台山，與新會、開平、恩平合稱為嶺南四邑，為當時著名的僑鄉。為了求得更好的發展，爺爺在年輕時趕上南下的潮流來到印尼工作，賺了大錢之後，回到中國蓋房子，還與縣長的千金結婚生子，成為地方上事業有成的鄉紳。共產黨來了之後，爺爺帶了很多黃金白銀，轉道台灣，回到印尼，落腳加里曼丹，憑著寬裕的根基做生意，後來在東爪哇的小城開工廠，賺了很多錢。

而同樣來自僑鄉開平的外公則命運大不同，他十七歲時跟著販豬仔過來加里曼丹打工，沒知識沒家產，娶了在印尼出生沒有念過書的華人老婆，兩袖清風做餅過活。外公的生意本來做得不錯，但他沒有理財觀念，不買房，不投資，一心一意只想回到中國，但事與願違，一年一年，終究把他鄉住成了家鄉。

兩邊祖輩的教育背景與經濟環境天差地遠。當城市有錢人家的爸爸經過介紹娶了鄉下窮苦人家的媽媽，引爆了家族極大的衝突。出身大家閨秀的奶奶觀念很傳統，對出身貧困但非常能幹的媽媽頗有意見，尤其不容許她拿小錢接濟娘家，懷疑她意有所圖，想挖走夫家的錢。媽媽個性非常剛烈，無法忍受不公平的對待與莫須有的指控，也不願卑躬屈膝忍氣吞聲，以至於婆媳關係極度惡劣，連帶也影響到母子感情，最終造成兩代徹底翻臉的局面。

「聽說奶奶把爸媽一家掃地出門，連孫子都不要了，從此斷了金援。那年我才兩三歲，全家被迫搬回加里曼丹。」她有記憶以來的窮苦生活，原來是以這樣的慘烈作為開端。

她印象裡的爸爸是一個有學問的人，特別喜歡照相玩相機。本當是一個風花雪月的闊家小開，卻一生困居窮鄉，守著一個賺不了錢的小生意，背負著生活沉重的壓力，甚且還受到遠方手足的歧視，終日落魄而寡歡。她其實沒有真正了解過爸爸，也無法想像，從富家少爺變成薄利小販，從豪華大房搬到了簡陋茅屋，他是否後悔過為了婚姻放棄榮華富貴的決定？

而媽媽，倔強剛毅的外表下，她不敢想像那其中究竟藏著多少怨恨？這些，她自然無從得知確切的答案。但她確定，她自己，不要像他們一樣忍氣吞聲過著自己不要的生活。

「我要過一種我想要的人生。」

儘管身上背負著上一輩的恩怨留下來的苦擔，她很早以前已經這樣下定決心。

*

高中畢業前，大家都在準備考大學，可是她連申請表都買不起。就算考上了私立大學，爸媽也付不起學費。「公立大學是印尼當地人的專利，幾乎沒有學費，但是很難考，要成績很好才進得去。」她解釋。

可是她好想念大學啊，「奶奶一點反應都沒有，還叫我去補習班學做衣服，學美容，說上課幾個月後就可以馬上去賺錢。」她自知自己沒有手藝的天分，但也相信自己可以有更大的可能，不想順從奶奶的意見。朋友的叔叔在東加里曼丹的巴里巴半開了一家仲介行，願意出機票錢讓她去上班，她打消在小城念大學的奢念，接受了這個工作，離開住了三年的小城皇宮。

小店的薪水還算不錯，她尚有餘力可以讀下午班的大學。每天早出晚歸，她不怕辛苦，唯獨害怕幼時的恐懼又回來折磨她：「那個大學地處偏僻，靠近墳墓，兩邊都是田，我不會騎摩托車，每天讓鄰居的印尼人載著上下學。印尼人哪裡可以相信？我好怕被他給欺負了。」

怕危險，一年以後她決定休學，下班後趕著補習英文與電腦，用不同方式學習，增強自己的能力。惡劣的環境不能阻止她求上進，但有時還是忍不住心中的懊惱。「看人家上大學還是覺得好可惜啊！」她只能默默羨慕著別人。

她並不想一直留在鄉下看著一家小店，周遭的人都窮哈哈，怎麼樣都看不到任何未來。一年半之後，叔叔在東爪哇和台灣人合夥新開了一家木材加工廠，知道她很能幹，想找她去幫忙，她遂了心願回到了小城。

兩年後木材工廠結束營業，叔叔把她介紹給他的連襟所開的成衣工廠。工廠規模很大，有三四千名員工，她每天從早上六點幹活到晚上六點，老闆很摳，只給二十萬盾的薪水，也不給加班費。後來她提出辭呈，老闆才問她想加多少的薪水，「就算他給我加倍我也不幹了！」她氣憤難平：「華人給的薪水往往很苛刻，因為找人很容易，但是這樣不會有人願意長期留下來成為老闆的心腹。」

她辭職的時候，有一個台灣人提出五十萬盾的薪水想聘她一起成立新公司，她很心動。這個人找到叔叔家想跟長輩說項，卻被嬸嬸臭罵一頓：「你這個老男人，居然想來誘拐我家姪女，想都別想！」二話不說把他轟出家門。

嬸嬸口中的老男人，已婚，長她十七歲，一年前出現在公司，她是公司裡唯一能用中文和他溝通的人。他老早看出她的潛質，也欣賞她率直的個性，認定她是可以同行的夥伴，一旦鎖定目標就不打算放棄。三個月後，他寄了一張機票給回到加里曼丹的她，她力排眾議回到小城，開始和他一起籌組新的公司。

「是他誘拐我嗎？這是一種患難的交情。」她小小聲，這樣辯駁。

接下來的人生，跌宕起伏，不再只是她一個人的了。

*

老男人一轉眼變成了老闆。

老闆想成立PMA外商投資公司，基本門檻要兩百萬美金，「當時我們哪有那麼多錢？」她知道唯一的辦法是跟當地華人合作，籌措三十萬美金開了一家四人小公司。

「跟華人合作開公司有很多名堂藏在裡面，法律條文都是印尼文，他一個字都看不懂，很容易被欺負。」她是擋在前面的把關人，同時也是賣力的小祕書，從早忙到晚，半夜兩點還在辦公室打字忙出貨。公司的進展很迅速，才花了三年的時間，已經開始賺錢。

「可是華人看我不順眼，誣賴我手腳不乾淨，硬要解雇我。」她氣忿難平，幸好老闆挺她到底，跟華人股東們嗆聲：「如果要解僱她，把我也解僱好了！」

股東們不買帳，嘲笑他「只要美人不要江山」，兩方就此翻臉，決定拆夥。老闆願以當下資產額五十八萬美金賣給股東，要是不願意他就自己買下來。沒想到股東竟然只同意給他七萬塊錢，還撂話說：「你就只值這七萬塊！」

「我不要了，全部都給你們！」老男人壑出去了，淨身出戶只帶著她離開，一毛錢都不屑拿走。「什麼是男人？」他嗆聲說道：「我讓你們知道，這就是男人！」

三年的努力全數付諸東流，一切又回到開頭。

兩人身無分文，連輛車子都沒有，不死心，仍然決定從頭開始。他回台灣湊錢，找到七個股東，租了廠房，很快成立了新公司。他對外找訂單，對內忙生產，其他印尼方的事務，包括文件、人事、銀行、出貨、採購等等，全數包在她的身上。儘管起頭只有一個客戶，「不管了，先開始再說！」豁出去了，她連猶豫的時間都不曾有過。

公司成立之初，因為法律規定必須有當地人合夥，她掛名公司負責人，一直等到兩年之後PMA外商投資公司的許可下來了，才換回他的名字，撤銷她原本的公司。

「他的台灣親友問他為什麼不怕我跑掉呢？」她轉述他的回答，只有簡短一句：「因為愛啊！」「我們共患難，一起走過那麼多艱苦的歲月，對彼此完全信任。」她說。印尼親友也問她，那她自己呢？跟著一個外國的已婚男子闖天下，難道一點兒都不怕嗎？「二十幾歲的年輕女生，每天上班，去努力，去把每一件事做好，沒想太多。只知道，奮鬥就是了。」她淡定回答。

他們在同一條船上，朝著同一個目標奮力前行，這對她來說是最重要的事，其他，那些關於他們情感的閒言閒語，那些憑著表象所流傳的各種議論，甚至是自家兄弟姊妹的反對聲浪，都從來沒有讓她退卻：「別人看見的只是淺薄的外表，沒看見更深層的內在，我們的想法和態度相互契合，那契合是天生的。我們的感情很好，我知道他是一個值得信賴的男人，他看見我是一個負責任的人，我們堅持走下來，共同面對壓力與考驗，其他那些過程只是讓我們的關係更加緊密。」她說：「我不在乎別人怎麼說閒話，一起衝好了，一起走下去好了，我只想趕快完成我們眼前共同的目標。」

她下了一個結論，說：

「兩人之間如果只有愛，那麼也未免太乾燥。」

＊

那些外界無可避免的狂風暴雨，她不在意，也無畏無懼，幾年之後，老闆變成老公，她順理成章變成了老闆娘。

少女時期，她有很多華人朋友家裡很有錢，高中畢業去美國念書，找個爛學校隨便混四年，拿了學位回印尼結婚，生兩個小孩，從此過著有錢少奶奶的生活，「那沒意思，不是我想要過的人生。」她說。四分之一個世紀過去，從一個鄉下小姑娘變為成熟幹練的老闆娘，得到每一個客戶的稱讚與尊敬，回首前塵，她可以確信，「這樣的人生才有意思。」

「我有潛質，當年遇到我先生，得到養分，才能成為今天的模樣。」她坦言一開始是被領導與被教育，從年長十七歲的先生身上固然學到很多，然而如若不是她自己對學習充滿熱情，她的人生也不至於得到如此的翻轉。

二十五年成立三家公司，夫妻倆相互效力，年年盈餘，從來沒有賠過錢。離孩子們接班還有一段時間，他們還想衝刺，希望能在十年之內做到十億美金的資產。

她的訣竅是「做生意要有膽，不怕死」。每次她先生打算什麼計畫有什麼新想法，她從不出手阻攔，就算幾度被騙，她也從不責備他。「算了，不然怎麼辦呢？」她不為錢爭吵，從來不害怕有錢沒錢：「我小時候什麼都沒有，跟他打天下時也是兩手空空，頂多就是回到那樣的生活，沒什麼好害怕。」

因為曾經窮過苦過，她特別珍惜現有的生活。她身邊有許多人對於有錢這件事很興奮很得意，她的反應很冷淡，搭機只坐經濟艙，不愛名牌包，不喜歡化濃妝，連先生想買賓士車她都覺得太浪費。

她寧可拿這些錢去幫助窮人。做善事，她坦然輕鬆，並不要求回報。華人普遍對印尼人存有偏見，認為他們受到幫助卻不知感激，她的想法不同：「或許有些人的確是這樣，但如果做善事要人回報，那麼你的心也是不正的。」

對金錢沒有罣礙，這是她人生最大的自由。

*

對她來說，翻轉的人生當中最大的得益，是可以為後輩與子女提供優質教育的權利。

六歲時，她去老師家補習中文。

那時中文是被明文禁止的，學生們上課只能像是做賊一樣偷偷摸摸。他們不能同時進去老師家，一個進去後馬上關門，過了五分鐘再換另一個學生進去，回家時也是像這樣再輪一回。如果有人問起，他們一律回答是去老師家玩，要是不小心事跡敗露，老師會受到嚴重的處罰。

警察還是發現異狀，幾次提出警告後，老師深怕被當成共產黨抓走，索性不教了。她的中文學習被迫結束。高中畢業時，她的朋友準備去北京念中文，她每天暗地數算著錢包，想像著哪天有錢可以和她一起出發。

她當然無力出國念中文，也終究沒能完成大學夢。有學習的熱情卻苦無受教育的機會，曾經是她人生最大的遺憾。等她自己有錢有能力了，第一件事是全力幫助弟妹完成大學學業，後來小弟在歐洲念碩士，費用全數由她來負責。能為家人圓夢，她感到無比驕傲。

「我的大女兒現在在新加坡念高中，我希望她畢業後能去德國念書，學習德文或法文。」曾經在高中修過三年德文但無以為繼的她，彷彿已經在女兒身上，看見自己少女時未竟的夢想。

當年那個一無所有的女孩，從窮鄉僻壤走來，一步一步證明自己的能耐。現在的她，有足夠的力量為人圓夢也圓自己未竟的夢。

人生走到這個分上，她覺得，真正有意思。

人生的變化球，她用愛接手

她在印尼長大，也在印尼嫁給台灣人，婚後，隨著先生的工作轉換，二十幾年來，她一而再再而三地搬家。

跨城跨島或跨國，一次又一次搬遷，人事物重新洗牌，一切從頭再來，她不覺害怕，時間久了還甚至有點享受它。

新婚之時，先生任職的榮工處在東爪哇蓋高速公路的工程尚未完成，他們暫住在小城的職員宿舍。宿舍裡有很多台灣太太，隔壁鄰居也都是印尼華僑，她們常會熱情找她出來聊天。那時候她的中文不是很好，也沒有結交新朋友的渴望，「聊天時我會一直想有什麼理由可以先逃回家，不用和她們一直講話。」還很年輕的她，寧願一個人待在家，小小的新蛹裡頭歲月靜好，前路還長，她不急著探出頭去四下張望。

一年多以後，先生的工作班師到靠近雅加達的萬隆，她帶著幼兒移居陌生的城，開始全新的生活。三個月之後，新居漸漸有了家的溫度，某一天，鄰居匆匆忙忙跑進門來，大聲嚷嚷：「妳兒子在哪裡？

趕快叫他回家！」她一頭霧水，當場愣在原地。「妳老公跟印尼人打起來了，警察先把他拉到旅館躲起來，印尼人找不到他，放話要找他的老婆和小孩。」鄰居氣喘吁吁地說：「快快，妳快點把兒子找回來！」

混亂當中她迅速弄清事情的原委。有個台灣同事不滿某個印尼工人太懶惰，打算炒他魷魚，礙於語言不通，找來她先生幫忙傳達。小工忽然丟了工作，氣不過，出手揍了傳話的先生，一來一往，兩人扭打成一團，旁人見狀也加入混仗，場面火爆一發不可收拾。

好幾個同事一看苗頭不對，馬上衝到她家商討對策，迅速擬好一套逃跑計畫。等到天色漸暗，一輛警車在前，母子倆坐進另一輛車緊接在後，緩緩開出宿舍。經過大門時，車上乘客全都立刻縮進位子下方，噤若寒蟬。大門外，好多印尼男人佇立路旁，緊盯著瞧，聒噪著喊，手持棍棒等著目標出現，準備一哄而上。為了不讓他們起疑，開車的同事故意開得很慢，若無其事那般一派輕鬆，成功掩過眾人耳目，夾帶母子逃離現場，直奔旅館。一家人平安會合之後，再迅速驅車雅加達，立即搭機回到小城家鄉。

「我們什麼都來不及拿，整個家全都丟給傭人去收拾殘局。」她清楚記得那蒙著頭逃離的慌亂與恐懼。

「很恐怖。」至今，她仍覺驚魂未定。

他們倉皇逃離之後幾個月，萬隆宿舍又發生更嚴重的衝突。她輾轉聽到朋友的轉述，說是有個隨團醫生違規帶女生回宿舍，跟印尼警衛發生衝突。醫生拿剪刀刺傷警衛，當地人群起反彈，拿著滅火器對準每一間宿舍胡亂噴灑，很多同事的太太和小孩都被緊急疏散到雅加達。

聽完，她忍不住打了個大大的寒顫。事情雖然發生在別人身上，可她卻有如身歷其境那般真實。

與萬隆只有三個月的薄緣，結束在莫名其妙的衝突事件。她有過一時的衝擊，可是沒有因此失去恆常的信心，也未曾對漂泊的未來感到一絲膽怯。

「是我該經過的路，我就經過，不會想太多。」她不以為意，這樣說。

*

被迫結束萬隆的工作後，她先生調職蘇門答臘，他們在更遠的他鄉異地重起爐灶，再安一個家。這個新家，很鄉下，離 Palembang 巨港還有四小時的車程。宿舍旁邊就是叢林，到處都是高聳的榴槤樹，聽人說還有老虎和馬來熊出沒其間。「可怕嗎？我一點都沒感覺。」她笑著搖搖頭。

那時候，孩子一個兩歲，一個才五個月，就讀天主教小學校的幼稚園，附近只有小診所沒有醫院。很多人替她擔憂，要是小孩感冒或有急症那該怎麼辦呢？她不害怕，不替明天憂慮，不去自己嚇自己，整整五年之中，兩個孩子的身體沒有出過什麼問題。「在叢林野地盡情玩耍奔跑，在自然的環境裡天生地養，醫生說他們都很健康，連維他命都不用吃。」她接著苦笑說：「可是後來搬到雅加達附近的 Selang，孩子們回到城市了，反而一天到晚生病感冒。」

是的，雅加達，他們人生的下一站，印尼首都，一座巨大、繁華卻又混亂的城市。叢林村莊的恣意生活瞬間退成昨日過往，她被放回城市的忙碌軌道，按部就班，跟著學齡的孩子們一起在知識的領域裡成長。

孩子們轉到台北學校就讀，光是上下課要花上三個小時的車程。每天清晨，公司安排一輛小麵包車統一載六七個孩子上學，為了怕司機打瞌睡，她負責跟車，接著一整天留在台北學校等下課。台北學校按照台灣的教材與進度來教學，在全中文的環境裡，孩子們很快學會中文，打下很好的基礎。這段陪讀期間，她也趁機學中文，但她的課堂不在學校，在菜市場。

當時學校裡有另外一群台灣媽媽，因為他們公司的派車是大型巴士，開去百貨公司或是菜市場都不方便，於是搭她的順風麵包車，一同四處去採買。「我們在菜市場語言交換，我說這是kankung，她們就說那是空心菜，我說這是pisang，她們就說那是香蕉。」那段有趣的教學相長，她非常享受，日積月累，也還真的頗有成效。幾年後，當她再見到以前的台灣長官，經過短暫的交談，他驚訝無比地說：「噢，妳的中文怎麼進步那麼多？」

帶著成果豐碩的菜市場中文，五年之後，她再度準備打包行囊，前往下一個挑戰。這次命運的輪盤轉得更加奮力了，那是離家鄉越來越遠的菲律賓。

一九九八年，春天，四月，她先生單獨飛去菲律賓赴職。一個月後，等他把新家安頓妥當，孩子們台北學校的學期也結束了，他再回到雅加達，接妻小一同前往。

離期倒數前幾週，五月十三日，雅加達爆發排華暴動，整座城陷入混亂的恐怖局勢。暴動當天，學校還繼續開放上學，整個公司宿舍裡面，除了另一個華人太太跟她之外，其他的台灣太太們都還讓孩子照常去學校。

「台灣人把讀書看得很重要，對成績的要求也很高。就算外頭風聲鶴唳，她們也不輕易讓孩子曠課。」這樣的觀念，她至今無法理解。

到了晚上，上學的孩子們果然全部困在學校，回不了家。當時外面情勢已然失控，非常危急，台灣媽媽們都很緊張，全都跑來她家請她打電話跟學校聯絡。她幫忙打探到消息，輾轉得知孩子們全都躲到了老師家，媽媽們只能守在家裡焦急地等待。

隔天孩子們全數平安脫險，他們描述起當晚可怕的經歷仍然餘悸猶存。當時老師翻箱倒櫃，把可以當成武器的東西都找出來，放在伸手可及的地方，準備隨時應戰。接著關上燈，整個屋子黑漆漆伸手不見五指，全部的人屏住呼吸，半點聲響都不敢有，生怕一個吭氣就要大難臨頭。

幾天之後，她先生從菲律賓趕回來，提前接他們離開雅加達。她永遠記得在前往機場途中所看見的畫面，四處都是被燒焦的殘跡，很恐怖，烏漆麻黑慘不忍睹。機場裡面黑壓壓的人潮，一個個汗流浹背，焦急地等飛機等機票，氣氛非常緊張。

捏著手裡的機票，一家四口安穩地坐在候機室，她慶幸他們可以馬上離開這場混亂。然而接下來，她的未知的人生是否也將以另一種混亂作為開端呢？

「我沒多想什麼，先生去哪裡我就跟著去，是我該走的路，順其自然而已，沒什麼好害怕。」她說。人生的下一個變化球，她伸出手，穩穩接住，再一次淡然處之。

＊

她從來不懂得害怕，她相信那是因為自己小時候得到過充分的愛，以及足夠的安全感。

祖輩來自福建，父母親都在東爪哇土生土長，連外婆都已經是生於斯長於斯的印尼僑生，她出生在非常早期的跨海移民家庭。

城裡有一家有名的煙草博物館，從館藏的老照片裡可以看出荷蘭殖民時期婦女的傳統穿著打扮：梳髮髻，露出光潔的額頭，長袖V領薄上衣，繫上蠟染沙龍長裙，十分溫婉有韻。「我印象裡面的外婆和媽媽就是這樣的打扮。」她回憶說。

父母從小接受荷蘭語的教育，沒有上過華文學校，他們跟孩子講印尼話，偶爾參雜荷蘭語。比起華人文化與傳統，父母成長過程接收更多來自殖民時期的荷印混合式教養。「小時候如果我經過別人面前沒有稍微彎腰，我媽媽就會提醒我這樣很沒禮貌。」這是典型殖民時期印尼人的生活習慣，深深影響了她，甚至她自己的兒子長大成人後，無意之間，還是傳承了這樣溫柔的儀節。

「生在印尼，接受荷蘭教育，我的媽媽想法很開通，沒有很多來自中國古老傳統的限制。」她印象裡的媽媽不拘泥中國古禮，對宗教抱持開放的心態，對人也充滿慈愛。她記得，媽媽是一個疼愛媳婦的好婆婆，不只沒有華人家庭裡普遍存在的婆媳問題，更隨時叮嚀他們必須敬愛大嫂。她也深刻記得，媽媽對當地人一視同仁，沒有偏見也沒有分別心，從來沒有約束過孩子們跟印尼人做朋友，反而提醒他們生長在這塊土地，必須尊重主人。媽媽身上有副寬闊的心腸，自然散發的愛，像是陽光，時時滋養著她，她的內在因此充盈飽滿而從不匱乏。

上有五個兄姊，她是家中老么，與大哥相差二十幾歲，跟最小的姊姊也差距十五歲。她在順遂中成長，不僅沒有吃過什麼苦，還集眾人寵愛於一身。「我們家不是很有錢，但哥哥姊姊們都很疼愛我，處處為我著想，我是他們手心裡的寶貝。」被手足寵愛的滿足全寫在她的臉上，那份專屬於么妹的幸福，不言而喻。

家人疼愛她保護她，一開始並不樂意她與來路不明的外國人交往。尤其當時有些來小城工作的台灣人跟當地女生談戀愛後一走了之，甚至女生已經懷孕也置之不顧。等她與台灣男友論及婚嫁時，父母都不在了，哥哥十分擔心她，作主讓姊姊陪她去一趟台灣，「看看他在台灣有沒有老婆」，哥哥這樣直接挑明說。

取道香港，姊妹兩人來到陌生的台灣，住進他在高雄的家。身家清白這件事很快得到實地的印證，但是她的心裡不為人知的喃喃自語：「喔！我們印尼小城看起來比台灣高雄還要進步。喔！他的家看起來好古老，跟想像當中完全不一樣。」不過這些環境的衝擊力道很輕，只是像一陣微風拂過她的眼睛。「只要確定他沒有老婆就好了。」她在心裡偷偷地鬆了一口氣。

可兩邊的長輩們卻依然分別懷著不約而同的擔憂。印尼的哥哥一再叮嚀她：「要小心喔，不知道台灣人到底怎麼樣。」未來的婆婆雖然待之以禮，對她很客氣，可是私底下偷偷跟兒子咬耳朵：「你要小心喔，聽說印尼人怎樣怎樣。」

兩邊的親情拔河，分別在兩端暗中拉扯，她無所謂，她對未知的人生不做無謂的憂慮。「我從小在被愛的環境當中長大，所以我的內在很足夠，充滿天真的勇氣，不懂得害怕。」她堅定地說願意，毫無猶豫，迎向異國婚姻的新人生。

其結果是，她不僅嫁給一個「不知道怎麼樣」的台灣人，還走進一種「不知道下一站在哪裡」的家庭生活，一年一年，在他鄉獨力養兒育女。她無畏無懼，一路展現無比的毅力與勇氣，跌破身邊眾人的眼鏡。曾經有一次她聽見姊姊跟別人說：「我這個妹妹，以前什麼都不會，被照顧得無微不至，結果現在居然可以什麼都自己來，我真的萬萬沒有想到。」

她暗地微微笑。

她也沒想到，來自家人的愛，足以支持她在婚姻路途上，走得這麼遠，走得這麼無怨無悔。

*

第一次搬家到國外，比起惶恐，她其實更覺得有趣。

匆忙離開雅加達的時候，台北學校還因暴動而處於關閉狀態，兩個孩子都沒能拿到成績單與轉學證明書。來到菲律賓馬卡蒂，碰到的第一個問題是，沒有學校願意接受他們就學。

「不行，沒有成績單怎麼念書？」這是每一所學校給她的答覆。一如往常，先生工作繁忙無暇他顧，她自己帶著兩個小孩，在人生地不熟的城市四處找尋學校。她的英文不是特別好，很難說服對方理解他們的特殊情況。好不容易有學校勉強首肯，卻要求孩子們連降兩級，她拒絕，透過教育部門，繼續為孩子們找尋去處。整個尋校過程跌宕起伏，哪一扇門關了她就轉身敲另一扇門，終於在開學之前覓得一所天主教學校的國際班，成為兩個孩子的新歸屬。

在馬卡蒂住了一年半，再轉往馬尼拉住了一年半，許許多多別人眼中不可忍受的的生活周折，她視為運命當中無可避免的自然而然。「我沒有適應上的問題，我也不會去抱怨這個不滿那個，我不是那種人。」她說，一派輕鬆。

但她承認，雖然不算是非常虔誠的天主教徒，可是每次遇到轉換或是挫折的時候，她會靜靜禱告，求天主給她更大的勇氣，幫助她堅守住滿滿的信心。

回想起來，將近三十年的婚姻生活裡，她的勇氣與信心，只有在回台灣居住的那幾年，才真正遇到過挑戰。

為期三年的菲律賓工程宣告結束之前，老闆知會先生可以先把妻小安排回台灣，她於是帶著兩個小孩回到高雄婆家暫住等候。沒想到結局峰迴路轉，菲律賓的工程意外得以接續，先生回不來，她只好幫孩子們找好學校，開始了不在預期當中的台灣偽單親生活。

「我很不喜歡台灣。」過了很多年，她還是不得不嘆口氣，坦承說：「那四年在台灣，我真的過得不好。」

公公很早就不在了，家裡只有婆婆。剛開始，孩子上學去，她沒有朋友，幾乎每天都和婆婆在家相守。婆婆很囉唆，念東念西，對她多有約束，還會跟旁人投訴她的不是，小姑湊熱鬧，背後也會說她閒話。她的教養從不允許對人惡言相向，一開始乖乖地安分守己，但後來逼不得已據理力爭，卻反而得到一點尊敬。有一天，她實在無法忍受了，直接跟婆婆說：「妳一直在講我的壞話，我都知道啊！」彷彿做了一場溫柔但堅定的宣示，從此，就算婆婆再囉唆挑撥，她都選擇不理睬不在乎，安靜過著自己的生活。

儘管婆婆不太高興，她一個星期三次騎腳踏車去游泳，晚上還去社區大學上課，跟著小學教材，一筆一畫正式學寫中文字。重新回到學生身分，她很認真，很用心，小六課程結束的時候還拿到市長獎。「我很開心每天都可以去上課，因為這樣我就可以不用一直待在家。」她哈哈笑，說得十分坦白。

三年後，先生從菲律賓回到台灣，本以為情況會有所轉圜，結果卻是雪上添霜。先生是孝順的兒子，不懂得設身處地替身為異鄉人的太太著想，明明知道她的處境困難，可是不會想法子幫她解套。長久以往，夫妻之間也種下難解的心結。

「我不喜歡台灣不是大環境的問題，是家裡的氣氛讓我不開心。」四年之後，他們再度舉家搬回印尼，曾經有個台灣媳婦問她什麼時候要再回去台灣，她不由自主脫口說：「想到要回台灣我就害怕。」說完她自己都嚇一大跳。搬那麼多次家，經歷那麼多大風大浪，遇到那麼多難關，她幾乎不曾心生畏懼，反倒是太平日子裡的瑣碎家常，以及家人之間的暗潮險流，讓她第一次懂得了什麼叫害怕。

*

多年來，她先生總愛把「老了以後回台灣」這句話掛在嘴邊，可是她知道，他其實更喜歡住在印尼。之前他在小城買了一棟房子，無非是想在未來有個最終的歸處。結束菲律賓的工作回到高雄短短一年後，經由朋友介紹，他又接受了印尼的工作，選擇回到他所熟悉的第二家鄉。這些蛛絲馬跡，她不多說什麼，默默地全看在眼裡。

孩子大了，輪番離巢飛到美國念大學，接著，先生輾轉前往蘇門答臘與西爪哇工作，這回，她選擇留在東爪哇的家鄉安住，和親愛的家人團圓，不再隨著先生的腳步客居他鄉，只有定期前去探視，做短暫的停留。

接下來的五六年，她人生裡難得有一段屬於自己的「事業生涯」。當年大學還沒畢業就踏入婚姻的她，生平第一次投身職場，進入房地產公司上班。過往二十年來純粹的家庭主婦華麗轉身，變成俐落的上班女郎，她有工作，有薪水，有朋友，還有前所未有的成就感。她的人生從此變得不一樣。

一直到先生退休，她辭去工作，時隔十載，命運又把她帶回台灣。

儘管過去幾年，工作為她單純的人生打開了全新的視界，她的胸襟因而變得更為開闊。但是這完全無助於她面對回台灣的恐慌。第二度的台灣生活，她反而更加不開心。

除了生活態度與處事方式依然迴異的婆家親人之外，退休在家的先生，是她的另一個新挑戰。「他回到台灣好像變成另外一個人，和印尼的他完全不同。」她嘆口氣，說：「在印尼，他對我比較好，一回到台灣，他就不太理會我，還總是不停挑我的毛病，傷我的自尊。」

思前想後，她覺得無比困惑，想破頭，最後不得不往人性的弱點去胡亂猜測：難道是因為在印尼時，他是一個外國人，很多事需要我的幫忙，所以才會對我比較好？

多年的夫妻情分怎麼能建立在利益的交換呢？她無法接受這樣荒謬的理由。「在印尼，不只是我照顧他，我娘家的人全都對他很好，無條件愛他，有什麼需要幫忙都一定會幫他。」她不禁要問：「現在我來到陌生的台灣，換成我需要被愛護，你反而不對我好。這說不過去。」

先生常常自己出門不在家，她索性也出門探索新生活，教印尼文，跟著老師練氣功，在公園教印尼舞，參加舞蹈表演節目。教書練功練舞，她把日子過得精采而忙碌。婆婆和先生看在眼裡，有點不高興，抱怨她老是不在家，她不理會，在心裡替自己打氣，理直氣壯：「我又沒有做壞事，為什麼不可以？」

因為教舞，她結交了許多來自印尼各地的台灣媳婦，形成一個小小的同鄉網絡，時常聚在一起，聊聊彼此的心事。她年紀較長，閱歷較多，給了年輕外配們許多的慰藉與力量。她所聽見的故事，很奇妙的，幾乎大同小異。「喜歡台灣，但是不喜歡家人。」是她們不約而同的心聲。

「聊天時，她們大部分都是在罵人。」她莞爾，不避諱這樣說。婆媳關係往往是話題的重心，不外乎是類似的劇情：印尼外配剛開始都很乖很聽話，大多依循印華尊重長輩的習慣來侍奉婆婆，可是依然受到不平等的對待，許多甚至被當成外勞任意指使，後來她們反過來對婆婆很凶，婆婆反而變得安靜無言了。

她覺得好悲哀。自己和婆婆個性不合，雖然依舊可以待之以禮和平共處，但是在她們的故事裡，她還是隱約看見了自己的身影，「我在台灣的時候，全部的注意力都放在家人身上，沒時間去愛上台灣美好的那一面。很可惜。」她小小聲地說。

兩年之後，印尼文的教學告一段落，她整裝行囊回到印尼。這次，她知道自己是真正回到家了。回首台灣那幾年，恍惚遙遠，像是一場夢。有些片段回想起來，意外地透著溫暖的光：「有時候我陪著婆婆走路去公園，她去老人中心唱歌，我去樹下草地練功，練完功後我會走過去老人中心等她，安安靜靜，坐在旁邊聽她唱歌。」

「我先生說過比起台灣媳婦，我不及格，差很多。但是我知道，比起住在對門卻對婆婆不理不睬不相往來的台灣媳婦，她最喜歡我。」她微微笑，無比溫柔，沒有一絲怨尤。

*

「我沒有後悔過嫁給台灣人，這是上帝安排的道路，我照著走就是。」她說。

憑恃著不懂害怕的勇氣，穿過許多曲折幽徑，終於走到幸福的此時此地。她很喜歡現在的生活，在熟悉的地方，跟愛的家人、好的朋友在一起，她感受到前所未有的輕鬆與自由。

哥哥姊姊們住在走路可及的同一個社區，她常去廝混，安心回到被寵愛的老么身分。好朋友們時常相偕出遊，去外埠，飛外島，吃吃喝喝好不快活。

兒子們每幾個月回來探望她，時時打電話，未曾忘記過關心媽媽。先生大部分的時間留在台灣，偶爾才會回到印尼來。距離拉長了，昔日的溫情自然而然大幅回轉，他每天傳簡訊，隔空溫馨傳情，過去幾年那個在台灣的冷淡薄情男好像從來不曾存在。

兒子曾經幫她去算命，算命師鐵口直斷：他們夫妻倆不適合住在一起，分開住，偶爾相聚，感情才會甜甜蜜蜜。

回顧前塵，展望未來，她的人生不一直都是這樣嗎？她感謝上帝總是給她最合適的安排。

「滿好的。」她發自內心，微微笑著。

向日葵

異地他鄉，心中有光。
你我，
是彼此的太陽。

家庭主婦的逆襲

二〇〇五年，她的先生來到印尼開工廠的第十五年，發生了一件詭異的事情。

有一天，台灣的幾個股東們連袂飛來印尼，其中包括貿易部門的副總以及先生的大哥和二哥。遠來是客，她先生想找華人股東一起餐聚，不知道為什麼，他竟然拒絕邀約。

「我直覺有異。」她說自己雖然是向來不涉公司業務的婦道人家，可是直覺哪裡不對勁：「台灣股東來印尼，一起吃飯合情合理，他為什麼避不見面呢？」

她先生是個單純善良的人，怪她想得太多，她堅持驅車到香格里拉飯店，問問二哥這究竟是怎麼一回事？

一到香格里拉，大門一開，正好撞見三個股東和華人股東坐在大廳，圍成一圈，嘰哩咕嚕正在說話。一抬頭看見他們夫妻，一時尷尬不已，支支吾吾，神色裡有著掩不住的慌張。「我先生這才相信，他們正在聯手策劃什麼計謀。」她挑著眉毛說。

果不其然，因為華人股東急需用錢，一個精心的計謀很快被搬上檯面：第一步，他聯合台灣股東逼迫她先生把公司買下來；第二步，他料準公司沒有他肯定成不了事，等她先生慌了手腳無計可施，自然會再高薪聘請他回來上班。

「人心險惡啊！」嘆口氣，她幽幽地說。

這件事，不僅改寫了他們的事業版圖，也徹底翻轉了她的人生。

*

來到印尼十五年，她始終是一個全職的家庭主婦。

結婚以前她在旅行社上班，因緣際會經由業務認識了她的先生，戀愛短短十個月迅速訂了婚。「結婚必須要有衝動，我什麼都不知道就嫁了，完全沒想到婚後一年多先生會被家族派來印尼開工廠。」她回憶說。

一九九一年，她抱著七個月大的兒子，從雅加達轉小城，第一次踏上印尼的土地。一過海關，走出機場，她差點沒當場哭出來，「放眼一片漆黑，連一家便利商店都沒有」是衝上腦門的第一個念頭。

在城裡的香格里拉飯店住了三天，壓壓驚，過個溫水，搬到鄉下宿舍後，生活的真實樣貌一椿一椿跑出來，像盆冷水分批當頭澆下：房子裡沒有自來水、打雷就停電、沒電話、印尼文聽不懂也說不出口……。離開台灣前，她只是以為印尼比較落後，沒意想到日子過下來，竟然會有那麼多的困難。

生活的難處她一樣一樣慢慢克服：「沒自來水就找工人挖水池，快沒水了就叫水車來灌水，平常還要接雨水備用以防萬一。瓦斯桶、抽水機放外面還會被偷，連冷氣機都得加鐵窗。」

令她欲哭無淚的不只這些，至今仍舊餘氣未消的是：「一開始還老被傭人欺負！」好不容易盼到有冰箱之後，有天她開心地想拿出食材煮稀飯給兒子吃，沒想到冰箱竟然鎖住打不開。她比手畫腳問傭人，「才知道她的東西放在冰箱，怕我吃，所以鎖起來。」她啼笑皆非地說：「還有喔，廚房的螃蟹啊雞肉啊有時候會不翼而飛，餐桌上最多的卻是便宜的佛手瓜，十幾個員工老是吃不飽。」

她是個傳統的南部媳婦，很快拿回廚房的掌控權，自己開伙煮飯，傭人只在一旁切菜清理。照顧孩子她也是自己親力親為。一開始華人譏笑她自己帶小孩，聽煩了旁人遊說，她請了一個護士來幫忙，但是觀念不同很難溝通。有一天她大中午回家來，看見護士帶著兒子在外面曬太陽，心一橫，她把護士辭退，從此不管旁人的閒言閒語，餵飯哄睡，把屎把尿，樣樣自己來。

身為移居印尼的台灣家庭主婦，她的白天生活裡只有兩種人，一是孩子，一是傭人。孩子三歲多，她才規律踏出家門，每天送他上幼兒園。兩個小時的上課時間，車程來回卻要耗費兩個多小時，轉到美國學校之後，路途更遠，她索性每天待在教室當老學生，坐在兒子後面陪他上課。接送與陪讀是她生活的重心，除此之外，她很宅，來幾年了還是不輕易出門，也不與外界往來，「我那時不太會跟人家一起玩，是個標準的家庭主婦。」她笑著回憶。

那些年，她唯一往來的對象是學校的家長。每個星期三美國學校有為媽媽開設的親職課程，群組裡的媽媽們來自韓國、日本、新加坡、印度各地。她只是媽媽聯合國的一個小成員，並不特別顯眼，也沒有廣交朋友的企圖心。

她亦步亦趨專心陪著孩子成長。很辛苦，可是別有一份單純的幸福。老大十二歲時，她決定懷老三，

「當時實在沒有特別的事可做，哥哥姊姊大了，想說生個小的來作伴。」沒想到的是，老么才三歲，遇上華人股東策反，她的人生緊急煞車，迴旋三百六十度，整個大翻轉。

「早知如此，當初就不會生老三了。哈哈哈！」她眨眨眼，戲謔地自我解嘲。

*

「先生到哪裡，我們就跟到哪裡。」這是她當年移居印尼時，心裡唯有的念頭。關於家族事業，那是男人家的事情，她只有基本概念，當然也不可能有什麼主張。人家怎麼說，就怎麼做，她從不對此感到懷疑。

她約略知道的是，在結婚之前，她先生已經在泰國、菲律賓、印尼、中國等地考察，為家族企業探看投資開設鞋廠的可行性。當時台幣強勢升值，獲利都被匯率吃掉，他們做的是美國高爾夫球鞋的品牌，幾乎沒有賺錢的空間。外匯升值到二十六時，美國貿易商強烈要求他們出走。

她明白「當你的貿易商要你走，你不得不走」的道理，可是她想不通，先生是家中老么，上有兄長以及公司副總，怎麼說也輪不到他扛旗出來闖天下。「他們都有家庭有小孩，誰也不想離開台灣。」她嘆口氣說：「人，都是為自己著想。」

不由分說被拱上檯面的老么才三十二歲，帶著新婚的妻子和七個月大的兒子以及十幾個台幹，來到印尼，從找地開始，開闢異國新天地。

跟其他台商一樣，礙於外商不能獨資的法規，他們第一件事是找到印尼合夥人。「台灣人很老實，看華人開賓士車，戴勞力士手錶，以為他們很有錢，其實很多是靠台灣人幫他們賺錢的。」她忿忿不平：「我們來印尼投資，有資金，有技術，客戶也都在手上，自己也可以做好，可是他們的法律保護自己人，一定要合資，沒辦法。」

從一九九二年工廠開始生產到二〇〇五年，他們與華人股東合作愉快，「只要賺錢他就ＯＫ，尤其九七、九八年印尼盾大跌，公司大賺，他更開心。」她聳肩，說：「他都不用進公司上班，就可以在家數鈔票，當然很開心。」

怎麼樣也沒料到，愉快合夥十多年，最終還是為錢撕破臉。拆夥前幾年，公司的大單被中國拿走，賠了不少錢，「可以同甘但是不能共苦，他只有對錢有感情。」她感慨無比說：「真的很現實。」

她清晰記得那段離奇的談判過程：「華人股東設局逼我們買廠。他先開價，假意詢問誰有意願買下，我先生覺得價錢不錯，願意賣給華人，準備打包回台灣。華人聽了嚇一跳，馬上改口如果我們不買，他要立即凍結支票，不再簽名。」她氣憤難平：「公司的支票必須股東共簽，我們手上的訂單還沒出完，他不簽字，公司等於停擺，我們根本是被掐著脖子買下工廠的。」

除了二哥的股份留下來，其他的股東因為不同因素全數退出，她先生咬牙全部買下來。

長久以來，她先生專心公司內部的訂單和生產，而華人股東則負責對外與政府官部門的交涉往來。買下工廠後，華人料定他們撐不下來，擺明要求數千美元的月薪以及額外的分紅，才會願意回來幫忙。她先生當然不會答應這樣無理的條件。一夕之間，終止與華人的合作關係，他們形同被股東們聯手拋棄。

二〇〇五年啊，不堪回首的那一年。就在不得不買下股份的隔一天，她的婆婆過世了。

她的先生立刻飛回台灣奔喪，向來為華人把持的公司人事竟然跑去勞工局投訴「老闆要落跑了」，工會打算解職老闆，工人鼓譟要求領取遣散費，整個公司人心惶惶。那時她的小兒子才三歲，她一個什麼都不懂的家庭主婦，就這樣被迫上了戰場。

工會的疑慮是有原因的。以前曾經有外國老闆丟了工廠落跑，導致工人求償無門，難怪只要公司上層有一點風吹草動，就可能引起勞工很大的騷亂。而早在他們買廠之前，會計部門已經連夜加班清算資產，職員老早把消息洩漏給工人，他們知道股份即將有所變化，心裡不安，紛紛開始打起算盤。「整個工廠唯一不知情的人，是那個被懷疑要落跑的台灣老闆，也就是我的先生。」她只覺啼笑皆非。

先生回台奔喪，她趕鴨子上架，開始苦讀勞工法，也找了華人律師幫忙找出解套的方法。勞資雙方纏鬥多時，紛爭最後圓滿落幕，靠的不只是律師的錦囊妙計，更是老闆娘恩威並施的氣勢。她跟工人說：「好，我可以發給你們錢，但要按照我的規矩來，要嘛你就接受，不要拉倒，你只能乖乖繼續做。」工人不服，辯稱已經跟華人股東約定好要拿遣散費，她雙手一攤，說：「但是華人不愛你啊，不然怎麼會把你賣給我？我還是愛你的啊，因為我還要繼續做，還會繼續付給你工資。」

軟硬兼施，她一邊試圖安撫近千名員工，一邊在公司的能力範圍內發放遣散費，才總算把公司拉回正軌。表面上看起來她獨領救援成功的光環，實際上，「那幾個月，我是很痛苦的，每天煩惱到徹夜難眠。」她直說，並不掩飾內心深處的脆弱。

人生從此翻了篇。連她自己都沒料到，十五年的主婦生涯底下，她竟然偷藏著一份做生意的巨大潛質，更神奇的是，一遇到狀況，那潛力還能立刻迸發出來發揮無遺。娘家是做生意的，國小時她常跟著爸爸跑銀行軋支票，後來學校念商科，上班時肯學肯做，一天做十二小時也不喊累。有潛力加上肯努力，要不是結婚以後遵循「女人不可以出頭」的家訓，錯失磨練的機會，這顆璞石說不準早就成了耀眼的美鑽。

「冥冥之中人生自有定數，或許，我無論如何都會走上這條路，只是時間早晚的問題。」回首前塵，她微微笑著說。

*

命運推了她一把，從此她一躍而上闖進生意的競技場，直至今日再也沒有下場過。

當初華人股東認定他們無力掌控的法令與稅務領域，換由她操戈上陣，硬著頭皮拿下與官部門交涉往來的艱難任務。

一開始她當然什麼都不懂，找朋友找同行，厚著臉皮追問一些傻問題。她是一張白紙，不怕到處找人著墨，用最快的速度填補知識與經驗的空白。「我很感恩當初那些願意教我的人，他們每一個人都是我的老師。」她說：「每到過年我都會親自送禮表達感激，一直到今天。」

從傻氣變為聰明，從天真變成世故，多年磨練下，她已經不再是當年躲在先生的背後謹守家園的妻子與母親，而是公司裡不可或缺的第二根頂梁柱。

她相信「環境會造就一個人」。多年來，跑遍需要交涉的官部門，工會、勞工局、移民局，在每個單位裡她都有熟識友好的主管，只要找對門路，弄清遊戲規則，她便可以順藤摸瓜，不用再像無頭蒼蠅四處亂闖。面對每年都會藉故來審查的議員，她也從剛開始的驚慌失措，變成後來的談笑自如。她慢慢抓到應對的訣竅，懂得拿捏，熟知怎麼安撫這些人的口袋。

「有一次總共來了十三個議員，在辦公室坐不到半小時，相談甚歡，連工廠都不用去看。」嘴角揚起一朵神祕的微笑，她說：「開玩笑，滿意的數目已經安安靜靜進了他們的口袋。」

這中間當然也有踢到鐵板的時候，許多時候必須付出一定的代價。二〇一〇年她曾經被稅務單位揩掉好幾個M的印尼盾，好幾個M誒，那是一棟房子的錢，「真的很敢拿。」她莫可奈何：「我只能當成花錢買經驗。」

她可不只忙著抵抗外侮，對內，她也是先生掌理廠務的賢內助。「我每天一進辦公室，面前已經坐了好幾個人等著跟我報告，一個解決完立刻換下一個上場。」除了速度快，她承認自己嗓門大，恰北北，「我手下有一票印尼男生，氣勢上必須先要鎮得住他們，說話大聲他們才會怕。以前我還會拍桌子罵人咧。」她笑著說：「看起來很有氣魄，但那是實木桌誒，其實我的手都快痛死了！」

再比如，她的弟弟來印尼幫她先生做事很多年了，後來也成了小主管，他的印尼手下竟然仗勢坐大，不把老闆娘放在眼裡。她二話不說減他的薪水，他發現後理直氣壯跑來質問，她直直看著他，淡定地說：「你的薪水就是這樣，如果你願意就繼續做，如果不滿意，沒關係，」她指著門，說：「大門在那裡，你出去了就不要再進來。」

「從此他知道發薪水的人是我，再也不敢亂來，對我好有禮貌。」她挑著眉毛說。

二〇〇五那年，一把推開家門，邁開大步走出去，她已經不是那個沒有聲音的家庭主婦。這必得剽悍的下半生，只能往前，沒有退路了。她，心知肚明。

＊

每當回首來時路，對著外人時，她總是說笑以待，直爽而豪邁，但那並不能抹煞其中沒有少過的壓力與痛苦。剛開始時，工作很多很煩，每天勞心勞力十個小時，沉重的壓力遠遠超過她的負荷，逼得她幾乎快要發瘋。有一次從台灣要回印尼，在機場準備出境前，她臨陣縮了腳，突然一陣難受湧上胸口，當場打了電話給先生的姊姊，一邊抱怨一邊崩潰大哭，說她不要回印尼了，「嚇得她趕快跑到機場來安撫我。」她笑著說。

伸出手背，抹一抹眼淚，還是乖乖上了飛機。

下了飛機，來到別人的國度，沒有其他的人可以信靠，還是必須為自己所愛的人勇敢。

她的先生是一個安靜的人，也不懂得甜言蜜語，談戀愛的時候連一封情書都沒寫過，二〇〇五年，夫妻倆共體時艱持扶而過的那一年，他空前絕後寫了一張紙條給她，到現在，十幾年過去了，還完整如新，放在她的梳妝台。

對照起來，她是個活跳又精明的老闆娘，但這並不表示木訥寡言的老闆對公司的付出比她來得少。看她辛苦時，他會自動分擔，她脾氣上來罵人出氣時，他會默默承受。儘管如此，還是有人狐疑地問過她：「為什麼拋頭露面的事都是妳一個女人家在跑，卻不是妳先生出來扛？」

「我沒有想過這個問題誒，夫妻是一體的，一起打仗天經地義。」她不在乎誰做得多誰做得少，不會算計誰是前鋒誰當後衛。她不能理解：「打拚的是自己的事業，奮鬥的是同樣的目標，有什麼好計較？」

「而且，我先生對我很好。」她慎重地這樣說。

她的弟弟本來只是來印尼幫姊夫打工，長期以來，盡心負責比其他台幹還要可以信靠。多年後，她先生堅持讓他入股，還曾經引起其他股東的不滿，他卻排除眾議挺他到底。這點，她感恩在心。

一九九〇年，她娘家的經濟臨時出了狀況，身為女婿，他挺身而出，跨海伸出援手，解了燃眉之急。這點，她也不會忘記。

「他很好，我很感謝他。」一字一句，她溫柔但堅定地說：「我願意為他做任何事情。」

*

商場上她是巾幗不讓鬚眉的悍將，關起門來她也未曾怠職，是一個不折不扣的認真虎媽。三個在印尼長大的孩子，在她的擘劃下，都得到很好的學習與發展。

尤其是前兩個孩子，接收她完全的關注與付出。教育上，除了親力親為，在學習資源不甚充沛的印尼小城，她也把握任何機會，尋求額外的奧援。兒子高中畢業後申請到加拿大的大學，順利進入電機系。接下來，以總統獎畢業的女兒也申請到美國知名大學的生物系，打算四年後往醫學系前進。

當醫生是女兒的志願，然而，她前思後想，總覺得這條通往美國的學醫之路未必容易，最後她力主女兒重考，預備隔年再用僑考的方式擠進台灣的醫學系。

女兒對她這樣異想天開的決定感到傻眼。同學們都上大學了，只有她還被媽媽安排到台北學校寄讀，更叫她心理不平衡的是，台北學校認為她的中文程度只有小學三年級，硬把她塞進高一的教室跟課。虎媽一不做二不休，還在課後安排一對一的私人老師，天天苦追中文和數學的進度。

「這一年我所付出的補習費比美國學校的學費還要貴，但我不在乎。」虎媽說：「那一年僑考有十七個醫學系的名額，只要她能拿下任何一個，比什麼都值得。」

「結果一年之後，她考上第一志願，台大醫學院醫學系。」她難掩驕傲的說：「女兒還跟我說謝謝。」

就算人生跑到一半，莫名其妙變成女強人，但在媽媽的田徑場，她也從沒放鬆過，反而更有主張更有方向。

「沒辦法，在我們家，媽媽說了算！」她聳聳肩，笑著說。

*

當年抱著娃娃來到印尼，她才二十五歲，現在，年紀倒過來寫，她已經五十二歲。年過半百的她，幹練而成熟，熱情但溫柔，不再只是埋頭向前衝。唯獨抵抗外侮時，她仍然是生意場上的一條活龍，順著時代的改變，她迂迴改變對應的策略，膽子很大，沒在怕。

「我每天進工廠前，都不知道會遇到什麼狀況。現在的印尼變好多，不能用以前的思維來面對政府的各種挑戰。」她分析說：「現在官員有兩派，一派還是要吃錢，一派是只要業績。前者是快退休了，能吃多少是多少。後者是年輕一輩的，想升官，搶業績，除非上頭有人施壓，否則拿再多錢都擺不平他。」

二〇一六年，為了幾桶沒有准字號的機油，警察開價五十條印尼盾，她嫌太貴，不給他。「好啊！來耗啊！」她氣定神閒，跨好馬步，等對方出招。

「我的錢三進三出警察局，他說要把我移送法辦，我找警察頭去說，他還是咬死一定的金額。」兩方纏鬥四個月。那期間，每星期有一天她會進城來和台灣朋友上跳舞課，有時一邊跳舞，一邊拿著電話談笑用兵，「誰怕誰？最後頂多花錢買經驗！」她豁然，無所畏懼。

「過五十歲了，變溫柔，但是臉皮更厚，什麼都不怕了！」她臉上浮現一朵笑容。

現在的她，唯一擔心的是，大學畢業後已經回來接班的兒子，要到什麼時候才能有老媽這樣從容不懼的態勢呢？

「可能得磨好幾年。」她笑著說。

時間跟努力會解決一切。放眼未來，她還是，沒在怕。

他們的青春彎道

「孩子座位旁邊有幾個同學很調皮，吵得他沒有辦法專心上課。可以麻煩老師幫他換個位子嗎？」她在學校聯絡簿上這樣寫著。

以前在台灣不都是這樣做的嗎？要是學生在學校有任何問題，親師之間都可以用聯絡簿來溝通，方便雙方共同來找出解決的方法。尤其兒子才剛剛轉學到印尼來，更是需要老師的協助。

青黃不接的時期，這是身為媽媽唯一能為孩子做的事情。

先生九年前隻身來印尼開創事業，她帶著兒子們留在台灣固守家園。安土重遷是她的人生基調，一開始她完全不曾想過帶著兒子搬過來，「我怎麼可能搬來印尼？孩子怎麼可能來這裡念書？」每當有人熱心提議時，她搖頭，絲毫不為所動。

一直到小兒子升小六的暑假，她的先生才起心動念，有了家人在印尼團聚的念頭。一來是因為大兒子大學即將畢業，可以在台灣獨立生活，而小兒子已經有了完整的小學基礎教育，算是打穩了中文的根基。二來是因為他親眼看見印尼的學習環境，和台灣比起來，相對輕鬆很多，孩子們下課之後還有時間可以打球、學樂器，做自己有興趣的事，而不是只有永無止盡的念書與考試。這使他下定決心，準備讓小兒了升國一時轉到印尼來上學。

可是兒子十分排斥。國一，正是有自己主張的時候，他不想離開熟悉的環境，也不想離開親愛的友伴。就算是過去九年來每個暑假都來印尼小住，他還是很難接受搬家與轉學的雙重改變。

新學校是全中文教學，教材也是照著台灣的進度走，不過學生的背景各有特別之處，學習的氣氛也不同於台灣。「學校裡有很多孩子，家境十分優渥，父母事業做得很好，將來不怕沒出路，書念得如何並不是他們最看重的事。」她輕輕嘆口氣，說：「居然有孩子的功課是傭人幫忙做的呢，事情就發生在我們這一班，真的是匪夷所思。」

習慣於台灣教育方式的兒子，立刻面臨到適應上的問題。他沒辦法接受有些學生自由散漫的學習態度，眼見著同學上課滑手機、聊天，甚至在課堂中間走來走去，「這裡怎麼會這樣呢？」他嘆為觀止，回家跟媽媽抱怨：「這樣我要怎麼好好上課呢？」

她不想大張旗鼓驚動其他學生，思前想後，只能寫聯絡簿請求老師換位子，試著把影響降到最低。誰知道排長收聯絡簿時，無意間看見了其中的內容，一口認定新來的轉學生跟老師挑撥告密，一傳五，五傳十，引發了一場暗中的風暴。

「從此，他變成全民公敵。全班同學聯合起來抵制他，全都不跟他說話，對他視而不見，好像他是空氣一般。」她心疼地說。

以前在台灣，他是個快樂的學生，朋友多，人緣好，活潑開朗，甚至因此還有些口無遮攔。聯絡簿事件之後，他好似驚弓之鳥，從此封閉自己，再也不敢隨意打開心房。

眼睜睜看著兒子經歷巨大的轉變，她不能說完全沒有懊悔，當初如果好好留在台灣，他的人生也不會半途殺出這條艱苦的道路。可是在兒子面前，她必須不動聲色，必須沉著穩定，對於前路不能有任何一點膽怯。

「弟弟啊！畢竟你要長久留在這裡，不能因為遇到困難就想回去台灣。」當失意的少年開始萌生退意，她只能循循善誘：「你要試著主動釋放善意，多多幫助別人，不要害怕伸出友誼的手，時間久了，他們了解你了，自然而然就會接納你。」

幸好兒子還是勇敢面對了艱難的處境，也從中學習到如何反省自己，言行舉止變得較為謹慎，個性變得更為成熟而內斂。這段期間，她不特別出手幫忙，只是在旁邊安靜地觀察著，看著他愈臻成熟懂事，她深深覺得寬慰：「這對他來說，也算是一種難得的收穫。」

一年之後，班上換了新的導師，班級的秩序大大提升，兒子的情況立即有了改善，同學們重新恢復了跟他的互動往來。高一之後，有些比較調皮的學生轉校離開了，班上只剩少少七個人，他終於完全被同學接納，成為班上不可或缺的一員，再也不怕被孤立忽視了。

「弟弟，你很了不起耶，可以勇敢度過那三年。」許多年後，她和先生回想起這段往事，都還會由衷稱讚兒子。

印尼，肯定是一個教他忘也忘不了的青春轉折點。人生長路的起跑之初，因為被迫急煞改道，而遇見不一樣的風景，對來自台灣的青春少年來說，是小小的不幸，可也是大大的幸運。

*

而對於迫近青春尾聲的她而言，印尼，毋寧也是人生有史以來幅度最大的一截彎道。

在此之前，她只想在台灣安身立命，過著平淡舒適的生活。

由於先生在台灣的事業遇到一些瓶頸，二〇〇四年，因緣際會，他和朋友來到印尼合夥做海鮮食品工廠，同時也從事台灣種子的買賣，順利拿到東爪哇的代理權。

為了前途情非得已，先生選擇單槍匹馬到異鄉開疆闢土，她則留在台灣全心照顧長輩與兩個兒子，讓異鄉奮鬥的人沒有後顧之憂。夫妻相隔兩地，她花了好一段時間才逐漸適應，還好一開始先生拿的是商務簽證，兩個月必須回台一趟，再加上暑假她會帶著兒子前去印尼相會，偽單親的日子過來還算不至於太過辛苦。

九年多來，最難熬的時候，莫過於每當母子過完暑假啟程返鄉的那一刻，尤其是被留下來的異鄉人，心裡更是惆悵難耐。「熱熱鬧鬧兩個月，又要回到一個人寂寥的生活，我先生每次送我們上飛機時都難過不已。」她的語氣充滿疼惜，說：「幸運的是，後來一起打網球的朋友介紹他參加華人的歌詠團，開始陸陸續續認識很多人，他的異鄉生活才不會太過孤單。」

萬年青歌詠團，團員大多是六十多歲的正派華人長者。一百多人的定期聚會，多半是銀髮夫妻共同參與，閒暇時一起唱唱歌，跳跳排舞，是一個很健康正面的活動團體。

「他生活不會太寂寞，我也從此比較放心。」她面露一絲神祕的微笑，說：「我每次暑假過去，就趁機擺眼線，團裡有很多長輩姊姊們平常會幫我看著他，絕對不會出問題。」

九年來，這是她心頭隱隱的憂慮。她聽過太多台商跟華人祕書私築愛巢的例子，甚至連他們公司的職員都不免曾經淪陷。台商初到印尼，語言不通，法令也不懂，很多公司文件都必須仰賴當地女祕書，時間長了，日久生情者有之，情勢所迫不得不收為己有的也大有人在。先生在千里之外另結新歡，太太就算知情，也只能睜一隻眼閉一隻眼，隱忍著顧全大局，苦撐著台灣的基地。

她不怕。除了暗中布下的眼線可以作為防備，她其實更相信先生是一個光明磊落的正人君子，顧家，愛小孩，應該不至於有不軌的情事發生。「我可以感覺出來他沒有對我說過謊。」她自信滿滿，這樣說。

將近十年的時光，一如預料，平靜無波，安然度過。原本她以為，夫妻兩人會繼續隔著千山萬水，履行彼此忠誠的誓約，各自為家庭努力奮鬥。沒有想到，先生的一念之間，大幅改寫了她人生的下半場。

＊

曾經有台灣朋友問過她：「妳在那裡有沒有看過大型蜥蜴？」她歎一口氣說：「我這裡很進步，連百貨公司都比台灣還要進步不知道多少倍好嗎？」

也有人左看右看端詳她：「啊妳不是印尼來的嗎？怎麼皮膚那麼白？」她又嘆了一口氣，悠悠回應：「印尼並不會比台灣熱，好嗎？」

不能怪他們，想當年她第一次到印尼來探望先生，也是驚嘆連連，暗地恨過自己怎麼那麼沒見過世面。先生帶她去拜訪朋友家，那些房子的外觀看來都像博物館，裡面的裝潢有如宮廷一般，家人之間講話還得用對講機。女主人的臥室簡直是小型百貨公司，整櫃的名牌包包張牙舞爪排排站。還有還有，那後院圍牆高到天邊，落地窗簾長到無極限，她傻傻地張大嘴，忍不住仰著頭問主人：「這窗簾到底要怎麼洗啊？」

「印尼地大物博，人民可以自給自足，不一定要對外敲鑼打鼓，吹噓真實的面貌。可是台灣人不明就理，以偏概全咬定人家就是落後的代名詞。」她搖搖頭，說：「其實很可笑。」

有過之前的震撼教育，當她搬到印尼長住時，心中並未感到特別動盪，過往多年的暑假駐留，已經給了她了足夠的預演時間。只不過，當一年一度的歡樂迷你劇集延長成為天天上演的長情連續劇，其中的滋味，還是大不相同。

以前暑假來團聚，先生總是把行程排得很緊湊，吃飯、聚會、唱歌、聊天，每天都像是在度假，熱鬧滾滾，根本無暇想到其他，腳一跺，眼一眨，暑假飛快來到尾聲。如今，假期要細水長流過成家常了，她才認真和印尼的僑居生活打起交道。

「人生地不熟，語言不通，文化不同，被孤立的感覺好可怕。」搬來不久，她話由真心地說：「我覺得那些嫁來印尼的台灣女生們，都好勇敢。」

相較於周遭那些不得不落地生根的台灣新娘們，她自覺是幸運的，起碼溫暖的家庭就是她的原鄉，不論門外有些什麼風雨，只要她關起門來，一家三口的小日子就可以過得安穩平靜，就好像沒有離開熟悉的家鄉。

先生租的獨棟小屋，有前庭有後院，還有一個傭人幫忙打理家務。為了避開和傭人獨處的尷尬，她大多時間留在自己的房間，日復一日，看書看電視，等兒子下課，等先生回家。

安穩平靜的日子過下來，久而久之，她漸漸產生一種幽禁之感，彷彿自己是一隻囚禁在鳥籠裡的金絲雀，只能看著外面的天空，拍著翅膀，獨自唱著歌。

安於穩定，不代表她不喜歡飛翔。在這座城，沒辦法自己出門，處處都得靠著司機或是先生的接送，她深深懷念在台灣時可以隨意移動的自由，捷運公車計程車，以及自在走路的大街小巷，一樣一樣成了她朝思暮想的對象。

她也想念她的老朋友。先生不在台灣時，她的生活節奏全憑自己作主，和朋友相約吃飯聊天喝咖啡，是尋常白天當中的一些小點綴。現在，關在這座城堡裡，哪裡還有朋友的蹤影？

百無聊賴的主婦時光，日日在印尼上演，「白天雖然很無聊，幸好，晚上的生活，卻很精采。」她眨著眼睛，輕巧揭開一只不為外人所知的神祕寶盒。

*

她正式加入萬年青歌詠團，隨著先生的腳步，攜手跨入一個完全不同以往的社交新世界。

吃飯聊天，唱歌跳舞，有什麼稀奇呢？「我坐在台下，睜大眼睛直直看，這個場面，真的是不可思議。」她笑著說。

她見過世面，不是小鼻子小眼睛的閨閣小女子。爸爸的家族企業做的是貿易生意，公司常有國外的客戶往來，媽媽喜歡帶她參加飯局。這類應酬的跨國社交場合，她從小看到大，她很習慣，也很了解遊戲規則，向來表現得大方得體，不至於大驚小怪亂了手腳。

可來到印尼小城，華人的晚會場面結結實實教她大開眼界。台上有人拿著麥克風專注唱著歌，台下有人自動自發站出來大方獻舞，歌者舞者莫不沉醉在自己的世界裡，渾然忘我若無旁人。五彩霓光，歌聲舞影，她坐在位子上，張嘴看著，恍如置身在台灣六〇年代的歌舞秀場。

除了溢出現下時空的懷舊氣氛，更讓她目不轉睛的是女士們的裝扮。誇張高聳的髮型，色彩濃豔的完妝，綴滿蕾絲亮片的禮服，人手一只的昂貴名牌包，胸前耳墜奪目耀眼的大件珠寶。她低頭看看自己，雖然刻意換掉台北聚會時尋常穿著的牛仔輕裝，換上一席素雅洋裙，也撲上一層淡妝，但她橫豎看來，依然像是跑錯場子的路人甲乙。

「妳在台北菜市場買的那些一件一百的衣服，不要再穿出來了。」有一天，先生忍不住開口直言對她說。

從此，她的衣櫥改頭換面，汰舊換新，掛上全新行頭。暑假回台探親時，她趁著減價大肆採買，華麗的，高貴的，誇張的，在台灣不可能有機會亮相的正式禮服，跨海而來，一件一件成了她的新寵。

每次要參加晚會前，她得花上兩三個小時前置作業。擦指甲油，手指腳趾一根根紅豔欲滴，明耀照人。換上隱形眼鏡，露出明亮雙眼，擋不住的顧盼生姿。上髮捲，烘烘捲捲，噴髮膠，精雕細琢一顆華美貴婦頭。一層層上妝，畫眉，戴假睫毛，粉撲一張完美的精緻容顏。站到衣櫥前，精挑細選，看看還有哪一件禮服沒亮過相沒見過世面，最後踩上 blingbling 金色鏤空高跟鞋，她對著鏡子左顧右盼，嗯，「好美！」她滿意無比，對著鏡子說。

她是一個愛漂亮的女生。很小的時候，她最愛玩紙娃娃的遊戲。她總是為紙娃娃畫出各種漂亮的衣服，設計各式髮型，配上皮包珠寶，打扮出各種模樣，幻想著有一天她也能跟紙娃娃一樣，有替換不完的衣裝。

沒想到這個心願會飄洋過海來到印尼美夢成真。「在台灣，大家習慣輕鬆隨意的美式風格，哪有機會這樣打扮呢？」她展開一張燦爛的臉顏，掩嘴說：「有趣的是，我先生居然說他從來沒發現，原來自己的老婆也是這麼美！」

爭奇鬥豔在印尼華人界是理所當然的美德，她樂得順水推舟，沒有一點點突梯違和。在印尼，美麗是被樂見其成的。她參加過很多豪華婚禮，眼睜睜看著來賓穿得比新娘還要美，絲毫不輸給奧斯卡的紅毯大車拼。她出席過有錢太太的生日宴會，老夫老妻打扮得花枝招展好比新郎與新娘。她還知道很多女生為了不落人後，名牌包用過就賣，賣了再買，買了再賣，這是公開的祕密，沒什麼稀奇，不會被拿來小話批評。就連台灣朋友家裡的傭人，日日手塗蔻丹，臉施脂粉，還曾萬般不解問女主人：「太太，妳為什麼都不化妝？」

在這裡，她美得堂而皇之，理直氣壯。

甩掉市場一百元的洋裝，轉個身，重新華麗登場，她成了萬年青當中的一棵小青蔥，水噹噹，亮晃晃，跟著長輩們唱歌跳舞，也跟著融入那前所未見的印尼新世界。

這個新世界，實在很難跟台灣朋友用言語來形容。

歌詠團除了平時的聚會，也會順應節日更換不同主題。有一次萬聖節，六七十歲的長輩們莫不殫心竭慮挖空心思打扮成各種造型，他們倆，團裡最「年輕」的一對夫妻，僅僅戴著眼罩，蜻蜓點水，綜觀全場，好像看戲一般：「像這樣的時候，我會忽然忘記自己身處何方，也想不起來是何年何日。」

「就好像掉進了一個虛擬的時空。」

她想，她終於想到了最適合的詞彙，來描述她眼前的印華新世界。

＊

小城的台灣人為數不少，大多周旋於台灣的商會或交際圈，像這樣長時間融入當地的華人社團，他們夫妻倆是非常少數的特例。

她跟遠在台灣的朋友們分享各種晚會活動的照片，她們由衷讚嘆說：「哇！妳完全融入誒，看起來就像當地人一樣，妳怎麼能夠適應得那麼快？」

「順應潮流，跟人們交際應酬，這不難啊！」雖然回答得輕巧，但是她心裡清楚，除了藉此排遣無聊的金絲雀時光，並且可以展現自己美麗的另一面，其實，她並不真正打從心底投入華人的世界。時間再久，她終究只是徘徊在周邊的一個台灣人，永遠不可能走進中心點。

語言是一個問題。很多老一輩的華人，生逢禁止中文的排華年代，只能說基本的華語，溝通起來並不容易，真正要算得上談心，那是難上加難。

觀念上自然也是大不相同。以歌詠團裡最切身的唱歌這件事來說，台灣人和印尼華人欣賞的眼光便是大相逕庭。有一次千載難逢的機會，費玉清到小城來舉辦演唱會。她難掩興奮，覺得好驕傲啊，台灣的國寶誒，正好藉機讓他們見識一下台灣歌星的實力與魅力。

沒想到聽到的竟是某些人的連聲抱怨：「好無聊啊！從頭到尾都同一套衣服，中間只有喝喝水，講講話，怎麼那麼沉悶呢？」原來他們想見識的是幾十年前的台灣秀場，繽紛燈光效果，超炫舞台裝，而不是那優美如流水的歌聲。演唱會太過「平靜」，中間不時有人在台下走來走去，講話交談，她一整個傻眼，既生氣又傷心：「那麼好的歌星，來這邊被糟蹋，唉！」

她欣賞印華重視家庭的華人傳統，每到週末，百貨公司裡全是攜老扶幼出門聚餐的大家族。然而至於中華文化的精髓，儒家倫理道德的實踐，在這個族群當中，她還是看見了不得不的斷層與空缺。「因為時代背景的關係，他們所接收到的中華傳統是片面的，不完整的，以至於他們的行為舉止有時會偏離儒家『溫良恭儉讓』的標準，比較自我，不太會去考量別人的感受。而且為了在別人的土地求生存，他們很懂得捍衛自己的權益。」她嘆了一口氣，語重心長地說：「我們在台灣從小被教育成一個有文化，講倫理，謹守禮義廉恥的公民，這是我們最寶貴的資源，也是全球的華人世界裡唯一僅存的文化正統。這點我們比印尼華人幸運，應該好好珍惜。」

表面上雖然被華人社團接受，但她心知肚明，他們之間存在的不只是一道語言的鴻溝，想法與認知相差十萬八千里，說到底，他們還是當妳是外人，跟妳保持著某種友善的距離。她無所謂，本來印尼就是她人生的一個中途站，能在停留時修得一份善緣，讓來日可以回味，已經足夠。

前兩年，先生參加了台灣的工商聯誼會，夫妻倆終於和台灣社團連上線，開始參加台灣人的各項活動。

她揣想著，台灣人在印尼住久了，應該也會入境隨俗，變得跟華人一樣重外表愛打扮吧？第一次參加活動，她一如往例，盛裝前往，結果，「台灣人好樸素啊！」她低頭看看自己，妝太濃，衣服太華麗，哎呦，再一次，她懷疑自己又上錯了舞台，跑錯了場地。

她的印尼生活漸漸拉回台灣的主軸，有越來越多的台灣朋友可以聊天作伴，她的白天變得跟晚上一樣精采，不再孤單。星期三寫書法，星期四運動，星期五買菜加按摩，來到印尼五年後，她早已經不是一隻望天興嘆的無聊籠中鳥。

白天夜晚，她自在往來台灣人與華人的社團，她知道這是難得的福分，她珍惜每一座舞台，也感激每一份朋友真摯的愛。

*

搬來印尼的第一年，先生在高爾夫球場邊的大樓買了一套公寓，此後，一家三口在綠意之間安家落戶。

買了房，朋友們都以為他們會長留印尼了，她卻堅決地搖搖頭，說：「我始終是過客心態。」小城的生活很舒服，先生疼兒子乖，有朋友，有娛樂，逛街按摩，過著貴婦的生活。然而，印尼畢竟不是她的母土，她心中還是存在著一種不安全感。「醫療是一個問題，平常我都自備藥品，連抗生素、克流感都有。」皺皺眉，她又說：「生意上也有許多風險，政令改變，官方索賄都是家常便飯。」

「未來的某一天，我們一定會搬回台灣去。」她堅定地說。

而那天到來之前，她，依舊會美麗地過好每一天。

我要我的人生不一樣

前年，他們一家四口，舉家逃離印尼，回到台灣。

這是她老公生平第一次用實際行動反抗他的老闆。（她疑惑這時候該說是爸爸還是老闆呢？）他們父子（又該說是父子還是主從呢？）在一次激烈的爭吵之後，老公轉頭叫她整理行李，「走！」他大聲怒吼：「我們，回台灣去！」

小孩連學校都顧不上了，匆忙之間被大人帶著上飛機，一家四口殺回台南，待了整整一個月。一直到五年級的兒子實在曠課太多，非得回學校不可了，她才先把兩個小孩帶回印尼，留下老公一個人，繼續與自己掙扎。

她很擔心他，可是幫不上忙，這終究是他自己必須去面對的問題。離開印尼的一個月之間，有時他氣憤填膺地立誓：「我再也不回公司了！」有時對自己的衝動產生狐疑：「我這樣會不會很不孝？」父子之間的恩怨情仇糾纏了幾十年，坐了五個小時飛機，隔了幾千哩，還是糾結無解。

她以為回到台灣，得到家鄉的撫慰，他混亂的心情起碼得以平復。可是事實證明，這個方法也使不上力。這幾年，他對定居多年的印尼漸漸失去認同甚且感到厭倦，「我在這裡幹麼？」他不只一次這樣問。可是當他回到台灣，久違的母土，給了他溫暖可給不了他安定感，他很快也感到格格不入：「我是又在這裡幹麼？」

進退維谷，左右為難，他的人生究竟該怎麼辦？「回來吧！」她從印尼溫柔呼喚他，「你不只是你爸爸的兒子，別忘了，你也是你兒子的爸爸！」

十幾年來，她和孩子在印尼這塊土地上，兀自經營著一種類單親的生活，她相信，是到了該改變的時候了。

*

那一年，她是去印尼工作的。

大學畢業後，她在台中的工程顧問公司上班，當時在印尼銀行工作的舅舅想要自立門戶開設貿易公司，問她想不想來幫忙，她點頭如搗蒜，一點猶豫也沒有。

「你要勇敢踏出那一步，才會看到不一樣的東西。」她很早就知道，她的人生和別人不一樣。她的自覺來得很早，在台灣，像她這樣的人太多了，平常無奇，沒有什麼特別。她幾乎可以預見自己的未來，應該會跟媽媽一樣，上班，戀愛，結婚，工作家庭兩頭燒，直到青春遠去，變成一個黃臉婆。這不是她要的人生。

可是她只是一個尋常家庭裡的平凡女兒，怎麼才能有不平凡的人生呢？現在機會來了，她一點都不害怕，她要牢牢抓住它。

二〇〇二年，她第一次踏上印尼的國土。那時候的小城還是十分寧靜，後來高聳矗立的西區商場在當時都還只是廢墟一片。剛開始，生活上有諸多難處，語言不通，交通不便，幾乎沒有中文電視可以看。雖有手機卻沒有網路，舅舅幫她買了預付卡，額度很快用罄，又不好意思再加值。平日上班，她維持朝六晚九的作息，到了週末，舅舅一家出門去，她獨自在家，無聊到看書自修經濟學。規律又封閉的生活形同與外界隔絕，向來習慣四處趴趴跑的她突然熄了火沒了動能，第一個月，她整整胖了三公斤。

這種生活維持了四個月。她不後悔，也不著急，不知道為什麼，她隱約覺得有種不一樣的人生，正在暗地萌芽，靜靜等著她。

來到印尼四個月後的某一天，舅舅帶著外婆去郊區拜訪一位台商的老媽媽。她順道做了陪客。車子開了很久，來到山上，坑坑洞洞的馬路走到底，繞進一條雜草小徑，以為來到了荒山野地。走著走著，樹叢、花園、小樓、游泳池一樣一樣冒出來，柳暗花明又一村，好像變魔術。「這是什麼鬼地方啊？」她在心裡自言自語。

這座大莊園，迎接他們的不只是一個老阿嬤，還有一個年輕男生，百般無聊的模樣，好整以暇開口跟她聊起天。

「妳為什麼會來？」他的開場白問得很唐突，像是懷疑她身後藏著什麼特別的故事，才會被「流放南洋」。

「就來工作啊！有什麼奇怪嗎？」她回答得理直氣壯，反問：「那你又為什麼會在這裡？」

這是他的家，他是老闆的大兒子。

一九八八年，他的爸爸前來印尼創業打先鋒，一直到他五年級，家人才搬過來團圓。他一路就讀小城的美國學校，之後選擇到日本留學，上到大二，自覺學到的日語已敷使用，決定提前回家，直接進到爸爸公司上班，和堂哥每天開車來回小城跑業務。

「我的同學們都還在國外念書，只有我回來。」難怪他看到她，話匣子一開簡直關不起來，原來是除了工作，無聊的印尼生活中沒有其他朋友可以作伴。

這個男生看起來很豪爽，實際上卻很矜持，明明聊得來，可是又不願意隨便表態。那一天離開他家，車子還沒駛出園區，他的堂哥隨即打電話給舅舅幫他追問她的手機號碼。從此，每天每天，他開車來載她去城裡的飯店吃飯喝咖啡。「他恐怕真的很無聊吧？」她沒有把他的殷勤當成一回事，認定他只是想找人解悶說說話。

他是富賈之家的小開，她打從心裡沒想過要高攀，彼此的家庭環境太過懸殊，她不曾有過非分之想。

認識一個月之後，她回台灣過年，等她回到印尼，他又去日本出差，兩人幾乎沒有見面的機會。終於再聯絡上之後沒多久，他問她：「妳要不要跟我結婚？」

「好啊！」她說，爽快俐落。

*

認識不到三個月，見不到幾次面，她答應了他的求婚。來印尼未滿一年，閃電嫁作商人婦，她在台灣的朋友都反應不過來，在國際電話那頭驚駭地問她：「妳是詐騙集團喔？」

當時，她的貿易公司遇到一個難解的瓶頸，人生地不熟，印尼文又不通，她一個二十幾歲的台灣女生單打獨鬥，實在撐不下去。「我什麼努力都還沒做，什麼成績都還沒有，我不甘心就這樣打道回府！」既然決定留下來，她不諱言自己需要一個溫暖的後盾。

「他願意娶，我願意嫁，我們願意試。這難道不也是一種情投意合？沒什麼好丟臉！」雖然認識不久不深，可是他是疼老婆的天蠍男，對她又好，語言又通，為什麼不試試看呢？要是真的處不來行不通，「頂多離婚回台灣。」她是個很有計畫的人，連退路都想過了。

小留學生的兵役問題讓他不能回台結婚，他們只能在印尼辦婚禮。

婚禮當天，公婆在家裡的游泳池畔舉行了簡單的餐會，她沒有穿婚紗，只穿了一件正式套裝，除了她的爸媽，沒有任何台灣朋友前來參加。賓客中很多當地女生穿得比她還要隆重，「新娘到底是哪一個？」她聽見有人交頭接耳竊竊私語。

她還是有些遺憾沒能穿著白色婚紗行禮如儀，可是公婆只想把婚禮辦得簡單隨意，不想太過麻煩。他們認為兩方都是台灣人，不是華人，不用學人家砸重金拚排場。遠道而來的爸爸看到簡單的婚宴心裡必定不是滋味吧？她明白，可也無能為力。全數配合夫家的安排，她不想一開始就讓人家以為她對嫁入豪門存有非分之想。

踏入這場婚姻，她心裡隱隱躲著揮不去的自卑。其實她也知道，公婆認為兒子能在印尼跟台灣女生結婚，已經比娶到華人或外國媳婦來得教人滿意，家境如何並不在他們的考量。可是她總是心懷疙瘩，有時候他們無心的言語還是會讓她覺得不舒服：「像妳爸爸一輩子公務人員，哎呦，那個賺不到什麼錢啦！」或許是自己想太多吧，可是她還是很刻意把婆家和娘家兩邊分得很清楚，不讓別人有一絲絲議論的空間。

她是想在印尼有個溫暖的後盾，有個可以依靠的肩膀，可是，她從未貪圖飛上枝頭變鳳凰。

＊

婚後她的工作證出了問題，暫時不能回公司上班，約莫有半年的時間，她賦閒在家，生活從忙碌上班族驟然切入家庭主婦的安靜模式。

郊區的新婚生活無聊極了，打毛線衣，看大愛台，每天最重要的事情是煮飯等著老公下班。在此之前，她對廚藝一竅不通，但嫁入傳統的南部家庭，自然而然必須跟著婆婆洗手作羹湯。婆婆很厲害，可以從冰箱變出百種菜色，還可以辦桌宴客。她跟在婆婆身後，努力學做老公喜歡吃的菜，還猛做筆記，可畢竟缺少天分，菜沒學好，倒是學到了婆婆待人處事的態度與方式。

除了做菜與做人，婆婆教她的還有「妻以夫為貴」的傳統觀念：「妳的任務就是讓妳老公專心拚事業，生活裡公司以外的事全部都是妳的事。」她一貫這樣服侍她的丈夫，當然也認為媳婦應該要如此對待她的兒子。

保守傳統的婚姻觀念跟她婚前的期待南轅北轍，相互違背，可是，身處那樣的環境，她不得不拋開自我融入家族的氛圍。「我既然在這個位子上，我就要做好我的本分。」她天生有一股不服輸的硬脾氣，做什麼像什麼，不論人生走到哪個地方，這是她的信念，不會改變。

跟認識不久的老公當然也經歷了一段磨合期，婚後才開始學習相處的小夫妻，幸好還沉浸在新婚的餘溫，多了幾分柔軟的緩衝。雖然老公骨子裡也是一個傳統的人，但他畢竟接受的是西方教育，認為「對妻子好是理所當然的事」。憑著這一點，她對自己匆促的選擇就已經是無怨無悔。

他們結婚一年多以後才回台灣辦理登記。她挺著大肚子回台灣待產，他因為卡在兵役問題還遲遲不回台灣，她跟他下最後通牒：「你再不回來當兵，我都快要未婚生子，兒子都要跟我姓了！」他才趕在預產期前一個星期回台。她挺著即將臨盆的肚子去戶政事務所辦理登記，人家穿禮服，她穿孕婦裝，人家手牽手甜言蜜語，她是摸著肚子跟兒子說：「乖，你先不要出來喔，媽媽正在結婚。」

過沒幾天，兒子就來報到了。

坐完月子回到印尼，她一邊上班一邊帶小孩，試了一陣子，終究無法兼顧，她不得不辭掉貿易公司的工作，專心做個全職媽媽。無意之間，當年她刻意避開的「媽媽的平凡生活」路線，如今，她卻即將走得更徹底更深入，更沒回頭路。

公司就在住家旁邊，老公明明離得很近，可是心卻隔得很遠。如婆婆所言，他全部的精神都放在公司，心思全數給了他的父親老闆。白天，他出門到隔壁上班，身分立刻轉換為員工和兒子，再也容不下其他，她帶著兒子，日復一日，孤單守住那個家。

為什麼是孤單呢？「我過的是一種老人的生活。」她說。孤立的莊園，幾里之內沒有住家，了無人煙，沒多久婆婆搬回台灣之後，她生活裡除了還不會說話的 baby，只剩下不能溝通的印傭。她覺得自己是一隻被圈養在大鳥籠裡的金絲雀，有得吃有得住有得無憂無慮過日子，然而一個星期大概只有那麼一次，她才得以離開鳥籠，被帶到外面的世界，放風，見見人透透氣。那時她才會突然記起，原來，自己還是真實的存在。

這徹底違背她的個性：「那時候我一兩個月就必須回台灣一兩個星期，我電力耗盡，一定要離開那個環境，回到人間充電打氣，」她嘆了一口氣，說：

「不然我會死。」

＊

那段與世隔絕的苦悶歲月裡，兒子是主軸，傭人則是她生活中無可迴避的旁枝細節。

在那之前，她沒有過當雇主的經驗，一下子突然有將近十個傭人任她差遣，她經歷了一段時間的摸索期，尋找一種合適的對待之道。

剛開始，很多人跟她說：「妳千萬不要對傭人太好，免得她們爬上妳的頭頂，變得得寸進尺。」可是她心裡感到疑惑：「可是她也沒幹麼，是要對她多壞？」她並不想要以人云亦云的偏見來看待這些與她朝夕相處的夥伴們，人與人之間，不管是什麼關係，「將心比心，恩威並施」，她按照自己的個性，堅持一套屬於自己的領導邏輯。

她先立下鐵血規則，如果傭人做錯或亂做，她會凶她們，純粹就事論事，不會罵髒話，不會囉哩叭嗦：「就像妳會凶孩子，可是妳還是愛他的。」她把傭人當成自己人，不只要求她們把工作做好做完，也教育她們要自己動腦筋解決事情，而不只是聽命行事，所以她的傭人後來都變得很機靈，不用她多費唇舌。

如果傭人們都完成了分內的工作，要看電視，要睡覺，隨便她們。「我不會像很多華人僱主，看不得傭人閒閒沒事做。」她還固定一段時間會把過季的衣服分送給傭人們，一次幾十件，因為她認為「妳送她，她就不會動腦筋想去偷，因為以後也會是她的。」

每次傭人要回鄉，她一定會包一個紅包當旅費，她的邏輯是：「妳對她好，她就不會偷跑，一去不回來。」

關於傭人，她從不把自己當成一個理所當然的使用者，她是一個學習者，從中學習到領導的哲學。同時她也是一個受惠者，從來沒有上課學過印尼文，司機與傭人就是她現成的老師。她沒有朋友可以了解印尼生活的學問與邏輯，一點一滴的累積，也都來自於這些平凡的傭人與司機。

曾經有台灣的朋友來探望她，驚見她過的是司機接送傭人服侍的舒適生活，欣羨不已地讚嘆：「哇！妳過的是貴婦的生活誒！」

「貴屁啦！」她一秒回答。

如人飲水冷暖自知，她無法去解釋和司機、傭人長期周旋的其中辛苦，當然，也不能去告訴別人，看似貴氣的生活背面，她經歷的是一種台灣朋友想像不到的寂寞與孤絕。

*

一年復一年，兒子漸漸長大了，被孤立在山上的生活，才漸漸得到延展。每天坐一個多小時的車，她送兒子下山去城裡上幼兒園，三個小時的空檔，她自己去買菜，一個人坐在飯店大廳吹冷氣喝咖啡。

鳥籠的小門開了縫，她終於拿回了一小部分自由飛行的能力。

這些過程，苦悶的，成長的，都和她的老公沒有太大的關聯。那些年，他為自己的小家庭所付出最大的努力是「把我們母子阻擋在山洪之外，當我們堅實的擋土牆」，而她自己也相信，這的確是他對她最好的保護方式。

山洪是什麼呢？結婚之後沒多久，她很快體認到，她面對的不只是一個家產殷實的豪門，也是一個情勢複雜的家族企業，以及一份愛恨糾葛的父子關係。

公公在兒子的青少年時期與印華女子另築窠巢，這不僅完全改變了他們父子的關係，也造成了公司運作上微妙的變動。如果他選擇叛逆或對抗，也許事情還比較簡單，偏偏在強勢嚴謹的父親面前，他是一個父命是從的孝子與忠臣，從此，不論身為兒子或作為下屬，他都再也無法掙脫這糾結難解的局面。

他知道其中艱難，刻意把她隔絕在暴風之外。她自己也很明白，這眼前的江山，是好是壞都與她毫不相干。她沒有貪圖沒有慾望也沒有野心，好幾次，公公要求她進公司管帳，她都刻意不予回應，堅決守住那條線。他們夫妻之間有一個堅定且深刻的共識，那就是，「老闆的兒子只是一個標誌，我們一切都要靠自己，心理上要做好一切歸零的最壞打算。」

這對她來說並不困難。「我以前所想的原本就不是嫁一個有錢人，過著大富大貴的生活，這些年來，我們努力掙來的錢的確可以經濟無虞，購物啦旅行啦或許比別人容易一些，可是這並不代表我不能回到我的原點簡單過活。」她不只一次堅定地告訴老公如果他想走，那就走，她絕對不留戀這樣的生活！

「可是他做不到，他的心全部都在他的爸爸身上，一心一意只想著怎麼符合爸爸的期待。」她無奈也無力地發現，她畢竟是一個外人，除了離遠征場，減少流彈波及的機會，避免讓公公有不滿責備的藉口，除此之外她無計可施。

小女兒出生的時候她得了產後憂鬱症，抱著女兒不停哭泣。她求助身心科，醫生溫柔地跟她說：「我知道妳辛苦了！」多年來孤單糾結的異國生活，這是她第一次覺得被理解：「理解，是最有效的解憂藥。」當著醫生的面，她的眼淚忍不住撲簌撲簌落下來。

一切必須有所改變。

結婚第八年，兒子上幼稚園，女兒才幾個月，她做了一個決定，獨自帶著兩個幼子搬到市區，節省長途的通勤時間，老公自己留在公司，只有週末才進城來團圓。

逃離大家庭，正式進入偽單親的印尼生活模式，她性格裡潛藏的堅強剛毅韌性全面啟動，她自己找房自己裝潢，前後換了三個租處，從未勞煩過老公插手。她接送兒子上下課，她撫育幼女，她獨自面對生活裡無數的瑣事與難題，一個人扛兩個人的擔子，她累，卻從不開口跟老公邀功或抱怨。她唯一想要得到的獎賞是他的認可與體貼，可是他所面對的巨大壓力早已讓他自顧不暇，連這麼一點微小的心願她都不忍心苛求他。

時間久了，慢慢覺得夫妻兩人好像住在不同的星球。人生競技場，分隔兩端，他為她當守門員，不讓她涉入家族紛爭，默默承擔所有壓力；她為他當前鋒，衝鋒陷陣排除生活上所有障礙，然後安安靜靜攬下所有的傷，不讓他知道。

明明都是為了彼此著想，「可是我們各做各的，幾乎沒有溝通的管道。」她遺憾地發現，他們之間有太多矛盾的糾結。

她想要他除了擋風遮雨也可以把自己交託出來，讓她有被需要的感覺。「妳知道他們對妳的看法嗎？妳想知道嗎？我敢告訴妳嗎？」他卻氣憤自己的苦心不被理解。另一面，他期待她獨立完成所有家務之餘，也可以溫和柔順小鳥依人。「如果我可以像老鷹一樣勇敢，那麼我就不會是一隻溫柔的小鳥。」對於他的奢求，她也覺得哭笑不得。

他們越走越遠。只有在某些情緒終於爆發的時刻，他們才會真實地靠近，然而說出口的，往往是對彼此的不滿與怨懟。

「算了！」她一次又一次努力說服自己接受現況，「我先把自己調整好，才有能力照顧自己和小孩。」夫妻間的矛盾暫且放在一邊，平日，她專心處理生活中的大小瑣事，週末等著老公回家團聚，安分努力過日子，不去想東想西為難自己。

一直到幾年後，老公和公公爆發空前的衝突，帶著一家四口離家出走。她的印尼人生，才有了轉彎的機會。

＊

回台一個多月之後，老公還是回到印尼，和爸爸重修舊好。

外表看來，一切似乎沒有改變，老公對爸爸的敬畏不減，對公司付出一樣的心血，可是她感覺到了一些細微的改變：經過關係撕裂的痛苦過程存活下來之後，他發現這一切，似乎也沒有想像中那麼困難。愛怨交織的父子關係，他稍稍放了手，他終於有了餘力回頭，看到自己的小家庭。

二十六歲當了爸爸之後，他還過了很多年的單身生活。現在他開始進入狀況了，跟青少年的兒子有了更多單獨相處的機會，也把愛撒嬌的女兒捧在手心當成前世情人。她發現家裡的戶長慢慢回來了，心中覺得很寬慰。

他們的夫妻關係逐步在重建當中。多年下來，生活上與心理上的雙重疏離，她內心對老公有著一股隱約的憤怒。因緣際會，她回台灣跟著一位諮商師做個案，抽絲剝繭找出了心中糾結的源頭，她才驚覺多年來她在老公身上看到了自己父親的影子，幼年時對父親不敢言明的憤怒原來都轉嫁到老公的身上。纏繞的線頭一鬆，她整個人鬆了下來，很神奇，她找到了改變自己的契機，也因此找到了重建關係的解藥。

「放過自己，也就放過身邊的人。」她想通了：「與其等待他的改變，不如我先改變我自己。」

*

來到印尼十六年了，現在是她最舒服的時光。

小孩長大了，她有更多時間安排自己的生活，打高爾夫球，上健身房，跟朋友往來，參加僑界活動。外人看來貴婦般的生活，她不會因此沉溺其中，「公司的將來未必跟我們有關，一切只能聽從安排，我們還是有著最壞的打算。」更何況，她從來沒有一天忘記過十六年前來印尼闖天下的初衷。

「我的人生不一樣。」那年，她是這樣告訴自己。

她相信，多年來意外在印尼闖入的家庭主婦生涯，只是一個跳躍前的蹲低暖身，只是一段人生的過程，她還有熱情還沒發揮，還有夢想沒有完成。這一兩年，她積極學習復健師的技能，計畫小孩十八歲之後她可以回到台灣，考上復健師執照，從事老人照護的事業。

是的，回台灣。十六年來，她從來沒有認同過自己腳下這片別人的土地，她愛台灣，總有一天要回到故鄉的懷抱。

她耐心期待那天的到來。回到熟悉溫暖的母土，有自己熱愛的事業，自由自在爬山涉水，到處去看表演，到處去喝咖啡，「或許，跟朋友聊一聊，當年我在印尼的甘苦歲月。」她微笑，看著窗外這樣說，很堅定，但是也很溫柔。

幸福的終點站

「幸福，我覺得滿幸福的。」

回首二十七年來的印尼生活，幸福，是她發自內心的結論。

她和先生在最好的時機來到印尼，站在順勢的風頭打拚奮鬥，經歷千辛萬苦，付出最大的努力之後得到最好的收穫。碰上「只要肯努力就會有機會的年代」，這是她的幸福之一。

幸福之二，他們未曾因為事業偏廢家庭。年輕夫妻帶著一雙稚子從台灣出移，共同在他鄉異地經歷生活中的高低起伏，從中培養出深厚的革命感情。二十幾年來，她親眼見證身邊許多家庭因為事業分隔兩地，先生在異國獨自奮鬥，太太帶著孩子留守台灣，不僅錯過孩子的成長，家人之間的感情也難免變得生疏。

「我很幸運，一家人可以在一起。」她的內心充滿感激。

有一些台商雖有家眷隨行，但太太卻難有工作的舞台，平日照顧子女之餘，只能逛街打發時間或是無所事事賦閒在家。她不一樣，除了養兒育女之外，還能夠始終維持職業女性的身分，在自家的事業中得到充分的自我肯定。這是她感謝老天所賜予的第三種福分。

那美好的仗，甘美的艱苦的，她都已經打過，將近三十年的商場征戰，穿風過雨，她終於抵達幸福的終點線。去年她正式卸下公司的職務，開始台灣、印尼兩邊跑的退休生活。

「現在的我，是自由之身。」她微笑說。

*

一九九〇年，他們一家四口搬來印尼，那時大女兒兩歲九個月，小兒子才剛剛一歲四個月。

鞋廠是他們前進印尼的事業，夫妻兩人最初也是因為做鞋認識，他在姊姊開設的鞋廠擔任副理，而她是負責進出口業務的會計，兩人在同一家鞋廠相識相戀，進而共結連理，於公於私都是最佳拍檔。

為什麼會放棄台灣安穩的事業與生活而選擇南移呢？當時大陸的經濟隱約已經有著蓄勢待飛的態勢，台灣的訂單漸趨萎縮，再加上工廠面臨招工不足的窘境，公司的正常營運備受考驗。當年工人的待遇雖然不低，但動輒數千人的勞工需求量，越來越難被滿足。

「每次過年，我先生都要家家戶戶去送禮，拜託工人要回來上班。」她回憶那景象，說：「我先生是一個有遠見的人，在台灣鞋業還沒明顯衰退之前早有了海外設廠的念頭。」

當時他們的客戶遍及非洲、歐美與日本，有一次先生去非洲出差，當地的客戶鼓勵他到非洲投資，他有些心動，認真評估過到西非象牙海岸設廠的可行性。後來又有歐美客戶想跟他合作，建議他不要跑到非洲那麼遠的地方，勸他把廠留在亞洲，試試印尼或大陸等地。

「我先生左思右想，下不了決心，後來到廟裡抽籤拜拜，神明指示他『最好往南部發展』。」她笑著說：「所以我們選擇了南方的印尼。」

當時印尼法律規定，外資設廠必須有印尼籍的當地合夥人，台灣股東帶著她先生來到泗水，與一個經營內銷鞋廠的華人相約見面。約定時間到了，那華人卻遲遲不見蹤影，先生和股東坐在大廳乾等一個多小時，旁邊有個華人見狀忍不住好奇探詢：「你們到底是在等誰？怎麼讓你們等了這麼久？」兩方聊起來才知道彼此都是做鞋的人。一聽到他們正在找華人投資，「那你們就跟我們合作啊，我們可是這裡最大的鞋廠！」那華人老闆認真提出邀請，甚且當場草擬了一套有模有樣的合作計畫。

原先約好的華人最後總算姍姍來遲，但先生對他的誠信已經產生懷疑。相較之下，在飯店萍水相逢的鞋廠老闆反倒顯得更加積極，深得先生的歡心，於是他們乾脆順勢改變合作對象。「人生的際遇真的好奇妙啊！」她說。

那年，一九九〇，他們舉家正式進駐印尼。

第一天，她立刻意識到這是一條充滿挑戰的開墾之路，「一開始，那個華人股東只給我們一個翻譯以及一間租房，當天我們抵達已經很晚了，發現房子裡根本沒水沒電，孩子要喝牛奶還得趕快出門去買水，很糟糕。」她還記得他們每天都吃外賣的炒飯和炒麵，吃了整整一兩星期之後，她看到炒飯炒麵不由得感到害怕，一直等到技師來接了水電才能煮飯開伙，生活比想像中還要辛苦不便，「可是我心裡並不覺得苦，我們是來奮鬥發展的，心裡早已有所預備，沒有什麼不能克服。」她說。

華人股東主要工作是來廠裡稽查帳目，平時並不參與公司的經營，打一開始就擺明讓台灣人自行發展。除了告知該去哪裡辦理所需文件，從未提供積極的協助，全部細項還是得靠自己想辦法運作。她先生從零出發逐步開墾江山，四處張貼單子招募員工，帶著翻譯，開始親自面試，一磚一瓦慢慢堆疊一座台灣人的製鞋王國。

在這支墾荒拓野的團隊裡，她是篳路藍縷的過程中不可或缺的一分子，然而她的責任不僅僅只限於辦公室裡頭，同時，她也是家庭的頂梁柱和孩子們的溫暖後盾。

一開始，工廠只是暫時租賃，他們帶著幼兒和其他兩個台幹在外面合租一棟房子，一切都還在青黃不接的過渡時期。後來他們自己蓋了新廠，連帶在廠內蓋了一棟有八個房間的嶄新宿舍，一家四口搬進宿舍的一樓，才總算開始穩定的生活。他們的家，屋內寬敞舒適，屋外一片大花園可供玩耍嬉鬧，「兩個孩子等於就是在工廠長大的。」她回憶著說。

當時孩子們在美國學校上幼稚園，工廠距離學校很遠，一趟就要一個多小時的車程。雖然有司機和僕人陪同孩子們上學，但她還是不放心，跟著上學了很長一段時間，孩子們上課時她等在課堂外面，中午吃飯時她端著飯碗追著孩子跑。「大家都知道有個奇怪的台灣媽媽滿屋子追著小孩餵飯。」回想起來，她自己都覺得那個畫面很是滑稽。

等到和司機僕人都建立了足夠的信任關係，一年後，她才放手把任務交給他們，安心回到工廠，專心和先生一同打拚蒸蒸日上的製鞋事業。

憑著自己的毅力與努力開創新局，他們辛勤耕耘，歡快豐收，一年又一年，在對的地方與對的時機，打下了厚實的根基。

＊

與華人股東的合作持續了整整十七年，中間聽過很多台灣老闆與華人股東發生各種扞格，甚至整個工廠直接被華人吃走的可怕傳聞，她很慶幸，他們雙方沒有出現過什麼大問題，大抵都能維持著友好而平和的合作關係。

最讓她感恩的是，十七年來，以廠為家，他們不僅僅賺到了錢，也賺到了與家人親密共處的美好時光。

「我們住得偏遠，除了工作業務往來的人沒有任何其他社交圈，一家人相互陪伴，感情特別好。」她說：「在印尼，我們四個人是一個緊密的生活共同體。」

說起一家四口的好感情，立刻浮現她腦海的是每天下班後的陪讀時光：「那時候，忙完一天的工作，吃完晚飯，四個人分成兩組各自帶開，我帶著兒子，先生帶著女兒，分別在兩個孩子的房間，陪他們做功課。」

「陪讀」的意思，並不是拉把椅子坐在孩子旁邊，緊迫盯人看著他們讀書做功課，當然也不是越俎代庖為孩子完成他們分內的工作。「我們的目的是陪伴，是用實際行動表達對他們精神上的支持。」她描述那日復一日在印尼偏鄉的工廠宿舍所上演的溫暖場景：坐在房間的另一邊，一盞燈下，看她自己的書，做她自己的事情，安安靜靜，不干涉也不影響孩子的進度。「我只想讓孩子覺得安心，知道身邊有人相伴。」她說：「兩三個小時，除了讀各自的書，忙各自的活，有時我們也會聊聊天說說話，要是他們生活裡遇上什麼問題可以提出來討論，如果功課上需要幫忙的地方，像是美國學校常有的親子功課，我們也可以一起來完成。」

好比是家庭裡的一個日常儀式，她和先生的夜間陪讀一直持續到兩個孩子高中畢業，從未間斷。她始終相信，在孤單的異鄉生活裡有著父母親近的陪伴，當孩子們長大之後回想起來，一定會覺得，很溫暖。

或許是因為從小得到父母飽滿的關愛與安全感，孩子們因此擁有特別溫暖的性格。兒子具有數學與電腦的極高天分，卻十分謙虛，常帶同學來家裡替他們補習數學，有時留校很晚只為了教會隔天要考試的同學。她驕傲地說：「我從他身上學到善良與仁慈。」

這樣善良的孩子，十八歲那年，卻近距離地見證到人心的複雜與險惡。

二〇〇七年，鞋廠經營到第十七年，勞資雙方因為調薪的問題一直談不攏，工人罷工整整三個月。台灣其他的股東們年紀大了，禁不起折騰，也不想再擔驚受怕，打算乾脆就此退休。而她的先生五十不到，正值壯年，要說退休實在太早，夫妻兩人決定將工廠全數結清，賣地，歸還股東款項，然後另覓他處，買機器，召募員工，在舊有的基礎上，開始獨資建廠。

在這個過程當中，合作了十幾年相安無事的華人股東，卻在最後一刻暗地捅出一個意想不到的紕漏。「我們最在意的不是金錢的損失，而是感情上的背叛。」她語氣低沉，有著掩不住的感慨：「雖然比起其他被華人整個併吞的台灣人，我們的結局不算是很糟糕，但經歷這個事件的過程當中，還是從一些複雜的算計裡看到了人心的險惡與貪婪。非常遺憾。」

嘆了一口氣，她說：「很傷心啊！最傷的不是錢，是心。」

來到印尼十幾年，他們幾乎沒有華人的朋友。儘管同種同源，然而華人的文化和台灣人還是相差甚多，心態也完全不同。加上長年在別人的土地上為了求生存，鬥爭往往是外移者必要的武器。這些，他們不是不了解，但沒想過深交長達十七年的華人老夥伴老朋友，竟然為了利益的誘惑，在圓滿的結局之前，岔了路，終究走到了決裂的最後一步。

從此他們對華人更是心懷畏懼，抱持敬而遠之的態度。「這件事情尤其讓善良的兒子很傷心，很難接受這麼殘酷的事實。他從小在學校有許多華人的好朋友，感情很深厚，但我們還是不得不告訴他，對華人，要當心。」她說。

花了一大筆金錢，花了十七年的時間，學到的是對人心的防備，那是她幸福的印尼人生裡，一段小小的悲哀。

＊

鞋業打滾多年，獨資建廠對他們來說，並不困難，困難的是新廠背後隱藏的一個懸而未決的問題，那就是：兩個孩子都在國外念大學，將來會回來接手嗎？

有人質疑她為什麼設想得這麼早？那是因為她深知做鞋絕非一個速成的行業，獨當一面的經營者必須經過至少十年的訓練。「你看現在這裡有些台灣的企業讓小孩回來接班，可是實際上都還在摸索基本技術的階段，上一輩要真正放手還需一段很長的時間。」她認為及早確定孩子的意願，提前進行培訓是絕對必要的。如果孩子們確定回來接手，那麼大學的寒暑假就必須投入工廠的實地操練；如果孩子們一開始就決心不當接班人，大人也可以提早預作不同的計畫。

他們設立新廠的時候，已經琢磨出了一個初步的共識：孩子們，將來不會接手家族的事業。

「我的女兒在台大念生命科學系，她很貼心，心腸很柔軟，根本沒辦法管理工人。我的兒子有電腦天分，念美國十大的學校，要找到好的工作有好的發展並不困難，我們傾向於尊重他的資質與專業。」她笑著說：「我先生不忍心兒子跟他一樣，為了經營鞋廠，七早八早一頭華髮。」

新廠開設三年之後，美國有一家很大的鞋廠來印尼尋找合作對象，在雅加達以及泗水等地四處看廠，他們來到新廠，非常喜歡這裡的環境，想選她先生作為合作的夥伴。

先生跟美國廠商十分投緣，開始認真思考兩方合作的模式，甚且考慮把親手建立的新廠整個賣給美國大廠。

那時候她的兒子大學快要畢業了，一聽到消息，趕忙打電話回家，反覆確認：「真的要賣廠嗎？這個廠是爸爸一生的心血，你們真的捨得賣掉它，就這樣把辛苦多年的成果拱手讓人嗎？」他提出一個未曾討論過的選項：「我已經快畢業了，如果需要，我可以馬上回去接手。」

三年前，從無到有建立這個廠，一磚一瓦都是心血，連一花一草也是他們自己設計栽植，當然令人感到萬般不捨。但是，她了解自己的孩子，他是因為孝順才會提議回來接班。「我們不能這樣做。」她說。

美國大廠把整個新廠買下來，給他們一半的股份掛名董事，仍舊把工廠交由他們來管理，實質上他們還是工廠的負責人，並且領有固定的薪資。本來工廠有兩千多人，雙方合作之後增加為四千多人，不僅僅工廠規模擴大了，他們還實實在在拿到一半的現金，「從此不用煩惱工廠的財務，肩上的壓力大大減輕，不再需要獨自扛著營運的重擔。」她點點頭，說：「這樣是很好的結局。」

身邊許多同業覺得他們這樣的做法很划不來，連自己公司的會計都忍不住質疑，為什麼不把土地租給美國大廠就好，而一定要賣掉仍會賺錢的工廠呢？

「當初我們送兒子去美國念電腦，就是希望將來他能夠擁有更好更適合他的生活。既然以後沒人接班，這廠總有一天還是必須處理，現在剛巧碰上不錯的機會，也就下決心賣了！」她耐心地這樣解釋。

來到印尼打拚奮鬥二十年，從與人合資到獨立建廠，看盡千帆，一晃眼，輕舟已過萬重山。

「我們，放下了。」她悠悠地說。

*

在此之前，她吃素已經很長一段時間。

她從很小的時候便隱約感覺到將來有一天會走上茹素這條路。以前年紀小，看過人家殺兔宰魚的殘忍畫面，再也狠不了心腸吃下那道菜餚。之後來到印尼，或許是因緣成熟了，遇到幾個戲劇性的轉折，從不吃羊到不吃螃蟹到不吃牛，她一步一步變成了一個全素者。而她的先生受到她的影響，這些年除了跟朋友客戶吃飯時客隨主便之外，也幾乎不碰葷食。

吃素對她的改變很大，她感覺到周身從內到外有一股清流，整個人更加放得下鬆得開，一顆心變得慈悲而和善，不會對人或動物升起丁點傷害的念頭。

就連事業上追求名利的慾望也不若往日那般熱切。「我們放下，不惦記著過去的事情。」他們清淡度日，不論是往日得過的榮光，或是受過的傷害，都漸漸隱退成為人生的某一幕背景，真實存在，但不會被任意撥弄出來，在每一天裡重複播放。把工廠賣掉，減輕後半生旅途上的重量，就是一次放下的實踐。

賣掉自家的新廠轉而匯入大廠的體系之後六年，她正式退休。年紀是第一個考量，在鞋業翻騰三十年，她認為夠了，該是退場的時候。另一個重要的因素是，嫁到台灣的女兒去年生了個娃娃，她遠在印尼，心裡總是掛念著辛苦的女兒與可愛的外孫，要是她還在職位上，沒有辦法兩邊跑，幫上女兒的忙。退休之後，她光明正大當起空中飛人，一年可以撥出幾個月的時間回台灣含飴弄孫。

其餘留在印尼的日子，先生依舊住在鄉下的工廠宿舍，規律上下班，她則選擇獨自搬回城裡，住在高爾夫球場旁邊的大樓公寓。週間獨居的生活一點兒也不孤單，她把退休生活安排得很充實：到旁邊的高爾夫球場打打球，揮揮杆，追追小白球，在陽光下的綠地走上三四個小時暢快的長路。有時待在家裡，安安靜靜讀幾本喜歡的書。每到黃昏，對著窗外第十七洞的廣闊綠野，做足一個小時瑜伽，伸展吐納仿若修行。日復一日，她不慌不忙等著先生從工廠回家，共度週末。

再過三年，那將是他們來到印尼成家立業整整三十週年，她的先生也打算離職退休了。從鞋子王國功成身退的這一對神仙眷侶，到時是會繼續留在印尼還是打算落葉歸根回到台灣呢？對於未來的歸宿，她的心中自有定數。

「女兒和女婿將來有可能會回來印尼發展，那麼我們可能會留繼續在印尼，要不有時也可以去和住在美國的兒子一起生活，或許剛退休還跑得動，也可以台美印三地來來去去。」她覺得和孩子之間保持親密關係但不彼此約束會是一個很好的選項，但唯一的考量是年紀更長之後的醫療問題：「美國醫療費用太貴，印尼的醫療環境還沒十分完備，到時為了老年就醫的因素，應該就會選擇長留台灣了。」她說。

儘管幾十年的歲月已經長到讓人有時不禁會「錯把異鄉當家鄉」，然而，告老還鄉，她相信那還是大部分印尼台商理所當然的最終歸宿。

*

前幾天她和一個新結識的女友打高爾夫球。

那是一個年輕爽朗的女生，隨著澳洲先生的工作搬來印尼才幾個月的時間。雖然東南亞的新生活帶給她不小的震撼，適應上頗有難度，再加上剛剛扶養了一個小女娃，花了一段時間試著調整印尼新鮮人和新手媽媽的雙重角色，過程起伏跌宕，有時不免教人沮喪。但是向前揮杆的時候，她全身上下仍舊充滿朝氣與活力。

她欣賞目標明確而又能勇往直前的女性，在新朋友的身上，她清楚看到當年自己的影子，也得到了對於未來的啟發。「當她跟我說她正在學跳舞與古箏的時候，我的心震動了一下，」她雙手擊掌，朗聲說：「對喔，我怎麼沒想到可以繼續我以前學過的鋼琴和古箏呢？」

當天回家後，她馬上把束諸高閣多年的古箏搬出來。

來到印尼三十年，事業上，她光榮走到了幸福的終點線，然而對人生而言，這不過是個中站。她決定，無論何時何地或是何種境遇，她都將繼續努力彈奏下一曲，幸福的章節。

在異鄉的土地上欣賞幸福的即景。

文學叢書 641

INK PUBLISHING

聽見花開的聲音

24朵印尼芳華的生命寫真

作　　者　杜昭瑩
圖片提供　杜昭瑩
總 編 輯　初安民
責任編輯　陳健瑜
美術編輯　林麗華
校　　對　吳美滿　陳健瑜　杜昭瑩

發 行 人　張書銘
出　　版　INK印刻文學生活雜誌出版股份有限公司
　　　　　新北市中和區建一路249號8樓
　　　　　電話：02-22281626
　　　　　傳真：02-22281598
　　　　　e-mail：ink.book@msa.hinet.net
網　　址　舒讀網http：//www.inksudu.com.tw

法律顧問　巨鼎博達法律事務所
　　　　　施竣中律師
總 代 理　成陽出版股份有限公司
　　　　　電話：03-3589000（代表號）
　　　　　傳真：03-3556521
郵政劃撥　19785090 印刻文學生活雜誌出版股份有限公司
印　　刷　海王印刷事業股份有限公司

港澳總經銷　泛華發行代理有限公司
地　　址　香港新界將軍澳工業邨駿昌街7號2樓
電　　話　(852) 2798 2220
傳　　真　(852) 3181 3973
網　　址　www.gccd.com.hk

出版日期　2020年 12 月　初版
ISBN　978-986-387-365-5

定　價　380元

國家圖書館出版品預行編目資料

聽見花開的聲音：24朵印尼芳華的生命寫眞
／杜昭瑩著；--初版，--新北市：INK印刻文學，
2020.12　面；　公分（文學叢書；641）
ISBN 978-986-387-365-5（平裝）
1.世界傳記　2.女性　3.訪談
781　　109015370